W0325341

Sharon L. Lechter & I
mit der Napoleon Hill

Die deutsche Aus

Three
from (

Sharon L. Lechter & Dr. Greg S. Reid

mit der Napoleon Hill Foundation

Die deutsche Ausgabe von

Three Feet from Gold

Weshalb dein größter Erfolg hinter
deinem härtesten Hindernis verborgen liegt –
und wie du die Kraft findest, nie aufzugeben.

DEUTSCHER
WIRTSCHAFTSBUCH
VERLAG

Bibliografische Information der Deutschen Nationalbibliothek
Die Deutsche Nationalbibliothek verzeichnet diese Publikation in der Deutschen Nationalbibliografie; detaillierte bibliografische Daten sind im Internet über dnb.dnb.de abrufbar.

Wir freuen uns auf eure Anregungen und Fragen
info@deutscherwirtschaftsbuchverlag.com

Wichtiger Hinweis
Die im Buch veröffentlichten Empfehlungen wurden von Verfasser und Verlag erarbeitet und geprüft. Der Inhalt dieses Buches beruht ausschließlich auf den persönlichen Erfahrungen des Autors und erhebt keinen wissenschaftlichen Anspruch. Die benutzten Begrifflichkeiten sind wertfrei. Eine Garantie kann dennoch nicht übernommen werden. Ebenso ist die Haftung des Verfassers bzw. des Verlages und seiner Beauftragten für Personen-, Sach- und Vermögensschäden ausgeschlossen.

1. Auflage 2025
© 2025 Deutscher Wirtschaftsbuch Verlag,
Deutscher Wirtschaftsbuch Verlag GmbH, Christoph-Rodt-Straße 11, 86476 Neuburg an der Kammel
www.deutscherwirtschaftsbuchverlag.com
Alle Rechte vorbehalten.

Copyright © 2009 By The Napoleon Hill Foundation

Die englische Ausgabe erschien 2020 unter dem Titel *Three Feet From Gold* bei Sound Wisdom.

Dieses Buch ist urheberrechtlich geschützt. Jede Verwertung ist ohne Zustimmung des Autors nicht zulässig. Das gilt gleichermaßen für Vervielfältigungen, Übersetzungen, Verfilmungen und Einspeicherung und Verarbeitung in elektronischen Systemen. Wir behalten uns die Nutzung der Inhalte für Text und Data Mining im Sinne von § 44b UrhG ausdrücklich vor. Falls die Publikation Links zu externen Webseiten Dritter enthält, haben wir auf deren Inhalte keinen Einfluss; für diese fremden Inhalte können wir keine Gewähr übernehmen. Rechtswidrige Inhalte waren zum Zeitpunkt dieser Veröffentlichung nicht erkennbar.
Auch wenn eine gendergerechte Sprache wünschenswert ist, gibt es aus Sicht des Verlages bisher keine befriedigende, gut lesbare Lösung. Der leichten Lesbarkeit zuliebe haben wir des Öfteren von der Doppelung männlicher und weiblicher Formen Abstand genommen. Selbstverständlich liegt es uns fern, dadurch einen Teil der Bevölkerung zu diskriminieren.

Übersetzung: Philipp Seedorf
Redaktion: Anne Horsten
Satz: inpunkt[w]o, Wilnsdorf (www.inpunktwo.de)
Korrektorat: Manuela Kahle
Cover- und Umschlaggestaltung: www.b3k-design.de, © 2025 Andrea Schneider & diceindustries
Bildnachweis: © diceindustries
Druck: GGP Media GmbH, Pößneck
Printed in Germany

ISBN Print: 978-3-69066-087-7
ISBN E-Book (PDF): 978-3-69066-089-1
ISBN E-Book (EPUB, Mobi): 978-3-69066-088-4

LOBENDE STIMMEN

»Napoleon Hill würde sich durch dieses Projekt geehrt fühlen.«

STEPHEN M. R. COVEY

Autor des *New-York-Times*-Bestsellers *Schnelligkeit durch Vertrauen: Die unterschätzte ökonomische Macht*

»Three Feet from Gold *wird das Leben von Millionen Menschen auf der ganzen Welt verändern. Napoleon Hill würde es stolz machen, wie Sharon Lechter und Greg Reid sein Lebenswerk weiterführen.«*

BOB PROCTOR

Gründer von Life Success

»Eine tolle Botschaft, großartige Leader, perfekte Inspiration, Nahrung für die Seele. Three Feet from Gold *ist die Navigation zum Erfolg.«*

DR. DENIS WAITLEY

Autor des weltweiten Bestsellers *Seeds of Greatness* und *Being the Best*, Co-Autor des *New-York-Times*-Bestsellers *The Secret*

»Lechter und Reid haben die klassischen Motivationsansätze, die essenziell für wahren Erfolg sind, erneut in Augenschein genommen und aufgefrischt. Eingebettet in eine fesselnde Geschichte, die zum Teil autobiografisch und zum Teil Fiktion ist, werden Sie wirkungsvolle Prinzipien und zeitlose Wahrheiten entdecken, die Ihnen helfen, das Gold in Ihrem Leben zu finden.«

MARK SANBORN
Autor des Bestsellers *Der Fred-Faktor*

»Die Erfolgsgleichung in diesem Buch wird Ihr Leben auf tiefgehende und positive Weise verändern. Lesen Sie es. Und lesen Sie es dann noch einmal!«

HARRY PAUL
Co-Autor von *FISH!* und *Instant Turnaround!*

»Das wichtigste Geheimnis, um alles zu erreichen, besteht darin, in herausfordernden Zeiten bei der Stange zu bleiben. Dieses Buch zeigt Ihnen, wie Sie diese Stärke für sich entdecken.«

JOHN ASSARAF
Autor der *New-York-Times*-Bestseller *Having It All* und *The Answer*

»Dieses Buch ist der neue Goldstandard der Branche.«

TIM LYON
Herausgeber des *Personal Development Magazine*

»Three Feet from Gold *führt auf erstaunliche Weise die Lehren meines Großvaters fort.«*

DR. JAMES B. HILL

»Mich begeistert das Projekt Three Feet from Gold, *denn es ist eine Geschichte und eine Botschaft, die in der heutigen Welt essenziell ist. Diese Geschichte erinnert uns daran, dass unsere größten Leistungen manchmal greifbarer sind, als wir glauben. Letztlich verlieren wir erst dann, wenn wir aufgeben, und wir gewinnen erst dann, wenn wir durchhalten.«*

JIM STOVALL
Autor von *The Ultimate Gift*

»Dieses Buch verfügt über das Potenzial, Millionen von Leben zu verändern.«

LES BROWN
THE Motivator!

DANKSAGUNGEN

Ein besonderer Dank geht an die Menschen, die an *Three Feet from Gold* geglaubt haben, als es noch ein Traum war … Lange bevor es tatsächlich zu einem Buch wurde. Ihr Vertrauen und ihre Unterstützung waren unermesslich wertvoll: Twyla Prindle, Bill Bartmann, Troie Battles, Ena Simms, Jose Feliciano, Chris Jackson, Richard und Sherry Wright, Satomi Seki, Cutressa Williams, Gene Padigos, Steve und Larisa Gomboc, Sheila Pearl, Dr. Felicia Clark, Scott Schilling, Brian Whitaker, John Burley, Gary Boomershine, Dustin Mathews und Brandon Moreno.

Dieses Buch spiegelt auf beeindruckende Weise den Geist wider, der bei unserer Zusammenarbeit herrschte. Wir fühlen uns geehrt durch die Unterstützung und danken der Expertise der folgenden Personen: Robert T. Johnson Jr., Michael Lechter, Cevin Bryerman, Steve Riggio, Greg Tobin, Kevin Stock, Kristin Thomas, Jon Dixon, Nita Blum, Stuart Johnson, John Neyman, Dr. J. B. Hill, Burnie Stevenson, Allyn Palacio und Annedia Sturgill.

Danke auch an die wahren Stars des Buches, die Erfolgsgeschichten der heutigen Zeit, die Menschen, die uns ihren Rat zuteil werden ließen, ihr Herz ausschütteten und das Geheimnis ihres Durchhaltevermögens mit uns teilten. Euer Beitrag war unermesslich wertvoll: James Amos, Bill Bartmann, Taddy Blecher, Genevieve Bos, John Hope Bryant, Truett Cathy, Richard Cohn, David Corbin, Joe Dudley, Yvonne Fedderson, Debbi Fields, Ed Foreman, Ronald D.

Glosser, Ruben Gonzalez, Don Green, Erin Gruwell, Dr. Tom Haggai, Mark Victor Hansen, Mike Helton, Evander Holyfield, Charlie »Tremendous« Jones, Julie Krone, Michael Laine, Jahja Ling, Dave Liniger, Frank Maguire, Jack Mates, Drayton McLane Jr., LuAn Mitchell, Lauren Nelson, Jim Oleson, Sara O'Meara, Bob Proctor, Rudy Ruettiger, John Schwarz, John St. Augustine und Tanaka Taka-aki.

Darüber hinaus danken wir dem Mann, auf den dies alles zurückgeht: Napoleon Hill, dessen Reise vor einem Jahrhundert begann und dessen Worte Millionen Menschen auf der ganzen Welt Hoffnung und Ermutigung geschenkt haben, um nach Erfolg zu streben und ihn zu erreichen.

Zehn-Jahres-Jubiläumsausgabe

Wir danken besonders Don Green, dem Executive Director der Napoleon Hill Foundation, weil er uns 2008 miteinander bekannt gemacht hat und uns einlud, die Lehren von Napoleon Hill für moderne Leser neu zu beleben. *Three Feet from Gold* war ein unglaubliches Projekt und ermöglichte uns, anderen die Weisheit und den Rat so vieler bemerkenswerter Menschen zu vermitteln, die während schwieriger Zeiten beharrlich blieben und Vorbilder für uns alle wurden.

Das Buch wurde sofort zum Bestseller und inspiriert Leser weiterhin. Es wurde überall auf der Welt veröffentlicht und ist in über 30 Sprachen verfügbar. Tatsächlich hat uns das Feedback der Leser, das uns immer noch erreicht, dazu inspiriert, das zehnte Jubiläum des Buches mit dieser speziellen Ausgabe zu feiern.

In dieser Ausgabe haben wir einen Leitfaden am Ende hinzugefügt, der Ihnen hilft, Ihre persönliche Erfolgsgleichung aufzustellen, und Sie dabei unterstützt, diese möglichst effektiv einzusetzen.

Vor allem danken wir all den unglaublichen Leadern, die uns in *Three Feet from Gold* ihre Geschichten erzählen. Lassen Sie uns auch einen Moment innehalten, um diejenigen zu ehren, die von uns gegangen sind, seitdem die Originalausgabe dieses Buches erschien.

Wir ehren euch, wir danken euch und ihr sollt wissen, dass euer Erbe weiterhin künftige Generationen inspirieren wird – durch *Three Feet from Gold.*

Charlie »Tremendous« Jones – 1927-2008
Frank Maguire – 1933-2010
Ronald Glosser – 1933-2012
Truett Cathy – 1921-2014
Jack Mates – 1923-2014
Bill Bartmann – 1949-2016

Auf dass Sie weiter inspiriert sind, den Erfolg zu erreichen, den Sie verdient haben.

SHARON L. LECHTER
GREG S. REID

INHALT

EINLEITUNG

Sie schaffen es, wenn Sie glauben, dass Sie es können.
Sie steuern Ihr Schicksal.

Es gibt vieles, was Sie nicht kontrollieren können, aber Sie können die einzigen Dinge kontrollieren, die wirklich zählen: Ihren Verstand und Ihre Einstellung. Externe Faktoren beeinflussen den Erfolg nur in geringem Maße. Diejenigen, die sich auf Erfolg programmieren, werden auch unter den schwierigsten Umständen einen Weg dorthin finden. Lösungen für die meisten Probleme entstammen einer einzigen Quelle: Ihnen selbst.

Das Leben in vollen Zügen auszuschöpfen, lässt sich damit vergleichen, Stromschnellen in einem Gummiboot hinabzufahren. Sobald Sie sich dem Abenteuer verschrieben haben, ist es schwierig, sich anders zu entscheiden, umzudrehen und wieder den Strom hinauf in ruhigeres Wasser zu paddeln. Aber dies zu erleben, ist die Aufregung und das Abenteuer wert. Wenn Sie es nie versucht haben, lernen Sie vielleicht nie tiefe Verzweiflung kennen, aber Sie werden auch nicht den Nervenkitzel des Erfolgs spüren.

Beschließen Sie, Ihr Leben in vollen Zügen zu leben.
Sie sind vielleicht nur einen Meter vom Gold entfernt.

NAPOLEON HILL

ANMERKUNG DER AUTOREN

Diese Geschichte entstand aus unserer Erfahrung, der Frage nachzugehen, wie die Philosophie von Napoleon Hill den unglaublichen Erfolg von Unternehmern, Philanthropen, Sportlern und Geschäftsleuten beeinflusst hat. Wir haben uns einige Freiheiten genommen, um eine fesselnde Geschichte zu erzählen; aber abgesehen von den Figuren Mia, David und Jonathan Buckland sind alle Personen in diesem Buch real und es war ein Privileg, mit ihnen persönlich zu sprechen. Ihre Storys, die erfüllt sind von Mut und Erfolg, sind wahr. Ihre Lebenslektionen sind authentisch. Wir leiten unsere Geschichte mit den Worten von Napoleon Hill ein, die er zu Beginn des 20. Jahrhunderts niedergeschrieben hat. Diese Worte sind heute so wirkungsvoll wie zu dem Zeitpunkt, als sie das erste Mal festgehalten wurden, wie Sie selbst bemerken werden, wenn Sie *Three Feet from Gold* lesen.

SHARON L. LECHTER UND GREG S. REID

VORWORT

1908 erhielt ein unbekannter amerikanischer Autor namens Napoleon Hill, der damals noch Reporter war, die einmalige Gelegenheit, den reichsten Mann Amerikas, Andrew Carnegie, zu interviewen. Carnegie schrieb dem seinerzeit 25-jährigen Hill einen Empfehlungsbrief, der ihm Zugang zu den 500 erfolgreichsten Menschen der damaligen Ära aus den Bereichen Wirtschaft, Politik, Wissenschaft und Religion verschaffte, um den gemeinsamen bestimmenden Faktor für ihren Erfolg zu entdecken.

Aus diesen Interviews entstand *Think and Grow Rich*. Es behandelte die 13 Prinzipien und die Philosophie für persönliche Höchstleistungen und Erfolg. Hill gab damit den ersten Anstoß für die Bewegung zur persönlichen Weiterentwicklung, die sich seitdem wie ein Lauffeuer auf der gesamten Welt ausbreitete.

Im ersten Kapitel dieses international bekannten Klassikers erzählte Hill die Geschichte eines Mannes namens R. U. Darby, der seine Träume aufgab, durch Goldschürfen reich zu werden, und das nur einen Meter von einer großen Goldader entfernt.

Die Geschichte von Darby erinnert uns daran, dass unsere größten Leistungen und Erfolge manchmal greifbarer sind, als wir glauben. *Think and Grow Rich* schenkte den Menschen Hoffnung. Es wurde in der Zeit der großen Weltwirtschaftskrise veröffentlicht und stellt bis heute für Millionen Menschen auf der ganzen Welt, die nach einem besseren Leben streben – einem Leben in Fülle –, einen Rettungsanker dar.

Hundert Jahre später engagiert sich die Napoleon Hill Foundation weiterhin dafür, allen Menschen Hoffnung und Mut zu schenken, die wirtschaftlich zu kämpfen haben oder ihre finanzielle Zukunft absichern wollen.

Ein neues Team der Foundation ging mit einem Empfehlungsschreiben hinaus in die Welt und traf sich mit bedeutenden Führungspersonen unserer Generation, um etwas herauszufinden, das heutzutage besonders wichtig erscheint: *Wieso sie auch in herausfordernden Zeiten nicht aufgegeben haben.*

Durch diese Interviews haben wir viel Neues gelernt, das wir Ihnen in diesem Buch, *Three Feet from Gold*, vermitteln. Wenn Sie die Geschichten dieser Leader lesen, werden Sie erfahren, was sie motivierte, was ihnen den Mut gab durchzuhalten, und wieso sie Ihnen so bereitwillig von ihren Erfolgsgeschichten berichten, damit auch Sie Ihren Weg zum durchschlagenden Erfolg finden.

Die Foundation hat sich gefreut zu erfahren, dass all diese heutigen beeindruckenden Vorbilder das ursprüngliche Werk von Napoleon Hill als treibende Kraft für ihren Erfolg nannten.

Ich bestätige ebenfalls voll Überzeugung, dass mich Hills Lehren inspiriert und mir die essenziellen Schlüssel zum Erfolg vermittelt haben. Vor allem aber gab Hill mir die Kraft weiterzumachen, wenn andere meine Passion und Vision nicht teilten.

In unserer heutigen Welt gilt es, uns stets daran zu erinnern, dass es in unserer Verantwortung liegt, unseren Weg trotz großer Herausforderungen weiterzugehen, wenn wir unseren konkreten wichtigsten Lebenszweck und unseren Mastermind gefunden haben. Jeder von uns verfügt über eine Gabe, um sie mit der Welt zu teilen.

Sicher wird es Rückschläge geben und wir haben zu kämpfen. Aber es sind diejenigen, die trotz ihrer Angst weitermachen, die zu den Leadern von morgen werden.

Warten Sie nicht, bis alle Rahmenbedingungen genau richtig sind. Perfektion wird es nie geben. Herausforderungen, Hindernisse und Bedingungen, die alles andere als großartig sind, treten immer auf. Wen kümmert das schon? Machen Sie jetzt den ersten Schritt. Mit jedem weiteren Schritt werden Sie stärker und stärker, verbessern Ihre Fertigkeiten, steigern Ihr Selbstbewusstsein und mehren Ihren Erfolg.

Auf diesen Seiten lade ich Sie auf eine Reise ein, herauszufinden, was IHRE spezielle Gabe ist, und wenn Sie diese gefunden haben – streben Sie weiter danach, geben Sie nie auf und werfen Sie nie die Flinte ins Korn – denn Sie sind nur einen Meter, *Three Feet From Gold*, vom Gold entfernt.

MARK VICTOR HANSEN[1]

---

1 Mark Victor Hansen ist der Mitschöpfer der Reihe *Chicken Soup for the Soul*®, die es auf Nummer 1 der *New-York-Times*-Bestsellerliste schaffte sowie der Co-Autor von *Cracking the Millionaire Code, The One Minute Millionaire* und *Cash in a Flash*. Er ist außerdem Autor von *The Richest Kids in America*.

Jeder Widerstand, jeder Fehlschlag und jeder Herzschmerz trägt in sich die Saat eines gleich großen oder größeren Nutzens.

NAPOLEON HILL

KAPITEL 1

Mit letzter Kraft

Greg riss die Tür des Taxis auf, stieg ein und sackte dann auf dem Rücksitz zusammen. Er war spät dran – schon wieder. Mit dem Handy in der einen und einer zusammengerollten Zeitung in der anderen Hand sah er aus wie der stereotype Wall-Street-Junkie. Er bellte dem Taxifahrer eine Adresse entgegen. Der Fahrer rollte angesichts der arroganten Art seines neuen Passagiers mit den Augen.

Greg war an diesem Morgen aus New York gekommen, um sich am Mittag mit jemandem zum Geschäftsessen zu treffen, und ihm haftete noch seine Ostküstenhaltung an. Er war viel zu spät dran, um zu seiner Freundin in ihre gemeinsame Wohnung zu gelangen.

Einen Straßenblock nach dem anderen plapperte der Mann aus San Diego in sein Handy und hielt nur lange genug inne, um eine neue Nummer zu wählen oder einen Anruf entgegenzunehmen und das aktuelle Gespräch zu unterbrechen. *Wie wäre es zur Abwechslung mit ein paar guten Neuigkeiten?,* dachte er, frustriert von den Nachrichten, die er erhielt.

Plötzlich hielt er inne. »Hey, warte mal eine Sekunde!«, sagte Greg zu seinem Gesprächspartner am anderen Ende der Leitung. »Das ist nicht meine Jacke! Der Idiot im Restaurant hat mir die falsche gegeben.«

Der Fahrer hörte diese Bemerkung, blickte in den Rückspiegel und sagte: »Wollen Sie, dass wir dahin zurückfahren, wo ich Sie mitgenommen habe?«

Greg ließ die Hand über das Revers gleiten, betrachtete das Designerlabel im Inneren und lächelte. Der überlegene Tonfall bemächtigte sich wieder seiner Stimme, als er sagte: »Auf keinen Fall! Diese hier ist viel besser als meine. Irgendein Trottel wird sich mit meiner alten Jacke begnügen müssen.« Er genoss den Gedanken daran, wie der andere Mann kochen würde, wenn er entdeckte, dass seine Jacke gegen eine schlechtere ausgetauscht worden war.

Der Fahrer schüttelte enttäuscht den Kopf, doch er fasste sich schnell wieder. Leider hatte er den Charakter seines Passagiers richtig eingeschätzt.

Dieser war ein Aushängeschild der »Ellbogengesellschaft«. Greg hatte offenbar wenig für andere und deren Gefühle übrig. Ihm ging es hauptsächlich darum, »gut« und »erfolgreich auszusehen«, auch wenn er nicht immer so gewesen war.

Tatsächlich leitete er eine kleine Marketingfirma und war weit weniger imposant als sein Titel, den er sich ausgedacht hatte, um ihn auf Visitenkarten zu drucken. Im Gegensatz zu dem Image des Erfolgsmenschen, das er für sich kultiviert hatte, war er hoch verschuldet und fand seinen Job wenig inspirierend oder erfüllend.

Darüber hinaus drohte die Beziehung zu seiner Freundin Mia auseinanderzubrechen.

In diesem Moment erinnerte sein Leben an eine Fahrradtour mit platten Reifen auf einer Schotterstraße voller Schlaglöcher. Wenn er eines im Leben sicher wusste, dann war es, dass im Leben nichts sicher war.

Es hatte eine Zeit gegeben, als alles vor ihm lag wie ein Bankett für einen siegreichen Helden. Er hatte einen Plan, eine Strategie, und war mit der Energie einer Atomexplosion gesegnet gewesen. Sein gesamtes Leben verlief in der richtigen Spur – bis er auf das gestoßen war, was für andere nur ein normales Hindernis auf dem Weg dargestellt hätte.

Das war seine Achillessehne. Er wusste, wie man groß träumte, und hatte auch eine Ahnung davon, seine Träume umzusetzen. Aber er war nicht imstande, mit Widrigkeiten umzugehen. Und in dieser zutiefst problematischen Wirtschaftslage sah er wenig Lohnendes vor sich, wie so viele andere Menschen.

Mit anderen Worten hatte Greg jede Menge Erwartungen, aber keine Resultate vorzuweisen. In Texas nennt man das: »Großer Hut und keine Kühe.«

»Wir sind da«, verkündete der Taxifahrer und hielt am Straßenrand vor einem luxuriösen Apartmentgebäude, das sich nur wenige leisten konnten – besonders Greg selbst nicht, unter den aktuellen Umständen.

Er stieg aus dem Taxi aus, murmelte: »Behalten Sie den Rest«, und warf einen verknitterten Zwanzigdollarschein durchs Fenster. Der Fahrer sah aufs Taxameter und auf den zerknüllten Schein und stellte fest, dass er ihm beeindruckende 10 Cent als Trinkgeld gegeben hatte. *Mächtig dicke Hose*, dachte er sich, als er genervt davonfuhr.

»Guten Abend«, sagte Frank, der Portier, als Greg näherkam. Er gab dem Mieter seine Post und eine Mahnung wegen der unbezahlten Miete. Frank beugte sich vor und flüsterte: »Sir, ich muss Ihnen etwas sagen.«

Greg nickte in Richtung des Telefons, das er immer noch an sein Ohr presste. Er unterhielt sich und ging weiter. Frank, der in dem Gebäude arbeitete, seitdem es eingeweiht worden war, zuckte mit den Schultern und kümmerte sich weiter um seinen Dienst. Leider war dies die übliche Art, wie die beiden interagierten.

Die einzige Pause im Telefonat entstand, als sich die Aufzugtür öffnete, und das auch nur, weil Greg wusste, dass er im Aufzug keinen Empfang hatte. Er beendete das Gespräch. Erleichtert, dass niemand sonst im Lift fuhr, drückte er auf den Knopf seiner Etage und lehnte sich zurück, fasziniert von seiner Reflexion in der glänzenden Tür.

Er betrachtete sich und dachte: *Ich sehe echt gut aus in meiner neuen Jacke.*

Schweigend fuhr er hinauf in sein Stockwerk, aber sein Verstand war alles andere als ruhig. Ohne jemanden, mit dem er sich unterhalten konnte, grübelte er über seine aktuellen Probleme, bis das Klingeln des Aufzugs seine Gedanken unterbrach.

Wie schon Hunderte Male zuvor, wenn er nach Hause kam, trat er aus dem Lift, lief zu seiner Wohnung, schloss die Tür auf und ging hinein. Er rief nach seiner Freundin: »Mia!«

Die beiden waren seit fünf Jahren zusammen, aber das letzte Jahr war schwierig gewesen. Sie sehnte sich nach dem Mann, der Greg einst gewesen war, und nicht nach dem Image, das er für sich erschaffen hatte – wohingegen er um jeden Preis vermied, sich zu fest zu binden.

Sie hatten mit wenig Erfolg eine Paarberatung besucht, denn Greg schien immer irgendeine Krise dazwischenzukommen, die ihre Termine verhinderte. Mia wusste, er war kein schlechter Mensch, aber sie fragte sich langsam, ob er der Richtige für sie war.

Als er den Flur entlangging, fiel ihm auf, dass etwas fehlte. Es war sogar noch schlimmer. Fast *alles* fehlte.

Greg blieb verwirrt stehen. Das *war* doch seine Wohnung, oder? Er ging zurück in den Flur und sah auf die Nummer an der Tür. Die Nummer stimmte. Die Aussicht auf die Stadt war wie immer (ziemlich spektakulär sogar, ein Detail, das die Miete für die Wohnung beträchtlich in die Höhe getrieben hatte). Das einzige Problem war, dass das Wohnzimmer kahl war, ausgeräumt. Wo die Möbel hätten sein sollen, herrschte nur Leere. Er griff nach dem Telefon und drückte auf den Knopf, der ihn direkt mit der Rezeption verband.

Frank ging sofort ran. »Ja, das habe ich versucht, Ihnen zu sagen, als Sie ankamen. Sie ist vor zwei Tagen ausgezogen. Und sie hat mir gesagt, ich soll Ihnen sagen … Äh, das sage ich lieber nicht.«

»Vergessen Sie es. Ich kann es mir schon denken«, bellte Greg, knallte den Hörer auf und sah sich um. Er konnte sich eine gewisse Bewunderung für diesen clever ausgeführten Plan nicht verhehlen. Es war fast, als hätte der Grinch ein Haus der Whos besucht und alles ausgeräumt. Die einzigen Gegenstände, die sie zurückgelassen hatte, waren sein abgenutzter Lieblingssessel und ein kleiner Tisch mit einem einzigen gerahmten Foto darauf.

An dem Foto klebte ein Notizzettel. Er entfernte ihn und las ihn laut.

Greg,

hier ein Bild von dir auf den Bahamas.
Wie du siehst, stehst du allein am Strand.
So habe ich mich in unserer Beziehung gefühlt.
Ich hoffe, du findest jemanden, den du so
sehr lieben kannst wie dich selbst.

Mia

Er warf den Zettel zur Seite und fühlte sich verlassen, während er durchs Zimmer schlich, die Jacke des Fremden auszog und auf den kahlen Boden fallen ließ. Als er den Schlips lockerte, bemerkte er, dass eine Visitenkarte aus der Jacke gefallen und mit der Vorderseite nach oben auf dem Boden gelandet war.

Es war ihm nicht eingefallen, die Taschen zu überprüfen, um herauszufinden, wer wohl der Besitzer war. Er hob die Karte auf.

Der Name auf der Visitenkarte war der legendäre Jonathan Buckland, zufällig der bekannteste und politisch einflussreichste Businesstycoon der Stadt. Greg drehte die Karte um und warf einen Blick auf die Rückseite.

Sie war leer. Er betrachtete erneut die Vorderseite. *War das vielleicht die Jacke von Mr Buckland?*, fragte er sich.

Greg lächelte, als er eine Gelegenheit witterte. Seine Einstellung änderte sich sofort. Er vergaß seinen Verlust und Hoffnung machte sich breit.

Er hatte nun einen Vorwand, um diesen wichtigen Mann anzurufen. Die Chance, einen Kontakt – wie kurz auch immer – zu einer Person von Bucklands Format herzustellen, wäre weitaus mehr wert als die Jacke, die zerknüllt zu Gregs Füßen lag.

Er vergaß das leere Apartment und die Freundin, die ihn verlassen hatte, und ging zum Telefon, um das Büro dieses Leaders anzurufen. Vielleicht hatte sich sein Blatt gewendet.

Es wurde schon mehr Gold im Verstand des Menschen geschürft, als jemals aus der Erde geholt wurde.

NAPOLEON HILL

KAPITEL 2

Das Erwachen

Die Lobby der Geschäftszentrale von Jonathan Buckland war ehrfurchtgebietend – Böden aus importiertem Holz und Fenster vom Boden bis zur Decke, vor denen Greg sich klein – sogar unbedeutend – fühlte. Ein seltenes Gefühl für jemanden, der so von sich eingenommen war wie dieser Besucher.

In diesem Moment erinnerte sich Greg an die Gebäude, die er als kleiner Junge besucht hatte. Sein Vater hatte ihn manchmal auf Geschäftsbesuche in die Stadt mitgenommen. Diese Abenteuer mit seinem Dad hatten Gregs Erfolgsträume beflügelt. Er verglich unweigerlich die Träume seiner Jugend mit seinem aktuellen unerfüllten Leben. Die Dinge hatten sich auf jeden Fall nicht so entwickelt, wie er es geplant hatte.

Ihm fiel auf, dass er schon seit ein paar Wochen – vielleicht auch Monaten – keinen Kontakt mehr zu seiner Familie gehabt hatte. Er würde sie später anrufen, versprach er sich selbst … wenn er gute Neuigkeiten zu berichten hatte. Er wollte nicht, dass sie dachten, er verdiene nicht blendend.

Eine lächelnde Empfangsdame begrüßte ihn: »Willkommen im World Capital Building. Bitte nehmen Sie den Aufzug in den 54. Stock und genießen Sie Ihren Besuch.«

In den wenigen Augenblicken, die es dauerte, bis er sein Ziel erreicht hatte, bereitete sich Greg mental vor. Er setzte sein bestes Geschäftsgrinsen auf und motivierte sich selbst mit ermunternden Gedanken – das war sein Moment, um zu glänzen! Er wartete darauf, den Aufzug zu verlassen, gewappnet mit all dem selbst erschaffenen Selbstvertrauen und Charisma, das er aufbringen konnte.

Als die Türen aufglitten, stürzte der übereifrige Gast mit der Wucht eines Rodeobullen heraus, der aus dem Tor springt. »Vorsicht, Papa«, sagte er, als er an einem hochgewachsenen älteren Gentleman vorbeidrängte, der vor ihm stand und offenbar den Aufzug betreten wollte.

Er marschierte auf den Empfangstresen zu, hielt eine Tasche von Neiman Marcus hoch, in der die »geliehene« Jacke steckte, und verkündete: »Hallo, ich bin hier, um mich mit Mister B. zu treffen. Ich habe etwas für ihn.«

»Ja, er *hat* Sie erwartet …«, sagte die Empfangsdame. Greg schnitt ihr das Wort ab und polterte los: »*Hat* mich erwartet? Wovon reden Sie? Man hat mir gesagt, ich soll um diese Uhrzeit hier sein, um ihm seine Jacke zurückzugeben. Und jetzt ist er nicht da? Vielleicht hätte ich das verdammte Ding einfach behalten sollen.«

»Sir, ich glaube, Sie verstehen nicht ganz«, erwiderte die Empfangsdame. »Ich sagte, er hat Sie erwartet, weil Sie ihn bereits getroffen haben«, flüsterte sie. Sie deutete auf die Aufzugtür hinter ihm, auf den älteren Mann, den Greg gerade zur Seite gedrängt hatte.

Erstarrt vor Scham traten ihm die Augen aus dem Kopf, als er die Empfangsdame anstarrte, als wollte er fragen: *Und was soll ich jetzt tun?*

Jonathan Buckland errettete ihn aus diesem unglaublich peinlichen Moment, indem er sagte: »Ich dachte, Sie wären auf dem Weg, um einen Brand zu löschen, junger Mann. Ich kam gerade her, um den Mann zu begrüßen, der genug Ehrgefühl hat, um mir meine Lieblingsjacke zurückzubringen.« Greg wurde sein Fauxpas bewusst und er bekam ein schlechtes Gewissen, als Buckland das Wort »Ehrgefühl« benutzte. Sofort riss er sich zusammen. Nachdem er all die Jahre über sein Foto in Zeitschriften gesehen hatte, konnte er kaum glauben, dass er den bekannten Mr Buckland nicht erkannt hatte. Er war 1,93 Meter groß, ein Gigant von einem Mann mit einer noch gigantischeren Persönlichkeit. Jedem hätte es Mühe bereitet, sich einfach an einem solchen Mann vorbeizudrängeln.

Greg drehte sich um, er wollte den großen Buckland begrüßen, der nun unter seinem berühmten buschigen, Walrosszahn-ähnlichen Schnurrbart hervor lächelte. Der zurückhaltende Blick aus seinen blauen Augen stand im Gegensatz zu dem königlichen Image, das man von einem solchen Mann erwarten sollte. Als Buckland die Hand ausstreckte, gab Greg ihm die Tasche.

Buckland nahm sie entgegen und sagte: »Vielen Dank, aber ich wollte Ihnen eigentlich die Hand schütteln.«

»Oh«, erwiderte Greg, dessen Gesicht einen noch tieferen Rotton annahm. »Entschuldigung, Mr Buckland. Mir scheint, ich kann heute einfach nichts richtigmachen. Ich brauche wirklich eine Pause. Vielleicht sollte ich einfach aufgeben und von vorne anfangen.«

»Unsinn! Wir legen alle selbst fest, wann wir Pause machen sollten, und am Ende des Tages sind wir genau so weit gekommen, wie wir es uns selbst ausgesucht haben.« Der Tycoon verstummte und deutete auf die offene Tür zu seinem Büro. »Haben Sie einen Moment?«

Greg wurde klar, dass er gerade in das Büro dieses legendären Geschäftsmanns eingeladen wurde und versuchte, seine Unbeholfenheit mit einem Witz zu überspielen. »Ja. Ich denke, ich habe noch ein Zeitfenster für Sie frei.«

Als sie das geschmackvoll eingerichtete Büro betraten – Greg hatte noch nie etwas so Geschmackvolles gesehen –, fiel sein Blick automatisch auf die atemberaubende Aussicht durch die Fenster auf den Hafen. Als er Bucklands Welt betrat, war Greg noch nicht klar, dass er auch über die Schwelle zu einem ganz neuen Kapitel seines Lebens trat.

»Setzen Sie sich«, bot sein Gastgeber an. »Sie scheinen etwas angespannt zu sein. Sagen Sie mir, was Sie auf dem Herzen haben.«

Greg setzte sich auf den Stuhl, der am nächsten zum großen Schreibtisch stand, und legte los. »Sorry, wegen vorhin. Das ist mir sehr peinlich«, sagte er verlegen. »Ich war so aufgeregt, hier zu sein, und habe mich etwas im Ton vergriffen. In letzter Zeit ist alles über mir zusammengebrochen und ich dachte, vielleicht hat sich mein Schicksal gewendet, als ich die Gelegenheit erhielt, mich mit Ihnen zu treffen. Tatsächlich muss ich zugeben, dass ich auf eine große Chance gehofft hatte und dann habe ich mit meinem Verhalten alles verdorben. Es tut mir wirklich leid. Meine Freundin hat mich gerade ohne Vorwarnung nach fünf Jahren verlassen und ich habe ernsthaft darüber nachgedacht, meinen Job aufzugeben. Ich bin mit meinem Latein am Ende und bereit, das Handtuch zu werfen.«

Dann fuhr Greg etwas kleinlaut fort: »Ich kann nicht glauben, dass ich mich so im Ton vergriffen habe. Ich entschuldige mich noch einmal dafür.« Er dachte bei sich: *Du bist so ein Idiot, dass du Buckland so angequatscht hast! Als ob er sich wirklich für deine Probleme interessiert.*

»Sie brauchen sich nicht entschuldigen. Und Sie haben gar nichts verdorben. Ich bin ein guter Zuhörer und es scheint, als war es Schicksal, dass wir uns getroffen haben. Sie kennen doch das Sprichwort ›Es gibt keine Zufälle‹. Ich helfe gerne jungen Leuten wie Ihnen dabei herauszufinden, wer sie sind und was sie im Leben anstreben. Dass Sie mir meine Jacke zurückgeben, ist ein gutes Zeichen – selbst wenn es Ihnen nur darum ging, mich zu treffen.« Er zwinkerte Greg zu. »Ich habe etwas, das Ihnen vielleicht hilft.« Buckland griff nach einem Buch auf dem Regal hinter sich und reichte es seinem Gast.

»Es befasst sich mit dem Thema Erfolg und rät einem, niemals einen Meter vom Gold entfernt aufzugeben!«

»Einen Meter von was entfernt?«, fragte Greg und nahm das Buch entgegen. Er erkannte sofort den Titel *Think and Grow Rich*, auch wenn er es nie gelesen hatte. Höflich blätterte er durch die Seiten, bevor er es seinem Gastgeber zurückgeben wollte. Buckland lächelte und machte keine Anstalten, es entgegenzunehmen. Greg hielt den Arm ausgestreckt, bevor er das Buch auf den Schreibtisch legte.

Buckland setzte sich wieder in seinen dick gepolsterten Ledersessel und sagte: »Ich werde Ihnen noch ein weiteres Sprichwort verraten, eines, das mich schon seit Jahren begleitet. Es lautet: ›Beschwere dich nie über deine Probleme, denn 95 Prozent der Menschen ist es egal und die restlichen 5 Prozent sind froh, dass es *dir* zugestoßen ist‹.«

Greg sah Buckland mit einem Ausdruck an, der andeutete, dass er nicht nur verstanden hatte, was der andere damit meinte, sondern es aufgrund seiner eigenen Lebenserfahrung nachempfinden konnte. Nun war es ihm noch peinlicher, dass er den älteren Mann mit seinen Problemen belastet hatte.

Buckland sagte: »Ich widerlege gerne dieses Sprichwort. Mir liegen Menschen am Herzen, die sich selbst helfen wollen, und bereit sind zu tun, was dafür nötig ist. Ich will Sie etwas fragen. Ist Ihrer Meinung nach im Leben im Allgemeinen das Glas halbvoll oder halbleer?«

Greg dachte einen Moment über die Frage nach und überraschte Buckland dann mit seiner Antwort. »Kommt darauf an.«

»Auf was, wenn ich fragen darf?«

»Was mit dem Glas zu Beginn los war«, antwortete Greg.

»Fahren Sie fort.«

Greg beendete den Gedankengang: »Ich sehe das so, wenn das Glas zu Beginn völlig leer war und man etwas hineinfüllt, ist das Glas *halbvoll*. Wenn das Glas voll war und man etwas ausgießt, ist es *halbleer.*«

Buckland griff in seinen beeindruckenden handgeschnitzten Mahagonischreibtisch, holte einen kleinen Notizblock heraus und schrieb etwas auf. Der nachdenkliche Ausdruck auf seinem Gesicht zeigte, dass er von dieser Antwort auf die uralte Frage beeindruckt war. Buckland legte den Stift hin und zwirbelte nachdenklich an seinem Schnurrbart.

»Ich weiß nicht ganz wieso, aber ich mag Sie. Vielleicht erinnern Sie mich an mich selbst, als ich in Ihrem Alter war.« Buckland dachte noch einen Moment nach und sah dann dem jüngeren Mann in die Augen. »Ich glaube, Sie haben Potenzial. Sind Sie bereit, an sich selbst zu arbeiten? Wenn ja, sollten Sie einen Freund von mir kennenlernen.«

»Wenn es ein Freund von Ihnen ist, dann sehr gerne«, erwiderte Greg und vor Begeisterung lief ihm ein Kribbeln das Rückgrat entlang.

»Und wieso das?«, fragte Buckland, der auf eine weitere einzigartige Antwort hoffte.

»Nun, wie sagt man, ›Gleich und gleich gesellt sich gern‹, und wenn man bedenkt, wie erfolgreich Sie sind, würde ich davon ausgehen, dass Ihre Freunde ebenfalls Gipfelstürmer sind.«

»Da haben Sie recht. Mein guter Freund Charlie ›Tremendous‹ Jones sagt immer, dass man heute genau dieselbe Person ist wie in fünf Jahren, abgesehen von zwei Dingen.« Buckland hielt inne und sah seinen Gast eine gefühlte Ewigkeit lang an.

Um das unangenehme Schweigen zu beenden, fragte der neugewonnene und lernbereite Schüler: »Welche zwei Dinge?«

Mit einem Lächeln deutete Buckland auf das Buch, das auf dem Schreibtisch lag. »Die Leute, die Sie treffen, und die Bücher, die Sie lesen. Denken Sie darüber nach. Wir sind die Gesamtsumme des Wissens, über das wir verfügen, und mit wem wir uns umgeben. Wenn Sie nur Klatschzeitungen lesen, werden Sie auch nur das wissen, was darin steht und es absorbieren. Wenn Sie Biografien über bedeutende Menschen und Bücher lesen, die Sie inspirieren, wird das zu Ihrem Wissen werden, das Sie absorbieren.«

»Okay, das verstehe ich. Und der Teil über die ›Menschen, die wir treffen‹, stimmt ebenfalls, würde ich sagen«, meinte Greg.

»Das haben Sie richtig erkannt. Charlie sagt immer, ›Umgebe dich mit Denkern und du wirst ein besserer Denker. Umgebe dich mit Gewinnern und du wirst häufiger gewinnen. Umgebe dich mit einem Haufen Leute, die sich beschweren und jammern, und du wirst lernen, wie man sich besser beschwert und jammert‹.«

Greg lachte laut auf, während Buckland fortfuhr:

»Ich habe Ihnen gerade eines der besten Bücher gegeben, das Sie je lesen werden, das ist mal das Erste. Der zweite Teil ist, dass ich Ihnen die Chance geben werde, jemanden zu treffen, der Ihnen einige Einsichten über den Schatz vermitteln kann, den Sie auf den Seiten des Buches finden werden.«

»Danke Ihnen, Mr Buckland«, sagte Greg und sah sich das Buch, das er zur Seite gelegt hatte, etwas genauer an. »Es war schon ein Riesengeschenk, Sie nur zu treffen. Ich freue mich schon, jemandem zu begegnen, den Sie ausgewählt haben. Und ich sehe, dass Sie etwas notiert haben, während wir uns unterhielten. Habe ich wieder etwas Falsches gesagt?«

»Himmel, nein. Sie haben mir tatsächlich etwas beigebracht, an das ich mich erinnern will.« Buckland drehte das Notizbuch mit den Eselsohren um, damit Greg lesen konnte, was er gerade aufgeschrieben hatte:

Ob das Glas halbvoll oder halbleer ist,
hängt vom Ausgangspunkt ab.

»Über die Jahre habe ich außerdem gelernt, dass alle großartigen Leader umfangreiche Notizen machen. In meinem Fall schreibe ich kurze Gedächtnisstützen für mich auf, damit ich sie später durchblättern kann und mich sofort an die gesamte Botschaft erinnere. Und Sie haben es gerade in mein Buch geschafft.«

Von diesen Worten inspiriert, verspürte Greg einen neuen Schub Selbstbewusstsein, als er Buckland die Hand schüttelte. Vielleicht ging doch noch alles gut aus, dachte er.

Jon Buckland sah die Vorwitzigkeit, die erneut im Blick seines neuen Freundes lag, und bevor dieser sich zu weit aus dem Fenster lehnte, holte er ihn mit einer Frage auf den Boden der Tatsachen zurück: »Ich will *Sie* etwas fragen. Würde ich *Ihre* Freunde kennenlernen wollen?«

Greg lächelte einfach nur und erwiderte: »Vermutlich nicht, Mr Buckland. Vermutlich nicht.«

Viele erfolgreiche Menschen haben durch Fehlschläge und Widrigkeiten Chancen gefunden, die sie unter vorteilhafteren Umständen nicht erkannt hätten.

NAPOLEON HILL

KAPITEL 3

Die Saat ausbringen

Am nächsten Morgen wurde Greg durch schnelles Klopfen an der Tür aus einem tiefen Schlaf geweckt. Er hatte von Mia geträumt und sich vorgestellt, dass sie ihn nicht verlassen hatte und am Morgen neben ihm läge. Doch sie war nicht da.

Er warf sich einen Bademantel über und stolperte durch das leere Apartment zur Tür.

Frank, der lächelnde Portier, begrüßte ihn. »Das ist für Sie angekommen«, sagte er und hielt ihm ein Paket hin.

Als Greg danach griff, warf der Portier einen Blick in den fast leeren Raum. Er sah ein paar Gartenstühle, die um einen kleinen Kartentisch standen, den Greg sich aus dem Freizeitraum des Gebäudes »geborgt« hatte. Das Zimmer wirkte kalt und wenig einladend, wenn nicht sogar deprimierend – meilenweit entfernt von der üppigen Innenraumausstattung mit überteuerten Möbeln, die noch vor einer Woche hier gestanden hatten.

»Danke«, schnappte der Mieter, als er sich das Paket griff und umdrehte.

Instinktiv zog der Portier den Kopf gerade noch zurück, damit seine Nase nicht in der zuknallenden Tür eingeklemmt wurde. Er würde wohl kein Trinkgeld erhalten.

Auf der anderen Seite der Tür hielt Greg inne. Normalerweise hätte er nicht noch einmal über sein Verhalten nachgedacht, aber heute war es irgendwie anders. Er öffnete die Tür und rief den Flur entlang: »Sorry wegen eben, Frank. Ich hatte eine Menge um die Ohren, aber das ist keine Entschuldigung.«

Frank drehte sich überrascht um.

Greg sagte: »Danke, dass Sie mir das hochgebracht haben.«

»Gern geschehen«, sagte Frank, der sein Lächeln wiedergefunden hatte. Er tippte sich an die Mütze und verschwand um die nächste Ecke.

Greg riss den Umschlag auf und war überrascht, als er einen kleinen Notizblock sah, ähnlich wie der, den Buckland für seine Gedächtnisstützen verwendet hatte, zusammen mit einer Ausgabe des Buches *Think and Grow Rich* von Napoleon Hill. Das Buch, das Buckland ihm gestern gezeigt hatte. Als er es aufschlug, lagen auf der ersten Seite ein Flugticket und eine kurze Notiz:

Herausforderung: Benutzen Sie dieses Ticket, um sich mit meinem guten Freund Don zu treffen, und wenden Sie an, was er Ihnen verrät. Viele Menschen erhalten guten Rat, aber nur wenige profitieren davon. Werden Sie es tun?

Greg dachte darüber nach. Wenige profitieren davon. Wo ist der Haken?, fragte er sich.

Er las weiter und fand Bucklands Information über seinen Freund Don Green. Er erkannte sofort, dass eine große Chance an seine Tür klopfte. Er rief sogleich in seinem Büro an, sagte seine Termine ab (was nicht lang dauerte) und packte eine Tasche. Er fasste es nicht, dass Jonathan Buckland ihm tatsächlich ein Flugticket geschickt hatte, um einen seiner Kollegen zu besuchen, nachdem Greg ihn nur einmal getroffen hatte. Das war ein Geschenk, das er nicht ungenutzt vorüberziehen lassen wollte.

Gerade als er durch die Tür ging, um zum Flughafen zu fahren, klingelte sein Telefon – das selten genutzte Festnetztelefon, nicht sein Handy. Mit einem Seufzen drehte er um und nahm ab.

»Hallo«, sagte jemand. »Greg, hier ist David.«

Diese vier Worte beschworen in Gregs Vorstellung ein ganzes Leben an Erinnerungen, viele davon wunderbare Bilder seiner Familie, seiner Jugend und von Freundschaft – aber andere, jüngere Erinnerungen an Schmerz, Enttäuschung, Herzschmerz und sogar Abscheu. Er wollte auflegen und gehen; so tun, als hätte er nicht einmal geantwortet. Aber er wusste, das ging nicht.

Er hielt den Hörer ans Ohr, aber sagte zuerst nichts.

»Hier ist David«, wiederholte der Anrufer, bereits etwas aggressiv. »Hi, Dave. Du erwischt mich in einem schlechten Moment. Ich wollte gerade zum Flughafen.«

»Hast du einen großen Deal am Kochen, Bruder?«

»So ähnlich. Ist im Moment eher noch in der Forschungs- und Entwicklungsphase.«

David Engel war nicht wirklich Gregs Bruder – aber nahe dran. Als Dreijähriger war David zum Waisenkind geworden, als sein Vater und seine Mutter, enge Freunde von Gregs Eltern, bei einem schrecklichen

Autounfall gestorben waren. Die Familie hatte David in ihr Heim aufgenommen und ihn irgendwann adoptiert.

Greg und David Engel waren weniger als ein Jahr auseinander und hatten ihr ganzes Leben in freundlicher Rivalität zueinander verbracht. Zumindest so lang, bis sie in den letzten Jahren zunehmend den Kontakt verloren hatten … wegen Davids Trinkerei.

»Nun, immer an vorderster Front, was? Außerhalb der ausgetretenen Pfade denken. Mein Kumpel, auf dem Weg zum Erfolg und all der Scheiß!«, blaffte David sarkastisch und lallte beim Wort »Erfolg«.

»Hast du getrunken?« Greg hasste es, diese Frage zu stellen und er hasste sich selbst dafür, dass er sie stellte. Aber er musste es. Sie drängte sich ihm auf und er war verärgert. Wie konnte dieser Kerl es wagen, seine Probleme und Fehlschläge Greg aufs Auge zu drücken! Bruder oder nicht … und schließlich war er nicht mal sein Bruder.

»Und, was, wenn es so ist? Ich kann es mir leisten. Ich bin vielleicht nicht so reich wie du, aber wenn ich einen Drink haben will, wer soll mich schon davon abhalten?«

»Ich weiß, dass ich dich nicht abhalten kann, Dave. Vielleicht will ich das nicht einmal. Aber ich kann diese Unterhaltung beenden. Sie führt zu nichts und das mit erstaunlichem Tempo. Tschüss.«

»Warte – ich wollte …!«

Greg knallte den Hörer auf und hastete zur Tür hinaus. Er verkniff sich die Wuttränen, die ihm in die Augen stiegen. Er würde nicht zulassen, dass dieser erbärmliche Säufer ihm den Tag versaute – oder das Leben.

Nach einem Fünfstundenflug stand Greg vor der majestätischsten Landschaft, die er je gesehen hatte. Sein Staunen begleitete ein Gefühl der Unsicherheit, als er vor dem Hauptsitz der Napoleon Hill Foundation vorfuhr, der Organisation, die das Wissen von Napoleon Hill, dem Autor von *Think and Grow Rich*, bewahrt und verbreitet. Er hatte das Buch auf dem Flug durchgeschaut und war gespannt, mehr darüber zu erfahren.

Er war etwas nervös und hoffte, er würde nicht seine erste Begegnung mit dem Wirtschaftsmagnaten wiederholen. Aber Don Greens freundliches Lächeln und entspannte Haltung zerstreuten schnell seine Sorgen.

»Hallo, Greg. Ich bin Don und ich wette, Sie fragen sich, wieso Sie bis hierher nach Wise, Virginia, gereist sind, um sich mit einem völlig Fremden zu treffen.«

»Nun, nicht völlig fremd«, sagte Greg. »Nachdem Mr Buckland mir von Ihnen erzählt hat und ich recherchiert habe, freute ich mich schon, Sie kennenzulernen. Er hat mir auch von Charlie ›Tremendous‹ Jones erzählt und wie wichtig die Bücher sind, die man liest und die Menschen, die man trifft.«

Aus der Notiz seines neuen Mentors und der folgenden Internetrecherche hatte Greg erfahren, dass Don Green in recht jungen Jahren Bankdirektor geworden war, sich dann mit seinen eigenen Unternehmen zu einem erfolgreichen Geschäftsmann entwickelt hatte und zudem ein Wohltäter seiner Gemeinde geworden war. Er hatte auf seinem Lebensweg zahlreiche Ehrungen erhalten, wie einen Preis als freiwilliger Gemeindemitarbeiter des Jahres, und er hatte in den Vorständen des örtlichen PBS-Radiosenders und der Universität von Virginia gesessen. Vor allem aber war er CEO der Napoleon Hill Foundation und in dieser begehrten Stellung überwachte er die Arbeit der gesamten Stiftung.

»Charlies Ratschläge sind hervorragend. Und ich bin mir sicher, dass Bucky Sie großzügig mit Informationen über mich versorgt hat«, sagte Don. »Eines ist sicher; ich habe viele Bücher gelesen und viele Menschen getroffen. Ich habe fast 45 Jahre lang die Prinzipien des Erfolgs studiert und habe mich stets bemüht zu erfahren, was

Menschen auf ihrem Gebiet erfolgreich macht. Darum geht es in der Foundation.«

Greg fiel auf, dass Green nicht mit dem Lob prahlte, das Buckland über ihn geäußert hatte. Er war freundlich und bescheiden, aber wirkte dabei authentisch und aufrichtig.

Don deutete auf einen Stuhl. »Setzen Sie sich doch.«

Während sie sich beide auf den Stühlen niederließen, fuhr sein Gastgeber fort: »Sie müssen das alte Walross ganz schön beeindruckt haben, wenn er Sie bis hierher geschickt hat. Ich nehme an, Sie wünschen sich, erfolgreich zu sein.«

»Ich glaube, er wusste, dass ich große Unterstützung brauche«, sagte Greg. »Ich will auf jeden Fall erfolgreich sein, aber ich komme anscheinend einfach nicht voran.«

Don dachte einen Moment nach, bevor er antwortete. »Ich würde Ihnen gerne einen der Hauptgründe und vielleicht sogar wichtigsten Grund nennen, wieso nur 5 Prozent aller Menschen erfolgreich sind und der Rest nicht sein volles Potenzial entfaltet.«

»Das wäre toll, denn ich würde gerne Millionär werden.«

»Nun, Greg, vielleicht wachen Sie eines Tages auf und stellen fest, dass Sie 1 Million Dollar angesammelt haben, aber in Wahrheit immer noch nicht erfolgreich sind.«

Greg sah seinen Gastgeber leicht verwundert an.

»Wie es der Schriftsteller Ben Sweetland vor Jahren ausgedrückt hat: ›Erfolg ist eine Reise und kein Ziel.‹ Erfolg ist eine Lebenseinstellung, die man sein ganzes Leben lang beibehalten sollte. Es geht darum, seinen ultimativen Lebenszweck zu finden und ihn mit allen Mitteln und allem, was man tut, zu verfolgen«, sagte Greg und klang sehr überzeugt. »Der Grund, wieso ich mich daran beteilige, die Napoleon Hill Foundation zu leiten, ist, dass ich Menschen helfen will, ihren ultimativen Lebenssinn, ihren Lebenszweck zu entdecken. Aber die Lektion, über die ich rede, und die ich Ihnen heute ans Herz legen will, besteht darin, niemals aufzugeben und den Mut aufzubringen, auch dann weiterzumachen, wenn man glaubt, keine andere Wahl zu haben.«

Greg fühlte sich durch diese nachdrückliche Aussage wie an den Stuhl gefesselt. Er erinnerte sich, wie er Buckland von seiner Frustration und seinem Gedanken daran aufzugeben, erzählt hatte. Ich bin aus einem Grund hier, ich muss aufpassen, dachte er bei sich.

Green bemerkte, dass der junge Mann nervös wirkte. Ihm war klar, dass er einen Nerv getroffen hatte und wollte ihn nicht zu sehr verunsichern, als er fortfuhr:

»Ich sehe, Sie haben *Think and Grow Rich* in der Hand. Ich will Ihnen etwas über die Geschichte dieses Buches erzählen. Es wurde 1937 erstmals veröffentlicht und millionenfach auf der ganzen Welt verkauft. Es enthält mehr lebensverändernde Lektionen als jedes andere Buch, das ich gelesen habe. Aber die Lektion, niemals aufzugeben, ist eine der wichtigsten.

Ich glaube, Ihnen wird das Buch gefallen, Greg, und es hilft Ihnen vielleicht, einige der Antworten zu finden oder kann Sie sogar dazu inspirieren, neue Fragen zu stellen. Im ersten Kapitel erzählt uns Hill die Geschichte von R. U. Darby, der eine teure Lektion erhielt, die ihn für den Rest seines Lebens beeinflusste. Darby machte es wie die meisten Menschen – er gab auf, als ihn eine temporäre Niederlage überwältigte. Napoleon Hill wusste, dass jeder von uns gelegentlich diesen Fehler begeht.«

Greg hatte das Buch überflogen und erinnerte sich vage an diese Geschichte. Er richtete sich auf, um etwas auf seinen Notizblock zu schreiben.

Die häufigste Ursache des Scheiterns
besteht darin aufzugeben.

Green war angenehm überrascht, dass sein Besucher sich etwas notierte, und fuhr fort: »Darbys Onkel hatte das Goldfieber erfasst. Er war nach Westen gereist, um durchs Goldschürfen reich zu werden. Dieser Goldsucher in spe verfügte vor allem über Hoffnung und keine echten Lösungen, verstehen Sie. Er hatte sich nicht die Zeit genommen, um zu lernen, wie er sein Ziel erreichen wollte. Er wollte einfach nur Gold finden. Er hatte nicht gelernt, worum es beim Bergbau ging, oder etwas von anderen darüber erfahren oder sich überhaupt klargemacht, welchen Aufwand es mit sich brachte. Er hatte einfach seinen Claim abgesteckt und sich mit Pickel und Schaufel an die Arbeit gemacht.«

Greg lauschte schweigend jedem Wort der Geschichte. Ihm wurde zu seiner Überraschung klar, dass sein üblicher innerer Dialog, der sich hauptsächlich um ihn selbst drehte, nahezu verstummt war. Er dachte nicht mehr an Mia oder David oder seine Geschäftssorgen oder irgendein anderes Problem. Stattdessen hörte er aufmerksam zu.

»Zum Glück lohnte sich die wochenlange Arbeit von Darbys Onkel und er stieß auf Gold in großen Mengen! Das stellte ihn vor ein Problem, auch wenn es natürlich einen positiven Grund hatte: Er war einfach nicht darauf vorbereitet. Er brauchte Maschinen, um die enormen Mengen an schweren Felsen und Erde zu beseitigen, die das glänzende Erz bedeckten.

Ihm war klar, dass die Maschinen Geld kosteten, das er nicht hatte, also bedeckte er die Mine sorgfältig mit Erde und reiste zurück nach Hause nach Williamsburg, Maryland. Er verkündete laut seine große Entdeckung und prahlte mit dem reichen Goldvorkommen, das in der Erde lag und nur auf seine Rückkehr wartete. Es dauerte nicht lang, seine Familie und Freunde zu überzeugen, etwas zu investieren, um das benötigte Equipment zu kaufen.

Mit dem Geld in der Hand lud Darbys Onkel seinen jungen Protegé ein, mit ihm nach dem versprochenen Reichtum zu graben. Als sie das erste Golderz ausgegraben hatten, schickten sie es begeistert zum Schmelzwerk. Und es war tatsächlich qualitativ hochwertiges Erz und schien eines der größten Goldvorkommen zu sein, das in Colorado entdeckt worden war. Nur noch ein paar weitere Ladungen und sie würden nicht nur die Schulden an Familie und Freunde zurückzahlen können, sondern hätten auch noch eine Menge Geld übrig.

Darby und sein Onkel waren überzeugt, sie würden durch die Goldmine reich werden. Dann kam es zur Tragödie … das Gold verschwand einfach. Gerade als ihre Hoffnungen sich zu erfüllen schienen, waren die Darbys am Boden zerstört, weil sie das Ende des Regenbogens erreicht hatten – und der sprichwörtliche Topf voller Gold nicht mehr da war.«

Greg legte den Stift weg und hätte sich am liebsten mental selbst in den Hintern getreten. Hätte er tatsächlich die Zeit investiert, das erste Kapitel des Buches zu lesen, wüsste er bereits, wie die Geschichte ausging …

»Denken Sie daran, sie wollten einfach mehr Gold. Sie hatten die Kunst des Goldschürfens nie erlernt und waren keine Goldschürfer aus Leidenschaft, also wussten sie nicht, was sie als Nächstes tun sollten, außer einfach weiter zu graben. Angesichts ihrer Ungeduld und ihrer fehlenden Erfahrung dauerte es nicht lang, bis sie völlig frustriert und desillusioniert waren. Sie hatten den sofortigen Erfolg genossen und die Geduld verloren, als die Aufgabe schwieriger geworden war. Sie gruben weiter, aber fanden nichts mehr. Es dauerte nicht lang, bis sie so frustriert waren, dass sie beschlossen aufzugeben.«

Green machte eine Pause und trank einen Schluck Wasser. Greg beugte sich vor, weil er kein Wort der Geschichte verpassen wollte.

»Entmutigt und enttäuscht verkauften Darby und sein Onkel die Mine und ihre Ausrüstung an einen örtlichen Schrottsammler. Jahrelang hatte dieser Schrottsammler nach einer Möglichkeit gesucht, in den Bergbau einzusteigen. Er hatte sich über zehn Jahre lang das nötige Wissen angeeignet und glaubte, dass es sein Schicksal war. Der Verkauf ging mit dem Austausch von ein paar hundert Dollar und der Besitzurkunde über die Bühne. Damit stiegen Darby und sein Onkel in den nächsten Zug und kehrten zu ihrer Familie in Maryland zurück, womit ihre Suche nach Gold beendet war.«

»Das war es – das ist alles?«, fragte Greg. »Sie haben einfach aufgegeben?«

»Ja, sie haben einfach aufgegeben. Aber die Geschichte ist damit nicht zu Ende. Sehen Sie, der Schrottsammler war leidenschaftlich am Bergbau interessiert. Wissen Sie, er hatte nur auf die richtige Gelegenheit gewartet. Mit der Besitzurkunde in der Hand engagierte er einen Bergbauingenieur, der den Claim inspizieren sollte, und gemeinsam entdeckten sie das, was man eine Verwerfungslinie nennt. Der Ingenieur erklärte, dass das Gold in langen Adern lag, und die vorherigen Besitzer hatten einfach durch eine Seite der Ader gebohrt und waren auf der anderen wieder herausgekommen. Er erklärte weiter, wenn der Schrottsammler erneut an dieser Stelle in die andere Richtung graben würde, senkrecht zu der Richtung, in der die Darbys ihren ersten Fund gemacht hatten, würde er vermutlich den Bodenschatz heben.

Der neue Besitzer, der Schrottsammler, der zum Minenbesitzer geworden war, folgte diesen einfachen Anweisungen und traf tatsächlich auf eines der reichsten Erzvorkommen, das je entdeckt worden war – nur einen Meter von der Stelle entfernt, an der die Darbys ihre Bemühungen aufgegeben hatten. Der Schrottsammler schürfte Millionen Dollar an Gold in der Mine. Er hatte Erfolg, wo Darby und sein Onkel versagt hatten, weil er über zwei Dinge verfügte: die Entschlusskraft, seinen Lebenszweck zu verfolgen, ein Goldschürfer zu werden, und natürlich seine Bereitschaft, sich professionellen Rat zu holen.«

Don machte eine Pause, damit Greg die Lektion verdauen konnte. »Und was glauben Sie, was Mr Darby getan hat, als er vom Erfolg des Schrottsammlers erfuhr?«

Greg sagte: »Er hat vermutlich gedacht, sein Leben verschwendet zu haben.«

»Das hätten viele geglaubt, aber R. U. ließ diesen Fehlschlag nicht ungenutzt. Er lernte seine Lektion, nicht *einen Meter vom Gold entfernt* aufzugeben, und wandte sie auf seine Arbeit in der Versicherungsbranche an. Sicher war er am Boden zerstört, als er über den Erfolg des Schrottsammlers hörte, der auf seine Kosten ging, aber er würde nie vergessen, dass der wahre Grund, ein Vermögen verloren zu haben, darin bestand, dass er zu früh aufgegeben hatte.

Er verschrieb sein Leben danach dem Ziel, nie wieder eine Niederlage hinzunehmen. Mit dieser neuen Einstellung ›nie aufzugeben‹, machte sich Darby daran, in der Versicherungsindustrie ein Vermögen zu verdienen. Er zahlte seinen Freunden und der Familie das Geld mit diesem neuen Reichtum zurück. Und vor allem erzählte er anderen seine Geschichte, damit sie aus seinen Fehlern lernten.«

»Das ist eine beeindruckende Story«, kommentierte der junge Besucher.

Don fügte hinzu: »Bevor sich der große Erfolg einstellt, werden Sie sicher vorübergehend scheitern. Wenn Menschen sich von diesen Gefühlen überwältigen lassen, besteht der einfachste und vielleicht sogar logischste Schritt darin aufzugeben. Und das ist es, was die meisten Leute tun.«

Greg schrieb schnell auf seinen Notizblock:

Bevor sich großer Erfolg einstellt,
wird man sicher vorübergehend scheitern.

Green beendete seinen Gedankengang und sagte: »Es gibt drei Dinge zu bedenken, wenn Sie beschlossen haben, einen bestimmten Weg zu verfolgen.«

Greg kritzelte schnell Dons Worte aufs Papier:

Wähle deinen Weg und dann:

Erstens – suche dir Rat von denjenigen mit der Expertise, die dir fehlt.

Zweitens – gebe niemals einen Meter vom Gold entfernt auf.

Drittens – wenn du erfolgreich bist, wirst du für andere ein Mentor sein können. Vermittle ihnen die Lektionen, die du gelernt hast.

»Denken Sie daran«, fügte Don hinzu. »Der Grund, wieso die meisten Leute aufgeben, ist, dass sie niemals ihren konkreten Lebenszweck finden. Sie haben nichts, für das es sich zu kämpfen lohnt. Sobald man diese Wahrheit entdeckt, wird man das erlangen, was Hill *Bei-der-Stange-bleiben* nannte.«

Greg hörte angestrengt zu, aber war immer noch verwirrt. Er brachte nur ein »Wie bitte?« hervor.

»Die Darbys haben aufgegeben, weil sie sich dem Ergebnis nicht voll und ganz verschrieben haben. Sie waren hinter dem Geld her, genauso wie Sie erwähnt haben, Sie wollen Millionär werden. Der Schrottsammler hingegen wusste stets in seinem Herzen, dass er eines Tages seine Chance erhalten und Goldschürfer werden würde, also tat er, was immer nötig war, bis sich diese Gelegenheit auftat.

Mit anderen Worten, er *blieb bei der Stange* – das ist der Unterschied zwischen einem vagen Interesse und sich einer Sache voll und ganz zu verschreiben.«

Greg schrieb in sein Notizbuch:

Es besteht ein Unterschied zwischen Interesse und sich einer Sache ganz zu verschreiben.

»Man kann es folgendermaßen verdeutlichen«, sagte Green. »Stellen Sie sich vor, Sie gehen zu einer Veranstaltung, auf der Sie eine gut aussehende junge Frau treffen, für die Sie sich interessieren. Vergleichen Sie es damit, die Liebe Ihres Lebens zu finden und zu heiraten – in einem solchen Fall haben Sie sich an jemanden gebunden. Es wird irgendwann zu Schwierigkeiten kommen, das passiert immer.«

Greg führte sich vor Augen, wie er neulich in sein leeres Zuhause gekommen war.

»Bei Problemen flüchten Sie vielleicht aus der Situation, oder hier vor der Person, an der Sie kaum interessiert sind. Wohingegen eine Ehe oder eine Situation, bei der Sie ganz bei der Sache sind, Sie nach einer Lösung suchen und bei der Stange bleiben lässt, denn Sie haben sich dieser Beziehung verschrieben.«

»Oh Mann, da kann ich mich hineinversetzen«, warf Greg ein.

»Die Darbys haben beim ersten Zeichen von Problemen aufgegeben, denn sie verfügten nicht über die nötige Leidenschaft für diese Unternehmung. Der Schrottsammler hingegen liebte seine Frau, wollte unbedingt die Chance erhalten, ein Goldsucher zu werden und wurde letztlich dafür belohnt, dass er bei der Stange blieb und sich seiner Vision verschrieben hatte.«

Greg schrieb in sein Buch und fügte eine wirkungsvolle Botschaft in dicken Großbuchstaben hinzu:

Um erfolgreich zu sein, musst du
BEI DER STANGE BLEIBEN.

Weil sie sich weigern, ihren Horizont zu erweitern, gehen manche Menschen ihr ganzes Leben nur einer Sache nach.

NAPOLEON HILL

KAPITEL 4

Durchs finstere Tal

Auf dem Flug nach Hause rasten Gregs Gedanken dahin wie ein Ferrari, der auf einer leeren Straße mit Höchsttempo fährt. Wenn ein Thema in den roten Drehzahlbereich geriet, wechselte er zu einem anderen Punkt, den Green erwähnt hatte.

Ihm wurde klar, dass Buckland ihn aus gutem Grund zu Don geschickt hatte. Fast jeder, den er kannte, hatte an irgendeinem Punkt in seinem Leben aufgegeben – nur einen Meter vom Erfolg entfernt. Natürlich hatte er sich selbst zu dieser Gruppe gezählt – ganz oben auf der Liste. Sicher, es lief gerade nicht so glatt für ihn, aber wollte er wirklich aufgeben, nur weil es schwierig wurde? Er wusste, ihm fehlte es nicht am nötigen Talent, um erfolgreich zu sein. Er vertraute auch darauf, die erforderlichen Ressourcen zu finden.

Plötzlich war ihm klar, dass er einfach nur die nötige Leidenschaft, den Antrieb finden, und vor allem *bei der Stange bleiben* musste, um seinem Erfolg näherzukommen.

Ein Teil dieses Kampfes bestand bisher darin, so verstand er nach und nach, dass er versucht hatte, alles allein zu schaffen. Er lebte nach dem alten Motto: Um etwas richtig zu machen, musste man es selbst tun. Der Haken an dieser Überzeugung war, dass es stets damit endete, dass er *alles* allein erledigte.

Diese Philosophie richtete Chaos in seinem beruflichen Leben und Privatleben an. Der Stress, so viel allein machen zu müssen, ließ ihm wenig Zeit und Energie für irgendetwas anderes übrig. Dazu gehörte auch seine Freundin, Mia, die er wirklich liebte. Er verstand nun völlig, dass er sich dieser Beziehung nicht verschrieben hatte.

Dons »Einen Meter vom Gold entfernt«-Story, beeindruckte ihn. Er wusste nun, dass es zweifellos wichtig war, sich von Menschen beraten zu lassen, die über Wissen verfügten, das einem fehlte. Wenn Greg erfolgreich sein wollte, musste er anderen erlauben, ihm zu helfen.

Ihm fiel ein perfektes Beispiel ein. Er wusste wenig über Buchhaltung und operatives Geschäft, aber er hielt sich für ein Genie im Verkauf und Marketing. (Das war vielleicht ein wenig übertrieben, dachte er ...) In letzter Zeit hatte er jedoch viel zu viel Zeit mit Buchhaltung verbracht und war mit seinen Verkaufsanrufen ins Hintertreffen geraten.

Deswegen lief sein Geschäft schlechter und seine Finanzen hatten gelitten. Er hatte aufgehört, seine Stärken auszuspielen. Es war offensichtlich, dass er sich Hilfe von Experten in Buchhaltung und Betriebsfragen holen musste, um sich dem zu widmen, was er am besten konnte. Und somit dem, was er am liebsten machte.

Er notierte auf seinem Notizblock:

Tue, was du am besten kannst, delegiere, was du nicht so gut kannst.

Nur diese eine Sache zu ändern, würde ihm ermöglichen, sein Business schneller wachsen zu lassen, während er es cleverer anging – und hoffentlich damit mehr Zeit freischaufelte, um das zu tun, worin er gut war und was er am liebsten machte.

Als er aus dem Flugzeug stieg, rief er ein Taxi und fuhr zum World Capital Building. Er begrüßte Buckland, seinen neuen Mentor, und ihm fiel auf, wie sehr seine Einstellung sich schon geändert hatte, nur weil er diesen Mann getroffen hatte.

»Mr Buckland, wow, das war eine tolle Reise!« Gregs Enthusiasmus war schon an seiner Stimme zu hören.

»Ich verstehe, wieso ich mich mit Don treffen sollte. Ein wahrer Meister seines Fachs. Ich kann nicht glauben, dass ich mit dem CEO der Napoleon Hill Foundation an einem Tisch saß. Ich habe von ihm aus erster Hand erfahren, wie entscheidend es ist, nicht einen Meter vom Gold entfernt aufzugeben. Danke Ihnen.« Greg holte Luft. »Und mir gefiel vor allem, dass er mir empfohlen hat, Rat von außen einzuholen. Ich habe es verstanden! Endlich ist mir klar, dass ich nie erfolgreich sein werde, wenn ich eine One-Man-Show bin.«

»Gerne geschehen. Ich bin froh, dass es Ihnen Spaß gemacht hat, sich mit Don zu treffen«, sagte Buckland. »Jetzt ist die große Frage, was Sie mit diesen Informationen anfangen werden.«

Sein Protegé sagte. »Ich wusste, dass Sie mich das fragen werden. Hier ist mein Plan: Auf dem Weg hierher habe ich Meetings mit einigen der besten Leute vereinbart, die ich erreichen konnte, um sie nach ihrer Meinung zu meinem Business und meiner Karriere zu fragen.«

»Nun, das ist schade, denn da werden Sie nicht weit kommen.«

»Was? Ich dachte, Sie haben mich dorthin geschickt, damit ich mich mit Mr Green treffe. Ich dachte, Sie wären stolz, dass mir das eingefallen ist.«

»Es ist wunderbar, dass Sie auf ihn gehört haben. Nur wünschte ich, dass Sie sich echten *Rat* holen würden und nicht nur *Meinungen.*«

»Was ist der Unterschied?«, fragte Greg und runzelte die Stirn.

»Es ist der Unterschied zwischen Erfolg und Versagen. Das Problem ist, dass fast alle sich die Meinungen anderer Leute anhören, statt sich wirklich guten Rat zu holen.« Buckland räusperte sich. »Es ist so: Meinungen basieren normalerweise auf Unwissen oder eher einem Mangel an Wissen, wohingegen Rat auf Weisheit und Erfahrung beruht.«

Greg verarbeitete diese Aussage einen Moment.

Buckland fuhr fort: »Stellen Sie sich vor, Sie treffen sich mit Freunden oder Familie und erzählen ihnen, dass Sie etwas angehen wollen, das keiner von ihnen je getan hat – wie zum Beispiel ein Buch zu schreiben. Sie sagen vielleicht, dass Sie verrückt sind, stimmt's?«

Greg lächelte, als er sich die Reaktion seiner Freunde vorstellte: »Ein Buch schreiben? Du kannst doch kaum deinen Namen schreiben. Du wirst nie ein Autor.«

»Sie könnten Sie fragen, wieso Sie glauben, dass Sie es nicht schaffen können, und sie würden Ihnen jede Menge Gründe nennen. Vermutlich würden sie sich auf die Schwierigkeiten konzentrieren und die Zeit, die es brauchen würde, oder wie viel Geld man ausgeben müsste und so weiter.«

»Sie kennen anscheinend meine Familie und Freunde«, sagte Greg sarkastisch. »Die würden vermutlich sagen: ›Du kannst kein Buch schreiben, weil du nie ein Buch *gelesen* hast.‹« Wobei er endlich *Think and Grow Rich* von der ersten bis zur letzten Seite gelesen hatte.

»Ja, das würden sie vermutlich sagen, weil sie es selbst noch nie getan haben. Das nennt man ›geballte Ignoranz‹. Vergleichen Sie das mit einem Gespräch mit dem Gründer von Executive Books, Charlie ›Tremendous‹ Jones.«

»Ist das der Mann, von dem das Zitat stammt, dass man heute derselbe ist wie in fünf Jahren, abgesehen von den Menschen, die man trifft und den Büchern, die man liest?«

»Genau der. Abgesehen davon, dass er als Autor Preise gewonnen hat, ein erfahrener Redner und treuer Freund für viele Menschen ist, hat er auch Erstaunliches als Unternehmer geleistet und über 50 Millionen Bücher über seine Firma verkauft.«

»Das sind super viele Bücher.«

»Stimmt«, meinte Buckland. »Jetzt stellen Sie sich vor, Sie würden mit ihm darüber sprechen, wie es ist, ein Buch zu schreiben. Er würde wahrscheinlich ganz andere Ansichten über Ihr Vorhaben vertreten als Ihr normales persönliches Umfeld. Er würde vielleicht sagen: ›Wenn man bedenkt, dass Sie so etwas noch nicht gemacht haben, gibt es vielleicht einige Herausforderungen. Folgendes sollten Sie wissen.‹ Und dann würde er Ihnen erzählen, was andere Autoren erlebt haben, bevor sie erfolgreich waren. Er würde vielleicht über die Triumphe und Niederlagen beim Schreiben, Herausgeben und Vermarkten Ihres neuen Projekts sprechen. Mit anderen Worten, er würde Ihnen gute Ratschläge geben.«

»Das verstehe ich«, sagte der jüngere Mann. »Charlie ist ein Experte in der Branche, genau wie der Ingenieur, der dem Schrottsammler geholfen hat.«

»Genau.« Buckland strahlte, erfreut darüber, dass sein Schüler so aufmerksam war. »Ich werde mich sofort an die Arbeit machen.«

»Und wenn Sie das tun«, warf Buckland ein, »bitte bringen Sie auch anderen bei, was Sie dabei lernen, denn am Ende ist es der größte Erfolg zu wissen, dass man anderen geholfen hat, erfolgreich zu sein und zu wachsen.«

Greg schrieb es auf seinen Notizblock, damit er es später nachlesen konnte:

Suche Rat, nicht Meinungen, und gib ihn weiter.

»Wenn Sie möchten, kann ich Sie nächste Woche zu einem weiteren meiner Freunde schicken. Haben Sie Lust, nach Las Vegas zu fliegen?«, bot Buckland an.

»Sicher, auf jeden Fall!«, platzte Greg heraus.

»Ich sage Ihnen was, bevor wir das arrangieren, lassen Sie mich kurz mit Ron Glosser telefonieren.«

Es klingelte dreimal, bis eine fröhlich klingende Stimme über den Lautsprecher zu hören war: »Hey, Bucky. Ich habe deinen Namen auf dem Display gesehen. Ich bin gerade in einem Meeting, aber ich wollte hören, ob ich etwas für dich tun kann.«

»Das kannst du tatsächlich«, erwiderte Buckland. »Ich habe hier einen jungen Mann in meinem Büro, der einige der großartigen Prinzipien von Napoleon Hill erlernt, vor allem, dass man nicht einen Meter vom Gold entfernt aufgeben soll.«

»Ja, das ist mir recht vertraut«, sagte Glosser.

»Du bist beschäftigt, aber kannst du meinem Freund hier einen kurzen Rat geben, den er auf seine Reise mitnehmen kann? Vielleicht ein Werkzeug, das seine Urteilskraft schärft?«

Ohne Bedenkpause hörten sie aus dem Lautsprecher: »Sicher! Es ist essenziell, nie eine wichtige Entscheidung zu treffen, wenn man sich im Tal befindet.«

Greg fragte: »Was meinen Sie damit?«

Glosser sagte: »Denken Sie darüber nach. Jeder scheint wichtige Entscheidungen zu treffen, wenn er an einem Tiefpunkt im Leben angelangt ist. Das kann der Verlust einer Stelle sein, Krankheit, das

Ende einer Beziehung oder ein finanzielles Unglück. Das ist für jeden anders, aber diese Täler führen dazu, dass die Emotionen hochkochen und niemand kann eine vernünftige Entscheidung treffen, wenn sie auf Angst, Verlust oder Enttäuschung basiert.

Alles im Leben ist zyklisch; einmal sind wir im Tal und dann wieder auf dem Berggipfel. Das Geheimnis besteht darin, darauf zu warten, dass der Zyklus wieder nach oben führt, bevor man irgendeine Entscheidung trifft. Auf diese Weise wird sie auf Fortschritt und nicht auf einer Niederlage beruhen, auf Potenzial und nicht auf Verlust. Seien wir ehrlich – wie oft haben Sie schon aus einer negativen Perspektive eine gute, positive Entscheidung getroffen?

Wenn Sie das nächste Mal vor einer wichtigen Entscheidung stehen, überlegen Sie, den Sturm erst vorüberziehen zu lassen, bis Sie wieder auf dem Weg nach oben sind, um von einem stabileren Fundament aus zu starten.«

Greg holte seinen Notizblock heraus und schrieb:

Treffe nie eine wichtige Entscheidung in einem Tal.

»Danke, Ron. Das ist ein toller Rat«, sagte Buckland. »Ich schätze alles, was du weißt und tust. Wir lassen dich jetzt in Ruhe.«

»Ja, danke«, fügte Greg hinzu.

»Viel Spaß noch euch beiden, wir sprechen uns später.« Glosser hängte auf.

Sobald das Gespräch beendet war, meldete sich Greg zu Wort: »Sie haben wirklich fabelhafte Freunde. Er hat so recht. Ich kann Ihnen gar nicht sagen, wie oft ich schon Entscheidungen getroffen habe, wenn ich an einem Tiefpunkt war – nun, fast jedes Mal, würde ich sagen. Wenn Sie sich erinnern, war ich an dem Tag, an dem wir uns begegneten, auch kurz davor. Wer ist eigentlich Mr Glosser?«

»Ron Glosser war CEO der Goodyear Bank, bevor er den Milton Hershey Trust leitete, der Milliarden Dollar verwaltete. Abgesehen davon ist er einer der nettesten Menschen, die ich kenne. Ein weiterer Rat, den Ron gerne gibt und den ich ebenfalls sehr schätze, ist, ›so zu tun als ob‹.«

»Was bedeutet das?«, fragte sein Schüler und griff nach dem Notizblock. »Er erklärt es so und ich würde dem zustimmen: ›Es ist wichtig, so zu tun, als hätte man seine Ziele bereits erreicht. Wenn man im Leben mit Herausforderungen konfrontiert ist, muss man weitergraben, denn man steht vielleicht kurz davor, Resultate zu erzielen.«

»Ich muss Ihnen sagen, Mr Buckland, ich habe noch nicht ganz ergründet, wieso Sie mir das alles erzählen. Aber ich weiß: Sowohl Sie als auch Don Green haben gesagt, dass ich bestimmte Dinge tun soll, sobald ich meinen Lebenszweck gefunden habe. Eines davon ist, mit anderen zu teilen, was ich gelernt habe. Ich revanchiere mich für das, was Sie für mich getan haben, indem ich in der Zukunft jemandem anderen helfe – das garantiere ich.«

»Sehr gut.« Buckland lächelte. »Und deswegen denke ich, sollten Sie sich mit meinem Freund Jack Mates in Las Vegas treffen. Er kann Sie vielleicht auf Ihrem Weg unterstützen.«

»Okay, ich vertraue Ihnen«, sagte Greg. »Das ist aufregend.«

»Rechnen Sie in ein paar Tage mit einem Paket, das Ihnen alles erklären wird, was Sie brauchen.« Buckland stand auf. »Übrigens, mir ist aufgefallen, dass Sie den Notizblock verwenden.«

»Na klar. Funktioniert hervorragend. Ich habe auch damit angefangen, meine Ziele aufzuschreiben.«

»Das sind tolle Neuigkeiten. Die meisten Leute verstehen nicht einmal, was ein Ziel ist.«

Greg lächelte und schrieb etwas auf den Notizblock, während Buckland weiterredete.

Ein Traum ist nur ein Traum, bis er aufgeschrieben wird. Erst dann wird er zum Ziel.

»Ein Ziel ist ein Vertrag mit Ihnen selbst und sollte weniger auf dem basieren, was Sie anstreben, sondern mehr auf dem, was Sie sich selbst versprechen, tatsächlich erreichen zu werden.«

»Das gefällt mir«, sagte Greg.

»Ein Autor und Selfmade-Milliardär, mit dem ich befreundet bin, Bill Bartmann, macht das auf eine ganz besondere Weise. Er hat diese kleinen Karten, die er sich anfertigen lässt und überall verteilt. Er nennt sie ein Taschenversprechen. Auf einer Seite steht: ›Ich verspreche.‹ Die andere Seite ist leer, um darauf die aufrichtigsten, tiefsten Verpflichtungen sich selbst gegenüber zu notieren. Die Idee ist, die Karte stets in der Tasche zu behalten. Jedes Mal, wenn man nach der Brieftasche oder den Autoschlüsseln greift, ist sie da und wirkt als eine konstante Erinnerung an die Verpflichtung, die man sich selbst gegenüber eingegangen ist.«

Greg nahm sich diesen Rat zu Herzen und schrieb:

Mache ein Taschenversprechen an dich selbst.

»Bill ist ein tolles Beispiel dafür, niemals zuzulassen, dass uns Widrigkeiten im Weg stehen. Er war einst auf Platz 25 der reichsten Personen in Amerika. Sein Unternehmen entstand aus einer Idee, die ihm am Küchentisch einfiel, und es wurde zu einem der am schnellsten wachsenden Unternehmen im Land. Seine Geschäftsideen hat das Smithsonian ausgezeichnet und über seine Führungsprinzipien berichten Fernsehsendungen und Magazine im ganzen Land.«

»Hört sich nach einem anstrengenden Leben an«, sagte Greg leise.

»Eine Sekunde, Jungspund, lassen Sie mich ausreden. Die Geschichte ist noch nicht zu Ende. Sehen Sie, Bill wurde fälschlich angeklagt, das Unternehmen untergraben zu haben, das er aufgebaut hatte, und er wurde wegen 57 verschiedener Vergehen angeklagt.«

»Oh nein!«

»Er war am Boden zerstört. So wie Bill es erzählt, hatte er 13 Jahre gebraucht, ein Imperium aufzubauen und nur 13 Minuten, um es zu verlieren. Er sagt, ihm war bewusst, dass alle außer seiner Familie ihn verlassen hatten, als er zu Weihnachten statt Tausender Weihnachtskarten nur eine einzige bekam. Er hatte nur noch einen einzigen Freund.«

»Und was ist passiert – wurde er verurteilt?«

»Sollte man denken, angesichts dieser Anklagen, aber er wurde in jedem Punkt freigesprochen. Die Regierung hat sich bei ihm entschuldigt, aber all sein Geld wurde für die Gerichts- und Anwaltskosten aufgebraucht.«

»Wo ist er heute?«, fragte Greg interessiert. »Das ist das Beste. Er hätte verbittert sein können und sich dem Selbstmitleid ergeben, aber das tat er nicht. Er erholte sich und verlagerte seine Aufmerksamkeit weg von seinem Verlust hin auf das, was noch da war – nämlich eine Familie, die ihn liebte und unterstützte.

Er wurde Schriftsteller und ein gefragter Redner. Er reist heute um die Welt und erzählt seine Geschichte, damit andere aus seiner Erfahrung lernen. Er hat sogar immer diese eine Weihnachtskarte dabei, egal wohin er geht, als persönliche Erinnerung, dass auch eine einfache Tat sich gewaltig auf das Leben von jemand anderem auswirken kann.«

Buckland beendete ihr Treffen. »Denken Sie daran, wir sind immer entweder auf dem Weg hin zu oder fort von einem selbst gesetzten Ziel. Jeden Tag liegt es an uns, die Richtung zu wählen.«

Gibt man auf, gewinnt man nie,
und Gewinner geben nie auf.

NAPOLEON HILL

KAPITEL 5

Herausragend

Greg hörte sich die neun Nachrichten an, die David auf seinem Handy hinterlassen hatte, eine verzweifelter als die andere. Zuzuhören war schmerzhaft – Greg fühlte sich zunehmend bedrückt. Sein Adoptivbruder hatte Nerven … seine ganze Negativität auf Greg abzuladen und ihm damit das Leben noch schwerer zu machen.

Ich habe genug Probleme, sagte sich Greg. Aber er liebte David und wollte nicht, dass es ihm noch schlechter ging, als es sowieso schon der Fall war. Es schien, dass der Alkohol ihn fest im Griff hatte. Ob ich wohl irgendetwas für ihn tun kann?, überlegte Greg, als er Davids Nummer wählte.

»Ja«, antwortete eine Stimme.

»Dave?«

»Wer sonst?«

»Oh, äh, sorry, dass ich dich störe.«

»Was? Es tut dir leid, dass du deinen geliebten Terminplan ändern musst, um mich zurückzurufen? Ich hatte dich schon fast aufgegeben.«

Greg lag auf der Zunge, dass er Dave schon lange aufgegeben hatte, aber er hielt sich kurz zurück. Dann sprach er es laut aus: »Ich hätte dich auch fast aufgegeben.«

»Danke. Was habe ich dir denn je getan?«

»Es ist eher, was du dir selbst antust – das Trinken. Ich merke es, weißt du – wenn du betrunken bist. Im Moment scheinst du es nicht zu sein.«

»Aber ich habe einen tierischen Kater«, sagte sein Gesprächspartner.

»Ich glaube dir. Hör zu, du solltest dir Hilfe holen. Es gibt Stellen, an die du dich wenden könntest, Therapeuten – so was in der Art.«

»Das kann ich mir nicht leisten. Ich habe dir doch in einer meiner Nachrichten gesagt, dass ich meinen Job verloren habe.«

»Ja, das tut mir leid.«

»Ich habe keine Versicherung und bekomme diesen Monat die Miete nicht zusammen.« David verkniff sich den nächsten Schritt, Greg um einen Kredit zu bitten, auch wenn er offenbar darauf abzielte.

Greg schnitt ihm das Wort ab, indem er sagte: »Na ja, ich bin auch pleite. Zumindest bis ich einen neuen Vertrag ergattern kann. Alles in allem läuft es nicht gut.«

»Ja. Es läuft nicht gut. Wir sehen uns.« David hatte aufgelegt.

Als Greg ein paar Tage später in Las Vegas landete, dachte er nicht an David oder Mia und er war weit vom berühmten Strip entfernt. Wie immer gab es Veranstaltungen in der Stadt und die Taxischlange am Flughafen schien eine Meile lang. Er wartete ungeduldig, bis er dran war, und hörte unfreiwillig ein Gespräch hinter sich mit an.

Zwei Frauen unterhielten sich darüber, wie sehr sie ein Besuch in San Diego begeistert hatte.

»Entschuldigen Sie«, sagte er. »Ich habe zufällig mitbekommen, dass Sie über meine Heimatstadt sprechen. Ich bin dort geboren und aufgewachsen.« Die Frauen sagten: »Sie Glücklicher! Das ist so ein toller Ort.« Sie schilderten, wie sehr sie »America's Finest City« genossen hatten.

Was wie eine unangenehme Wartesituation in der Schlange begonnen hatte, entpuppte sich als tolle Gelegenheit, zwei junge Frauen kennenzulernen. Greg fand heraus, dass sie beide gerade einen prestigeträchtigen Preis namens TOYA gewonnen hatten als zwei der Ten Outstanding Young Americans, im Alter zwischen 18 und 40, die exemplarisch die besten Eigenschaften der jungen Leute des Landes verkörperten.

Es war ebenso interessant zu erfahren, dass viele der mehr als 600 jungen Amerikaner, die seit 1940 auf diese Weise geehrt wurden, weiterhin Großes geleistet hatten: John F. Kennedy, Gerald R. Ford, Anne Bancroft, Gale Sayers, Elvis Presley, Dan Quayle, Dr. Kathryn Sullivan, Larry Holmes und Bill Clinton, um nur einige zu nennen.

Die Veranstaltung hatte einige Abende zuvor an der Westküste stattgefunden und nun hatten diese beiden Preisträgerinnen auf ihrer Reise in Las Vegas haltgemacht. Eine der beiden jungen Damen, Lauren Nelson, hatte ein Glitzern in den Augen, als sie erzählte, wie geehrt sie sich gefühlt hatte, auf einer solchen Liste von Preisträgern zu stehen. Als sie über die anderen nominierten Personen sprach, unterbrach ihre Freundin, Erin Gruwell, die ebenfalls ausgezeichnet worden war, sie und lobte Lauren: »Greg, Sie kennen Lauren vielleicht aus dem Fernsehen.«

»Wirklich?«

»Wie könnten Sie dieses Lächeln nicht wiedererkennen? Sie war 2007 Miss America.«

»Großartig!«, brachte Greg verlegen heraus. »Wie toll ist das denn?« Mit einem Lächeln, das die Sonne verblassen ließ, erwiderte Lauren: »Es ist eine Ehre.«

Erin redete weiter über Lauren: »Und sie ist nicht nur Schönheitskönigin, sondern auch Teil von etwas ganz Besonderen. Sie hilft dabei, Kinder online vor Missbrauch zu schützen.«

»Jetzt erkenne ich Sie«, sagte Greg. »Sie haben den Lockvogel gegeben, um diese Verbrecher in die Falle zu locken.«

»Genau«, sagte Lauren. »Wir müssen etwas gegen diese Leute unternehmen. Als ich jünger war, hat sich auch an mich jemand herangemacht, und ich wusste schon in diesem Alter, dass ich dagegen angehen wollte.«

»Beeindruckend«, sagte Greg. Dann wandte er sich an Erin und fragte: »Und was ist mit Ihnen?«

Bevor sie antworten konnte, nahm Lauren Greg am Arm und erzählte ihm die Geschichte ihrer Freundin: »Haben Sie den Film *Freedom Writers* gesehen? Ohne auf eine Antwort zu warten, sagte sie: »Hillary Swank spielt eine Lehrerin, die nach den Unruhen in Kalifornien 150 Kinder in der Innenstadt unterrichtet.«

»Oh ja, der war toll und das Buch war ein Bestseller, oder nicht?«

Während die Schlange sich vorwärts bewegte, hielt Lauren weiter ihren neuen Freund am Arm und erzählte begeistert: »Absolut! Und es wurden über eine Million Exemplare verkauft. Nun, die Kinder galten als Außenseiter. Sie lasen oder schrieben nicht gerne – und sie konnten sich gegenseitig nicht leiden. Sie kannten nur Gewalt. Dann beginnt diese energiegeladene Lehrerin, mit ihnen zu arbeiten, damit sie besser klarkommen.«

»Daran erinnere ich mich gut«, sagte Greg. »Sie hat die Jugendlichen zum Schreiben motiviert und ihnen geholfen, ihre eigenen Stimmen zu finden, indem sie über ihr Leben schrieben.«

»Sehr gut«, gratulierte Lauren Nelson. »Sie kennen die Geschichte. Und *das* ist die Lehrerin!« Sie deutete auf Erin Gruwell.

»Ich war nur der Anstoß für diese jungen Leute, nichts weiter. Die Geschichten, die sie erzählt haben, waren ihre eigenen, basierend auf ihren persönlichen Erfahrungen.« Erin schien aufrichtig bescheiden angesichts dieser Story.

»Es gab immer Herausforderungen, vom ersten Tag an, und es gibt sie auch heute noch. Wir haben Morddrohungen erhalten, Briefe vom Ku-Klux-Klan. Man versuchte, uns zu stoppen. Das Buch wurde sogar dem FBI übergeben, um eine Untersuchung zu veranlassen – unglaublich, oder? Aber das hat uns nicht aufgehalten und zum Glück haben wir weitergemacht, denn die Geschichten dieser Jugendlichen haben Millionen von Menschen berührt. Das Projekt dient inzwischen als Beispiel bei der Ausbildung künftiger Lehrer an Eliteunis.«

»Erstaunlich«, brachte Greg heraus.

»Aber das Wichtigste, was ich gelernt habe«, fuhr Erin fort, »ist, vorsichtig zu sein bei dem, was man sich wünscht.«

Greg hatte das Gefühl, sie würde gleich etwas zutiefst Bedeutendes sagen und holte seinen Notizblock aus der Tasche. Sie fügte hinzu: »Denken Sie daran …

Ziele sind etwas, wonach man strebt, bis sie real werden. Dann werden sie zu etwas, wofür man verantwortlich ist.

Lauren fügte hinzu: »Wir wünschen uns vielleicht eine Familie, ein neues Auto oder eine große Beförderung, doch sobald wir das erreichen – wird es zu unserer neuen Verantwortung. Denn dann haben wir eine Familie, die uns braucht, und einen Wagen, für den wir Versicherung und Wartung bezahlen müssen. Und sobald wir in dem tollen Eckbüro angelangt sind, übernehmen wir noch anspruchsvollere Aufgaben als die vorherigen.«

Erin sagte: »Das stimmt, und jetzt, mit all dieser Aufmerksamkeit und den Leuten, die sich auf uns verlassen, wirkt sich unsere Tätigkeit noch mehr aus als vorher. Wir müssen unsere Mission über die ganze Welt ausbreiten und anderen weitergeben, dass jeder von uns wichtig ist und etwas beizutragen hat. Wir können es jetzt nicht einfach sein lassen, selbst wenn wir wollten, aber zum Glück lieben wir, was wir tun, und denken nicht daran, damit aufzuhören!«

Es schien, egal wo Greg war oder mit wem er sprach: Das Thema, seinen eigenen Lebenszweck zu finden, schien ständig wiederzukehren.

»Was ist mit Ihnen, Lauren?«, fragte Greg. »Was motiviert Sie?«

»Ich habe keine so dramatische Geschichte aufzuweisen wie Erin. Ich kann sogar behaupten, dass mein Leben aus der komplett gegenteiligen Perspektive begann, wie bei den Kindern, mit denen sie gearbeitet hat. Was mich motiviert, nenne ich fokussierten Glauben.«

Greg und Erin sahen Lauren fragend an.

»Lasst mich das erklären«, fuhr sie fort. »In der heutigen Welt scheinen die Menschen daran gemessen zu werden, wie viele Dinge sie auf einmal jonglieren. Wir nennen es Multitasking: Wie viele Bälle schaffen wir, auf einmal in der Luft zu halten. Dann fragen wir uns, wieso wir nie etwas erreichen.

Ich habe Folgendes festgestellt – in meinem Fall war es eine großartige Strategie, meinen Verstand auf ein klares Ziel und eine Mission auszurichten und darauf zu vertrauen, dass es am Ende funktioniert. So habe ich eine Menge erreicht. Es hat mir sogar dabei geholfen, Miss America zu werden, und aufgrund dieses Erfolgs kann ich mich darauf konzentrieren, Kindern beizustehen, die mich am meisten brauchen. Ich stelle es mir wie Skifahren vor.«

»Skifahren?«, fragte Erin. Greg hörte interessiert zu.

»Man kann sich das so denken – stellen Sie sich vor, Sie wären ein Skifahrer auf dem Gipfel eines Berges und Ihr Ziel ist es, unten anzukommen. Das mag herausfordernd sein, aber Sie glauben daran, dass Sie es bis zum Clubhaus schaffen, wo ein warmes Feuer brennt und eine heiße Tasse Kakao auf Sie wartet.

Nun, viele Menschen sehen nicht mehr, wohin die Reise führt, sobald sie angefangen haben. Sie verlieren vielleicht das Ziel aus den Augen oder verlieren schlimmstenfalls sogar den Glauben an sich und wenden ihre Aufmerksamkeit auf das, was sie am meisten fürchten. Sie sehen nur die Hindernisse auf dem Weg … wie Eisflächen, Snowboarder oder diese verdammten Bäume, die immer wie aus dem Nichts auftauchen.«

Greg lachte.

»Sobald diese Menschen einen Rückschlag erleben oder stürzen, geben sie vielleicht auf, schnallen die Ski ab und bitten das Sicherheitsteam, sie vom Berg zu holen. Sie geben ihr Ziel auf, weil sie den Blick von der Belohnung abwenden und nicht mehr an die eigenen Talente glauben.«

»Es bis zur Skihütte zu schaffen, in diesem Fall«, sagte Erin.

»Genau! Stellt euch jetzt vor, dass die gleichen Leute ihren fokussierten Glauben beibehalten, sie könnten diese Herausforderungen bewältigen, die einfach zu ihrer Reise gehören. Wenn sie also über einen Buckel fahren und stürzen, stehen sie wieder auf, weil sie wissen, dass sie nur ein weiteres Hindernis überwunden haben und ihrem Ziel nähergekommen sind, dem Fuß des Hügels.«

Als sie sich dem Ende der Schlange näherten, verabschiedeten sie sich voneinander. Greg bot den Damen sein Taxi an und wartete auf das nächste. Er war überrascht, dass er gar nicht ungeduldig wurde, während er herumstand und über das nachdachte, was er gehört hatte.

Als er im Taxi war, wählte er Mias Nummer auf seinem Handy. Er war irritiert, dass sie nicht abnahm, und er gezwungen war, eine Nachricht zu hinterlassen – wie schon einige Male zuvor –, bis ihm klar wurde, dass er mit David dasselbe gemacht hatte.

Armut und Reichtum sind die Früchte von Gedanken.

NAPOLEON HILL

KAPITEL 6

Erfolgsformel

Greg bezahlte den Taxifahrer und gab ein großzügiges Trinkgeld. Er bedankte sich für die Gastfreundschaft und die Fahrt vom Flughafen. Als er sich wieder auf dem Fahrersitz niedergelassen hatte, nachdem er seinem Gast mit dem Gepäck geholfen hatte, wünschte sich der Taxifahrer, dass all seine Kunden so freundlich und großzügig wie dieser wären.

Er wusste natürlich nicht, dass Greg vor seiner Begegnung mit Buckland selten jemandem gedankt und auch nicht oft Trinkgeld gegeben hatte. Eine Veränderung ging mit ihm vor sich.

Greg hatte noch nicht ganz die Lobby des Hotels durchquert, als sein Handy klingelte.

Eine tiefe, beherrschte Stimme sagte: »Guten Morgen. Hier ist Jack Mates.«

»Hallo, Mr Mates.«

»Nennen Sie mich Jack. Es sieht so aus, als würden Sie und ich uns später treffen.«

»Ja, und ich freue mich schon darauf. Wo sollen wir uns treffen?«

»Es gibt einen bekannten Coffeeshop in der Riviera namens Kady's. Es soll schon seit Jahren abgerissen werden. Ein Besuch lohnt sich, bevor es nicht mehr da ist.«

»Hört sich perfekt an«, meinte Greg.

»So um 13 Uhr, damit wir nicht zum Mittagessen dort sind, wenn alles voll ist.«

Greg war etwas zu früh am Coffeeshop. Als Jack ankam, erkannte Greg ihn sofort, obwohl die beiden sich noch nie getroffen hatten. Mates trug ein gebügeltes Buttondown-Hemd und einen Pollunder. Er wirkte kultiviert und versprühte eine positive Energie.

»Sie müssen Greg sein«, sagte er und schüttelte ihm die Hand. »Über die Jahre hat mich Buckland nur selten gebeten, mich mit Leuten zu treffen. Sie müssen jemand Besonderes sein.«

»Das war mir gar nicht klar. Danke, dass Sie mir das gesagt haben. Es ist eine Ehre, Sie zu treffen.«

Als sie sich gegenüber an einen Tisch setzten, fragte Mates: »Wie kann ich Ihnen dienen?«

»Mir dienen?«, wiederholte Greg. »Das hat mich noch niemand gefragt. Ich sollte derjenige sein, der Sie fragt, wie ich *Ihnen* dienen kann. Auf dem Flug habe ich mir Ihre Biografie durchgelesen und muss sagen, es ist eine Ehre, jetzt mit Ihnen am Tisch zu sitzen. Es schüchtert mich etwas ein zu wissen, dass Sie der CEO von Velcro USA waren, ein Kriegsheld sind und die Distinguished Flying Cross Society mit gegründet haben.«

Jack sagte. »Oh, ich sehe mich nicht als Held, eher als Patriot, der seinen Beitrag für unser Land und das größere Ganze geleistet hat.«

»Dann sollten wir vielleicht einfach loslegen. Wie war das mit Velcro in den frühen Tagen?«

»Es war aufregend. Aber als es auf den Markt kam, wurde das Produkt nicht unbedingt begeistert begrüßt. Außerdem gab es viele Herausforderungen auf dem Weg. Die meisten Menschen hätten vermutlich an irgendeinem Punkt aufgegeben.«

»Herausforderungen?«, fragte Greg.

»Oje und wie. Sehen Sie, als wir anfingen, erkannten wir die unglaublichen Möglichkeiten von Velcro, aber wir mussten noch Jahre an Forschung und Entwicklung durchlaufen, genau wie die Hersteller der meisten anderen Produkte.«

»Wie zum Beispiel?«

»Nun, zum einen mussten wir dafür sorgen, dass die Häkchen richtig funktionierten. Auf die Idee war der Schweizer Erfinder George de Mestral nach einem Feldspaziergang mit seinem Hund gekommen. Er entdeckte, dass das Fell und die Beine seines Hundes mit Kletten bedeckt waren und dachte darüber nach, wie nützlich es wäre, den Mechanismus nachzubauen, mit dem diese sich ans Fell hefteten, und ihn für Alltagsprodukte zu nutzen. Der Haken heftete sich an das weichere Material und stellte die Verbindung her. Das als Produkt zu reproduzieren, war unsere erste Herausforderung. Man kann keinen tatsächlichen ›Haken‹ aus einem Polyesterfaden oder einem Strang herstellen.«

»Wie haben Sie es angestellt?«

»Wir haben herausgefunden, wenn wir einfache Schlaufen mit dem Faden formen und sie dann in der Mitte durchschneiden, würden sie sich automatisch zusammenziehen und zwei Haken bilden, die in entgegengesetzte Richtungen zeigen und uns das angestrebte Ergebnis liefern.«

»Hört sich einfach an.« Greg nippte an seinem Kaffee.

»Die meisten Herausforderungen im Leben haben einfache Lösungen. Manchmal müssen wir einfach nur einen Schritt zurücktreten und die Situation betrachten. Werfen Sie einen Blick aus verschiedenen Richtungen darauf, um die beste Perspektive zu finden. Sie werden nicht glauben, wie viele Versuche wir gebraucht haben, um den Haken für Velcro auszutüfteln.«

Greg holte seinen Notizblock heraus und schrieb auf:

Manchmal musst du einen Schritt zurücktreten und deine Situation aus einem anderen Winkel betrachten, um eine andere Lösung zu finden.

Greg stellte dann die Frage, die ihm durch den Kopf gegangen war, seitdem er wusste, dass er diesen Industriemogul treffen würde. »Ich bin im Vertrieb tätig – schon mein ganzes Berufsleben lang. Ich muss etwas wissen und Sie sind vielleicht der Einzige, der es mir erklären kann: Wie um alles in der Welt verkauft man Velcro an fünf Milliarden Menschen?«

»Das haben wir nicht«, folgte die schnelle Antwort. »Wir haben Velcro an fünf Personen verkauft.«

Greg starrte den Mann an, mit dem er beim Essen saß, und wirkte verwirrt.

Mates sagte: »Ich habe mir die Führungspersonen vorgenommen und überzeugt. Ich wusste, es würde ewig dauern, jeden auf der Welt anzusprechen und von den Vorzügen dieses genialen Materials zu überzeugen, also habe ich mich darauf konzentriert, nur fünf bestimmte Personen zu gewinnen: die führenden Persönlichkeiten der Automobil-, Medizin-, Luftfahrt-, Bekleidungs- und Möbelindustrie. Mit anderen Worten, ich habe die Leader überzeugt und diese haben dann ihre individuellen Märkte ins Visier genommen. Dabei haben *sie selbst* die vielfältigen Anwendungsmöglichkeiten des Produkts erkannt und es letztlich den Kunden verkauft.«

Gregs Gehirn musste erst einmal die Schlichtheit und Bedeutung dieser Botschaft verarbeiten.

Mates fügte hinzu: »Heute scheint es, dass man kein Paar Schuhe, keinen Flugzeugsitz und auch keine Manschette für die Blutdruckmessung ohne Klettverschluss findet. Der ist überall.«

Greg schlug seinen Notizblock auf und schrieb:

Gewinne die Leader und erobere den Markt.

Greg fragte: »Bevor Sie diesen Punkt erreicht hatten, war es sehr herausfordernd in den frühen Jahren?«

»Das war es tatsächlich. Wir haben vor allem deswegen durchgehalten, weil wir das Gefühl hatten, ein bestimmtes Ziel zu verfolgen. Wie erwähnt, dauerte es Jahre an Versuch und Irrtum, bevor das Produkt richtig funktionierte. Wir wussten, es würde die Branche revolutionieren, die mit Produkten zur Befestigung zu tun hatte, und es hieß, einfach weitermachen. Egal, was passierte, wir durften nicht aufgeben.

Wie bei vielen Start-ups erreichten wir sogar den Punkt, an dem wir nicht mal mehr unsere Mitarbeiter bezahlen konnten, also musste ich eine Hypothek auf mein Haus aufnehmen, um die Belegschaft zu vergüten. So sehr hatte ich mich diesem Traum verschrieben.«

»Das ist erstaunlich. Ich wünschte, ich fände etwas, an dem ich so leidenschaftlich interessiert bin.«

»Das können Sie!«, sagte Mates nachdrücklich. »Ich glaube, deswegen hat Bucky Sie zu mir geschickt, um die Erfolgsformel zu erlernen.«

»Oh ja, Mr Buckland hat so etwas erwähnt.«

»Ein weiterer junger Mann, den ich mentoriere, hat sich das Folgende einfallen lassen und es in einem Film erwähnt, den er *Pass It On* nannte.

Nachdem er Hunderte Leader interviewt hatte, fasste er in Worte, wie sie ihr Vermögen gemacht hatten.« Jack verstummte und warf einen Blick auf Gregs Notizblock. »Kann ich den mal einen Moment haben, bitte?«

»Sicher«, sagte Greg und schob ihn über den Tisch.

Jack Mates blätterte auf eine leere Seite und schrieb:

$$(L + T) \times A \times A = \textit{Erfolg}$$

Mates deutete auf den ersten Buchstaben der Gleichung und sagte: »Das L steht für Leidenschaft. Kombinieren Sie Ihre Leidenschaft – das was Sie tun würden, auch wenn Sie kein Geld dafür erhielten«, er bewegte den Finger zum T, »mit Ihrem Talent, dem, was Sie wirklich gut können. Multiplizieren Sie das, indem Sie die richtige Assoziation finden«, er deutete auf das erste A, »was bedeutet, mit den richtigen Menschen oder der richtigen Firma zusammenzuarbeiten und treten Sie dann in Aktion«, er deutete auf das zweite A, »und dann entdecken Sie vielleicht Ihren Lebenszweck. Auf diese Weise werden Sie extrem erfolgreich sein. Es funktioniert.«

»Hm«, überlegte Greg, als er die Gleichung betrachtete. »Aber was, wenn meine Leidenschaft der Profibasketball ist? Und mein Talent vielleicht Management? Wenn man das mit der Tatsache kombiniert, dass ich ein Mann bin, der nicht in Form ist und eine Glatze hat. Es wäre schwierig, damit sein Geld zu verdienen, oder?«

»Sie haben sowohl recht als auch unrecht«, bemerkte Jack mit einem Lächeln. »Wenn Sie Basketball lieben und ein großartiger Manager sind, könnten Sie die richtige Gelegenheit finden, in Aktion zu treten und ein Basketballtrainer an einer Universität in der Nähe werden, ein Sportmoderator im Fernsehen oder Radio, ein Team kaufen, ein Geschäft für Basketballbekleidung eröffnen, Tickets für Spiele verkaufen oder Kameramann in einem Sportstadion werden, oder nicht?«

»Ich verstehe schon! Es wäre egal, welchen Job ich hätte, solange ich ihn mit dem kombinieren kann, was ich liebe und was mir am meisten liegt. Ich sollte also etwas tun, das ich gern mache, worin ich gut bin, und ich sollte es mit den richtigen Leuten tun.«

»Sie haben es kapiert. Jeder hat seine eigene Gleichung, die für ihn am besten funktioniert.«

»Wirklich?«

»Absolut«, sagte Jack. »Ich kenne jemanden, der das Reisen liebt. Es ist seine Leidenschaft. Wie in Ihrem Beispiel war er ein toller Manager. Also erschuf er für sich eine Karriere, indem er die besten Hotels auf der ganzen Welt anrief und seine Dienste als ›Mystery Guest‹ anbot. Und heute reist er an die exotischsten Orte, übernachtet in den besten Suiten, bestellt beim Room Service, spielt Golf und genießt die Wellnessbehandlungen. Er bewertet die Dienstleistungen der Resorts und berichtet ihnen dann, was er herausgefunden hat, damit sie ihr Angebot verbessern. Dadurch trägt er dazu bei, die bestmöglichen Erlebnisse für andere Gäste zu kreieren.«

»Ich verstehe. Er folgte seiner Leidenschaft, kombinierte sie mit seinem Talent, trat in Aktion, indem er seine eigene berufliche Position kreierte und das auch noch mit Fünfsternehotels. Das ist erstaunlich.« Greg nahm das Klemmbrett mit der Rechnung darauf, um sie zu bezahlen. »Gibt es einen Prozess, um diese Gleichung anzuwenden?«

»Ja, und er ist ziemlich einfach.« Jack blätterte auf eine weitere Seite und schrieb etwas auf, während er weiterredete. »Auf der einen Seite sollten Sie zehn Dinge auflisten, die Sie auch ohne Vergütung machen würden. Das kann alles Mögliche sein, sofern es Ihr Herz erfreut. Listen Sie dann auf der anderen Seite zehn Dinge auf, in denen Sie wirklich gut sind. Setzen Sie sich dann mit den Menschen an einen Tisch, die Sie am besten kennen, und bitten Sie sie um Hilfe.

Mithilfe ihrer Meinungen entfernen Sie nach und nach die Punkte auf der Liste, bis nur zwei übrig sind, ein Punkt auf der Seite Leidenschaft und einer auf der Talentseite. Finden Sie dann eine Möglichkeit, die beiden zu kombinieren. Wenn Sie fertig sind, nehmen Sie sich vor, in Aktion zu treten, um die richtige Gelegenheit zu finden und Sie entdecken vielleicht Ihre eigene Erfolgsformel.«

Leidenschaft auf der einen Seite

1 bis 10

Talent auf der anderen Seite

1 bis 10

»Sie haben meine Nummer. Rufen Sie mich an, wenn ich Ihnen auf Ihrem Weg helfen kann. Sie verfügen über positive Energie und scheinen entschlossen zu sein, etwas zu lernen. Ich verstehe, wieso Buckland Sie unterstützt.«

Nach diesen ermutigenden Worten verabschiedeten sich Mates und Greg, und Greg machte sich auf den Weg zurück zum Hotel. Er musste jemanden anrufen, den er schon seit mehreren Tagen zu erreichen versucht hatte.

Was immer der Verstand ersinnen und woran er glauben kann, kann er auch erreichen.

NAPOLEON HILL

KAPITEL 7

Leidenschaft

Nachdem er ein paarmal tief durchgeatmet hatte, fasste Greg sich ein Herz und betätigte die Schnellwahltaste auf seinem Handy. Das Herz schlug ihm bis zum Hals, als sie abnahm. »Hi, Mia, ich bin es.«

»Hey, Greg, wie geht es dir so?«, fragte sie.

Er lief im Hotelzimmer hin und her, das luxuriöser war als sein eigenes Zuhause. Seine Antwort war zögerlich. »Ich muss zugeben, es war hart, aber ich lerne eine Menge. In letzter Zeit hatte ich einige der schwersten, aber auch besten Momente meines Lebens.«

Ohne auf seine Bemerkung über die »besten Momente« einzugehen, sagte Mia: »Tut mir leid wegen des Apartments. Ich war wütend, als ich gegangen bin, und habe vielleicht ein wenig übertrieben, einfach alles mitzunehmen.«

Da war er, der Moment der Wahrheit. Es war das erste Mal, dass er mit seiner Freundin – besser gesagt, Ex-Freundin – sprach, seitdem sie ihn verlassen hatte. Sein Herz hämmerte. Er setzte die Unterhaltung fort, ohne zu wissen, wohin sie führte oder wie sie enden würde.

»Alles okay«, versicherte ihr Greg. »Und übrigens, die Notiz, die du auf dem Bild hinterlassen hast, hat wirklich ins Schwarze getroffen. Ich habe wohl tatsächlich unsere Beziehung allem anderen untergeordnet. Es tut mir leid.«

»Das ist nicht das einzige Problem«, sagte sie. »Es war nicht nur die Tatsache, dass du immer unterwegs warst – du schienst nie irgendetwas zu erreichen. Du konntest dich weder mir noch etwas anderem ganz verschreiben. Du hast nie etwas zu Ende gebracht. Was ist mit all den Träumen passiert, die du mal hattest? Was ist mit dem Mann passiert, in den ich mich verliebt habe? Du hast dich verändert.«

»Lustig, dass du das erwähnst. Nun, vielleicht ist es nicht so lustig, aber es ist der Grund, wieso ich anrufe. Ich habe in letzter Zeit ein paar wirklich tolle Leute kennengelernt und mich ernsthaft der Selbstreflexion gewidmet. Ich würde dir gerne erzählen, was ich gelernt habe.«

Es entstand eine lange Pause, bevor sie sagte: »Ich weiß nicht. Ich glaube nicht, dass ich dich im Moment sehen will. Aber ich sage dir was – ich werde dich immer lieben und mich so an dich erinnern, wie du im Inneren bist, nicht als den Menschen, als den du dich darstellst. Du hast ein großes Herz, ich wünschte nur, du hättest mich ab und zu daran teilhaben lassen. Ich habe mich in den Träumer verliebt, Greg, nicht in das Image, das du vermitteln wolltest.«

»Ich werfe dir nichts vor, Mia. Nein, das ist nicht die ganze Wahrheit. Ich kann dir *gar* nichts vorwerfen. Ich sehe langsam, wie ich mich verhalten und wo ich es versaut habe.« Ihre Stille wirkte ermutigend und nicht tadelnd – so wollte Greg es wenigstens einschätzen.

»Ich wollte auch sagen, dass ich neulich mit David geredet habe. Er ist wirklich am Boden und ich weiß nicht, was ich tun soll. Ich fühle mich völlig machtlos, so als könnte ich ihm gar nicht helfen.«

»Ich werde ein Gebet für ihn sprechen«, versprach sie. »Und für dich auch, Greg.«

Als sie auflegte, wurde ihm etwas klar. Sie hatte recht. Was war mit dem Mann passiert, der so viele Ambitionen gehabt hatte? Was war mit der Person passiert, die all diese Ideen gehabt hatte? Hatte er sich wirklich so verändert und war nicht mehr der Mann, den sie gekannt und geliebt hatte? Konnte er sich ändern?

Er erinnerte sich an das, was Buckland gesagt hatte:

Ein Traum ist nur ein Traum, bis man ihn aufschreibt. Erst dann wird er zu einem Ziel.

Bevor sich seine Gedanken weiter den schmalen Pfad der unerfüllten Fantasien entlang bewegten, klingelte das Telefon und er wurde wieder in die Gegenwart geholt. Es war sein Mentor.

»Hallo, Mr Buckland«, antwortete Greg und versuchte, seine Traurigkeit zu verdrängen und sie durch ein Lächeln zu ersetzen. Dann traf es ihn: Darum ging es, wenn man »so tat, als ob«.

»Hören Sie, wenn Sie morgen auf dem Weg nach Hause sind«, sagte Buckland, »sollten Sie einen kleinen Umweg machen und noch jemand treffen. Wir schicken Ihnen ein elektronisches Ticket. Und, oh ja, ich habe mit Mates gesprochen und er meinte, Sie beide hätten sich toll verstanden. Ich bin stolz auf Sie. Deswegen habe ich beschlossen, Sie morgen noch zu jemandem zu schicken, den ich für ziemlich außergewöhnlich halte. Bringen Sie mir ein Sandwich mit.«

Greg fragte: »Ein was?«

»Ein Sandwich. Ich muss los. Ich melde mich wieder.«

Jetzt musste der junge Mann lächeln. Buckland hatte gesagt, er sei stolz auf ihn. Er hatte sein gesamtes Leben darauf gewartet, diese Worte von seinem eigenen Vater zu hören. Selbst seine Freundin war von ihm enttäuscht. Zum Glück gab es Mr Buckland. Dieser neue Weg, auf dem er war, sorgte dafür, dass Menschen stolz auf ihn waren. Vielleich wendete sich doch schließlich alles zum Guten.

Er setzte sich, machte seinen Laptop an und öffnete den Anhang von Bucklands Büro. Er musste um fünf Uhr früh am Flughafen sein. Zum Glück würde er nicht lang brauchen, um zu packen, und sein Hotel war nahe am Flughafen. Sein Ziel lautete: Atlanta, Georgia.

Am nächsten Morgen war er in letzter Minute in den Flieger gestiegen und hatte sich noch den Schlaf aus den Augen gewischt. Dann fiel ihm auf, dass Buckland ihm ein Erste-Klasse-Ticket gekauft hatte. Das war ein Luxus, den er sich selbst nie gegönnt hatte, auch wenn er in einer luxuriösen Wohnung wohnte.

Während er seinen Drink in der Kabine genoss, bemerkte er fast nicht, dass sich jemand neben ihn setzte. Es war eine recht zierliche Frau. Sie war wohl nur knapp 1,50 Meter groß, aber hatte eine besondere Ausstrahlung.

»Kenne ich Sie vielleicht?«, platzte er heraus, bevor er sich zurückhalten konnte.

»Keine Ahnung«, antwortete sie. »Mein Name ist Julie Krone. Nett, Sie kennenzulernen.«

Greg schnippte mit den Fingern. »Sie sind Jockey. Sie waren auf dem Cover von *Sports Illustrated* und *USA Today* hat Sie zu einer der stärksten Sportlerinnen aller Zeiten gekürt.«

»Genau, das bin ich.«

Sie hatte eine charakteristische, kindliche Stimme. Im Jahr 2000 war Julie Krone die erste Frau gewesen, die je in die Thoroughbred Hall of Fame aufgenommen worden war, nachdem sie 3704 Siege erzielt hatte. Ihre Preisgelder summierten sich auf 90 Millionen Dollar und ihr Siegeswille hatte ihr 1984 den ESPY Award als beste weibliche US- Sportlerin eingebracht.

»Sie haben eine Menge Rennen gewonnen. Sind Sie niemals gestürzt und haben sich was gebrochen?«

»Ich bin sogar oft gestürzt und habe mir so gut wie jeden Knochen gebrochen«, sagte sie. »Den Rücken, mein Bein, meinen Knöchel, meine Rippen und noch einiges mehr – aber das hat mich nicht aufgehalten. Es gibt nichts Besseres, als das zu tun, was man liebt, und dafür auch noch bezahlt zu werden.«

»Das habe ich auch gehört«, sagte er und dachte an die Gespräche mit seinen Mentoren zurück. »War es schwierig, eine Frau in einer männerdominierten Branche zu sein?«

»Ja und nein«, entgegnete sie. »Männlich oder weiblich zu sein, hat keinen wirklichen Einfluss auf unsere sportliche Leistung, egal in welcher Hinsicht. Die Herausforderung war die Einstellung vieler Besitzer und Züchter, die einfach um keinen Preis einen weiblichen Jockey reiten lassen wollten.«

»Wie haben Sie das überwunden?«

»Ich habe es einfach getan«, sie lächelte. »Ich erinnere mich an diesen älteren Mann, der sagte: ›Julie, Sie sind eine tolle Reiterin, keine Frage, aber ich werde nie ein Mädchen auf eines meiner Pferde setzen.‹ Ich dachte mir: Mann, du hast dir gerade eine Zielscheibe auf die Stirn gemalt. Es wurde meine Mission, ihm zu beweisen, dass er unrecht hatte. Ein paar Jahre später, nachdem ich all diese Siege errungen hatte, inklusive des Breeder's Cup, hat er seine Meinung geändert. Und ich habe für diesen Mann jede Menge Rennen gewonnen.«

»Hat es Sie gestört, dass man Sie so oft abgewiesen hat?«

»Natürlich, aber es hat mir auch etwas gegeben. Es hat mir ein Ziel gegeben! Er hat mir eigentlich einen Gefallen getan, indem er mir den Treibstoff geliefert hat, der mein inneres Feuer am Brennen hielt. Ich habe seine Einstellung als Herausforderung gesehen.

Ich fand heraus, wenn ich jeden Tag auf der Matte stand und mein Bestes gab, würden sie mich irgendwann auf ein Pferd setzen, nur um mich loszuwerden.«

Greg schrieb auf seinen Notizblock:

Jeden Tag auf der Matte stehen!

Mit einem Funkeln in den Augen fügte Krone hinzu: »Und man braucht Glauben! Es war mein Glaube, der mich davor bewahrte, in ein finsteres Loch zu stürzen, wenn es wirklich schlecht lief. Die Widrigkeiten und Verletzungen, die ich auf meinem Weg erlitt, waren genau das, was mir geholfen hat, in meinem heutigen Leben mehr Frieden und Sicherheit zu empfinden.«

Dann sah Julie Krone Greg an, drehte den Spieß um und fragte: »Was ist Ihre Geschichte? Was treibt Sie an?«

»Ich wünschte, ich wüsste es«, antwortete er. Er dachte an Mia … an Davids schweres Alkoholproblem … an seine eigenen Hoffnungen und Träume angesichts zunehmender finanzieller Hindernisse. Was trieb ihn wirklich an?

Die nächsten paar Stunden erzählte er von seinen jüngsten Erfahrungen und von seinen Problemen mit seiner Freundin, seiner Enttäuschung über David und die Idee hinter der Erfolgsformel. Er fasste es kaum, dass er so offen über sich selbst sprach. Krone war eine gute Zuhörerin und half ihm, sich auf den Weg nach vorne zu konzentrieren.

Ihm drängte sich die Frage auf, ob er seine Beziehung mit Mia hätte retten können, wenn er sich ihr auf diese Weise geöffnet hätte.

Greg blätterte auf eine freie Seite seines Notizblocks, woraufhin er und Julie ihre persönlichen Listen erstellten, die sie sich dann gegenseitig zeigten.

Greg betrachtete seine persönliche Bestandsaufnahme, wobei ihm auffiel, das sich etwas darin durchzog. Es war seine frühere Lebensvision, die nun in schwarzer Tinte vor ihm aufgeschrieben stand.

Wieder und wieder hatte sich seine Leidenschaft für das Schreiben gezeigt. Eine seiner ersten Ambitionen war der Wunsch gewesen, Reporter zu werden. Sein Adoptivbruder David war Schriftsteller und hatte einen gewissen Erfolg damit gehabt, bevor der Alkohol ihn aus der Bahn geworfen hatte.

Zu Gregs Kompetenzen gehörte sein Kommunikationstalent. Er war umgänglich, wenn er es sein wollte, lernte leicht neue Menschen kennen und kam mit ihnen ins Gespräch. In letzter Zeit hatte er über seine zugrunde liegenden Motivationen und sein selbstsüchtiges Verhalten reflektiert … es war, als würde er das, was er erreicht hatte, sowie seine Verpflichtungen auflisten. Und er war dabei zu lernen, wie man *zuhört*, ein entscheidender Punkt.

»Wie kann ich das zusammenbringen, die richtige Gelegenheit finden und dann in Aktion treten, um erfolgreich zu sein?«, fragte er.

»Das ist einfach«, sagte Julie. Sie deutete auf die zwei verbliebenen Punkte auf seiner Liste. »Sie sollten über die Menschen schreiben, die Sie treffen und darüber, was Sie von Ihnen gelernt haben.«

In diesem Moment kam ihm eine Inspiration. Mr Buckland hatte das Beispiel genannt, ein Buch zu schreiben, und danach gefragt, wie seine Freunde und Familie darauf reagieren würden. Dann hatte er dies damit verglichen, einen Ratschlag von Charlie »Tremendous« Jones zu erhalten. Es mochte nur perfektes Timing sein, aber als Julie davon sprach, dass er Autor werden könnte, lösten sich die Wolken vor dem Fenster des Flugzeugs auf und ein Lichtstrahl drang hindurch und erfüllte die Kabine.

»Das war seltsam – was für ein Zufall«, stammelte er, als die beiden sich verwundert ansahen und diesen Moment genossen, der wie aus der *Twilight Zone* wirkte.

»Alles passiert aus einem Grund«, kommentierte eine Stimme von der anderen Seite des Gangs in der ersten Klasse. Ein Mann beugte sich herüber und sagte zu Greg und Julie Krone: »Ich konnte nicht anders, als Ihre Unterhaltung mitanzuhören, und ich glaube, es ist vielleicht einfach Ihre Mission, die Erfolgsformel anderen weiterzugeben, die davon profitieren könnten. Es scheint, als würden Sie ebenso leidenschaftlich gern schreiben, wie zu lernen, wie man erfolgreich wird!«

Greg rieb sich mit der Hand den Kopf und fragte sich, wieso er nicht schon früher ans Schreiben gedacht hatte.

Die Stimme, die sich eingemischt hatte, fuhr fort: »Zurück zum Wort *Zufall* oder *zu-fällig*, wo zwei Teile eines Ganzen in perfekter Harmonie zusammenfallen. Sie sind vielleicht aus einem wichtigeren Grund in diesem Flugzeug als nur, um nach Atlanta zu fahren.«

Wer war diese Person?

»Gestatten Sie, dass ich mich vorstelle«, sagte der Mann und streckte die Hand aus, um ihnen zwei Visitenkarten zu reichen. Sein Name war Richard Cohn und er war der Herausgeber des internationalen Bestsellers *The Secret*. »Es scheint, dass die gesamte Welt mit Selbsthilfe- und ›Wie werde ich reich‹-Büchern angefüllt ist, die sagen, dass man wohlhabend, glücklich und erfolgreich sein soll, aber wenige verraten einem tatsächlich den Prozess, das zu bewerkstelligen. Worüber Sie gerade gestolpert sind, könnte Ihr eigenes *Secret* sein, von dem andere gerne erfahren würden.«

»Wirklich?«, fragte Greg. »Glauben Sie?«

»Sicher. Sehen wir es mal realistisch. Wenn Sie Ihre Leidenschaft fürs Schreiben und dafür, von anderen zu lernen, mit ihrem Talent für Kommunikation kombinieren und dann in Aktion treten, indem Sie den Empfehlungen Ihres Mentors folgen, verfügen Sie über die Voraussetzungen dafür, ein tolles Buch zu schreiben.

Es hört sich außerdem so an, als wären Sie bereits aktiv geworden, da Sie reisen und dokumentieren, was Sie entdeckt haben. Darüber hinaus verfügen Sie über das letzte Puzzleteil der Assoziation, weil Sie den CEO der Napoleon Hill Foundation kennen. Einer der expliziten Werte meines Unternehmens lautet: ›Zusammenarbeit ist essenziell, um Wunder hervorzubringen.‹ Hört sich für mich so an, als verfügten Sie über die Gewinnerkombination für Ihren eigenen Erfolg – und sind in der Lage, während dieses Prozesses einer Menge Menschen zu helfen.«

Greg nahm dies zur Kenntnis und verarbeitete den gerade erhaltenen Input. Das war definitiv ein guter Expertenrat und nicht bloß eine Meinung. Also schrieb er auf seinen Notizblock:

Zusammenarbeit ist essenziell,
um Wunder hervorzubringen.

»War es schwierig für Sie, in dieser Branche Fuß zu fassen?«, fragte Julie Krone an Cohn gewandt.

»Natürlich, ich traf auf jede Menge Herausforderungen, die meisten davon finanziell. Die ersten 22 Jahre war es wirklich schwer. Wir haben Bücher herausgebracht, an die wir geglaubt haben, aber sie hatten nie durchschlagenden Erfolg im Mainstream. Übrigens habe ich Don Green auf einer Buchmesse vor Jahren getroffen und ich kann Ihnen aus erster Erfahrung sagen, er ist ein echter Leader unserer Branche.«

Greg mischte sich ein. »Was hat Sie während der schweren Zeiten durchhalten lassen?«

»Das Wissen«, erwiderte er.

»Was meinen Sie damit?«, fragte Krone.

»Ich habe ein Interview mit einem berühmten Dirigenten mitangehört Jahja Ling. Er war eines dieser Wunderkinder, das mit vier Jahren Klavier spielte und schon in die Schule gegangen ist. Mit 18 gewann er ein Stipendium der Rockefeller-Stiftung für die Juilliard School of Fine Arts. Danach machte er seinen Doktor und wurde einer der besten Dirigenten unserer Zeit. Im Moment lebt er in Südkalifornien und dirigiert das Symphonieorchester in San Diego.«

»Daher stamme ich. Ich sollte ihn kennenlernen«, sagte Greg.

Cohn fuhr fort: »Als man ihn fragte, was ihn inspirierte, seinen Lebenszweck zu verfolgen, lautete seine Antwort: ›Das Wissen.‹ Er sagte, es sei ein großer Unterschied, ob man etwas glaube oder wisse. Was wäre zum Beispiel wirkungsvoller – zu glauben, dass man eines Tages die wahre Liebe finden wird, oder zu wissen, dass jemand auf einen wartet und man sich nur auf diese Person zubewegen muss, bis man sie trifft?«

Greg schrieb auf seinen Notizblock:

Das Wissen – es ist ein großer Unterschied, ob man etwas glaubt oder weiß.

»Dem stimme ich zu«, sagte Julie Krone. »Das ist genau, was mich durchhalten ließ, als kein Besitzer oder Züchter mich sein Pferd reiten lassen wollte. Aber ich habe es mir nie auf diese Weise vorgestellt. Ich nehme an, ich wusste immer, dass ich die Beste meiner Branche werden würde, und zu tun, was nötig war, war einfach nur Teil des Prozesses. Ich wusste einfach, wofür ich bestimmt war.«

»Genau«, sagte Cohn. »Und das hat auch unser Unternehmen weitermachen lassen. Ich meine, es wurde wirklich schwierig – glauben Sie mir. Ich schätze, dass ich zu einem bestimmten Zeitpunkt etwa 60 Prozent meines Arbeitstages damit verbrachte, die Anrufe der Kreditgeber zu beantworten, die ihr Geld wiederhaben wollten. Am Tiefpunkt hat unser Buchhalter darauf bestanden, dass wir uns mit Konkursanwälten trafen. Als wir das Meeting verließen, lachten wir laut. Sie wollten 30.000 Dollar, um für uns den Konkurs anzumelden. Wir dachten, wenn wir 30.000 Dollar hätten, bräuchten wir ja gar nicht erst Konkurs anmelden.«

»Was haben Sie getan?«, fragte Greg.

»Wir haben weitergemacht, wir wussten, dass unser Durchbruch um die nächste Ecke auf uns wartete. Wir wollten nicht am Tiefpunkt aufgeben.«

Da war es wieder, dachte Greg bei sich, und erkannte den Widerhall des Ratschlags von Ron Glosser: keine Entscheidungen in einem Tal treffen.

»Dann haben wir endlich unser neues Projekt gefunden und vor nur zwei Jahren haben wir *The Secret* von Rhonda Byrne herausgebracht. Es wurde in den ersten zwölf Monaten sechs Millionen Mal verkauft. Wir konnten unsere Schulden begleichen und der Erfolg hat uns zu Millionären gemacht.«

»Was für eine großartige Geschichte«, sagte Julie Krone.

»Es hört sich so an, als hätten drei Teile der Gleichung für Sie gearbeitet«, sagte Greg. »Ihre Leidenschaft für Bücher, Ihr Talent fürs Verlegen und Ihre Aktivitäten. Sie brauchten noch die richtige Gelegenheit, um Ihren Aufstieg zu schaffen.«

»Ja, und es dauerte nur 22 Jahre, bis wir über Nacht Erfolg hatten«, sagte Cohn lachend.

Als das Flugzeug landete, tauschten die drei ihre Kontaktdaten aus und umarmten sich zum Abschied. Greg schloss einen Moment die

Augen, um nachzudenken, was passiert war. Er hatte endlich das Gefühl, einen Zweck zu verfolgen, als würde er kurz davorstehen, etwas herauszufinden, was seine eigene Erfolgsformel definieren würde.

Was in seinem Verstand nachhallte, war die Idee des Glaubens, wie wichtig Glaube war. Wie hatte Lauren Nelson es genannt? Fokussierter Glaube. Er erinnerte sich, dass Mia angeboten hatte, für ihn zu beten – und für David. Selbst David hatte in seinem vernebelten Verstand anscheinend realisiert, dass die Macht, sein Problem zu lösen, in ihm selbst lag – wenn er in Aktion trat, um sich zu ändern.

Sage der Welt, was du vorhast,
aber zeige es ihr zuerst.

NAPOLEON HILL

KAPITEL 8

Hören Sie auf zu planen

Ein Wagen wartete auf ihn vor dem Hauptterminal. Greg grinste. Der Wagen war lackiert, sodass er wie eine Kuh aussah, und auf einem Schild an der Seite stand: »Esst mehr Hühnchen.« Als Greg eingestiegen war und das Auto davonfuhr, machten Touristen Fotos des bunt angemalten Wagens und deuteten auf das Schild.

Greg wusste, dass er eine wahre Legende treffen würde – jemanden, über den er schon seit Jahren gelesen und den er stets bewundert hatte. Sie hielten vor dem Tor eines großen Firmengeländes und er fühlte sich einen Moment wieder wie ein Kind. Es erinnerte ihn an den Nervenkitzel, als sein Vater ihn zu seinem ersten Baseballspiel mitgenommen hatte.

Auf dem Schild stand: »Willkommen bei Chick-fil-A«, und was er nun sah, war wahrlich beeindruckend. Tiere liefen frei auf dem knapp 30 Hektar großen Gelände. Viele der riesigen Bäume, die einen See umgaben, standen in Blüte und Menschen spazierten auf dem Gelände herum.

Greg fasste es immer noch nicht, dass Buckland ein Treffen für ihn mit dem berühmten Truett Cathy vereinbart hatte, einem Philanthropen und Selfmade-Milliardär aus der Fastfood-Branche. Angeblich hatte er das Hühnchen-Sandwich erfunden.

Ich nehme an, deswegen wollte Mr Buckland, dass ich ihm eines mitbringe, dachte Greg.

Auch wenn er nicht viel las, hatte Greg tatsächlich einige von Truett Cathys Büchern gelesen. (Da war es wieder – Bucklands Motto über die Bücher, die man las, und die Menschen, die man traf.) Er hatte außerdem gehört, dass Cathy niemandem mehr Interviews gab. Wie hatte Buckland das arrangiert und vor allem, wieso war Cathy bereit, der Bitte nach einem Treffen mit ihm zu entsprechen?

Er stieg aus dem bunten Wagen aus und man führte ihn zum Wachhäuschen am Eingang. Man machte ein Foto von ihm und stellte ihm einen speziellen VIP-Gästeausweis aus. Ein freundlicher Begleiter brachte ihn zum Aufzug. Als sie das oberste Stockwerk erreichten, wurde Greg von einem weiteren gut gelaunten Assistenten begrüßt: »Mr Cathy erwartet Sie. Bitte folgen Sie mir.«

Greg fiel das riesige Glasdach auf, das sich über die gesamte Länge des gesamten, fünf Stockwerke hohen Gebäudes spannte. Er war fast hibbelig vor Erwartung.

Man brachte ihn in das Büro der 87 Jahre alten Industrielegende. »Hallo, junger Mann«, sagte Mr Cathy. »Kommen Sie herein und setzen Sie sich.«

Als Greg sich auf einem Stuhl niederließ, betrachtete er die Umgebung. Die Wände des Büros waren mit Erinnerungsstücken und Familienfotos dekoriert, aber was herausragte, war ein Poster eines Bergsteigers, der einen Gipfel erklimmt. Seine Aufmerksamkeit wurde auch auf den Horatio Alger Award auf dem Schreibtisch gelenkt – eine begehrte Ehrung in der Businesswelt.

Die Mitglieder der Horatio Alger Association of Distinguished Americans gehören zu einer erlesenen Gruppe von Personen mit verschiedenen Lebenshintergründen. Ähnlich wie Charaktere in einer Geschichte von Horatio Alger Jr. stammen die Mitglieder der Vereinigung traditionell aus bescheidenen oder wirtschaftlich schwierigen Verhältnissen. Trotz dieser frühen Widrigkeiten – viele von ihnen würden sagen, *wegen* – haben sie zielstrebig daran gearbeitet, erfolgreich zu sein und ihre Träume wahr werden zu lassen.

»Also, schießen Sie los, wie kann ich Ihnen zu Diensten sein?«, fragte Cathy und riss Greg aus seiner ehrfürchtigen Starre.

Da war es wieder, das explizite Angebot eines erfolgreichen Geschäftsmannes, ihm zu Diensten zu sein. Es wirkte, als wären all die Menschen, die er traf, besessen vom Verlangen, Verbindungen zu anderen herzustellen und ihnen zu helfen.

»Ich fühle mich geehrt, diese Chance zu erhalten, etwas von Ihnen zu lernen.« Greg kam in seiner unverblümten Art direkt zur Sache und fragte: »Was ist das Geheimnis Ihres Erfolgs?«

Cathys Kopf neigte sich zur Seite und er lächelte, weil die Frage so abrupt kam. »Nicht so viel planen«, war seine Antwort.

»Was?«, entfuhr es Greg.

»Nicht so viel planen«, wiederholte Cathy.

»Das widerspricht allem, was ich je gehört habe oder was man mich je gelehrt hat«, sagte Greg.

»Ich bin sicher, das tut es, aber Sie haben danach gefragt, was für mich funktioniert hat, und ich habe es Ihnen gesagt«, äußerte Cathy. »Es funktioniert so, junger Mann. Was immer Sie tun, Sie müssen ein Ziel, eine Bestimmung im Kopf haben. Aber sobald Sie anvisiert haben, wohin Sie wollen, bewegen Sie sich einfach in diese Richtung und glauben Sie daran, dass Sie Ihr Ziel erreichen werden, und das ›Wie‹ wird sich von selbst ergeben.«

»Bei allem Respekt, Mr Cathy, ich verstehe, was Sie sagen, aber es fällt mir schwer, das zu glauben.«

Truett Cathy beugte sich nach vorne. »Sie scheinen ein cleveres Kerlchen zu sein und ich wette, letztes Jahr hatten Sie jede Menge Pläne.«

Greg nickte.

»Wie viele dieser Pläne haben Sie umsetzen können?«

Greg starrte ins Leere, während er über die vergangenen 365 Tage nachdachte. Tatsächlich hatte gar nichts so funktioniert, wie er es geplant hatte. Er war sogar die ganze Zeit, finanziell gesehen, auf dem Weg nach unten gewesen.

»Also, Sie sollten verstehen, dass Sie vielleicht ab und zu eines der Endresultate erreichen, was bedeutet, Sie sind an ein Ziel gekommen, aber wie Sie vorhatten, es zu erreichen, unterschied sich vermutlich von der Realität.«

Greg wurde schnell klar, dass diese Erkenntnis auf seinen Notizblock gehörte:

Nicht zu viel planen.

Cathy fuhr fort: »Ich will Ihnen ein Beispiel nennen. Nehmen wir an, Sie haben das Ziel, bis ans Ende der Straße zu gelangen. Das ist der Anfang, denn Sie haben sich ein Ziel gesetzt. Was Sie dann tun müssen, ist, das Haus verlassen und sich auf dieses Ziel zubewegen –

es ist tatsächlich so einfach. Wenn Sie sich aber an einen bestimmten Plan halten – zwei Schritte machen, Pause, zwei Schritte machen, Pause, und so weiter –, dann verpassen Sie vielleicht all die unerwarteten Gelegenheiten um Sie herum.«

»Gelegenheiten?«, sagte Greg.

»Absolut. Sehen Sie, während die Leute, die ihren Weg geplant haben, sich auf ihre Schritte und Atemzüge konzentrieren, sieht sich jemand wie ich um, ob vielleicht ein Kind sein Fahrrad oder Skateboard draußen stehen lassen hat, um meine Reise zu verkürzen. Das habe ich nicht geplant – ich habe einfach die Augen offen gehalten.«

Greg lächelte bei der Vorstellung dieses 87-jährigen Mannes auf einem Skateboard. »Das verstehe ich. Sie haben ein Ziel im Kopf, bewegen sich darauf zu und halten dann Ausschau nach Gelegenheiten, die Ihnen auf dem Weg helfen.«

»Genau – und wenn man wirklich Glück hat, fährt ein Nachbar vorbei und lässt einen mitfahren und man ist im Nullkommanichts dort.«

Greg saß einen Moment schweigend auf seinem Stuhl, bevor er eine weitere Frage stellte. »Wollen Sie sagen, dass Sie Ihren Erfolg nie geplant haben?«

»Ich habe Chick-fil-A nicht geplant. Es ist einfach passiert. Sicher, ich hatte ein Ziel im Kopf, aber ich hatte keine Idee, wie ich dorthin gelangen wollte. Als ich aus der Army kam, eröffnete ich 1946 den Dwarf Grill. Ich nannte ihn Dwarf Grill, weil er nur zehn Stühle und vier Tische hatte. Erst 20 Jahre später, in den 1960er-Jahren habe ich das Hühnchen im Dampfdrucktopf gekocht und als Sandwich angeboten und das erste Chick-fil-A-Restaurant in Atlanta eröffnet. Wie gesagt, ich habe die Vision mit meinem Glauben an den Prozess vorangetrieben, und das ›Wie‹ hat sich dann von selbst ergeben.«

Dann sagte Cathy: »Wollen Sie einen kleinen Rundgang machen?«

»Sehr gerne.« Greg erhob sich aus dem Stuhl und folgte seinem Gastgeber in den Flur.

»Ich habe das Bild eines Bergsteigers in Ihrem Büro gesehen. Haben Sie früher den Nervenkitzel gesucht?«

»So in der Art. Aber das Bild ist eher eine Erinnerung und ein Symbol für das, was wir hier erschaffen haben«, erwiderte Cathy. »Der Bergsteiger repräsentiert mein Geschäftsleben. Keine Angst zu haben, jede Herausforderung zu bewältigen, egal, wie groß sie erscheint, egal, wie steil der Anstieg ist. Es erinnert mich auch daran, große Träume zu hegen und nie aufzugeben, bevor ich den Gipfel erreicht habe. Es repräsentiert auch meine Herangehensweise.«

Greg kritzelte:

Große Träume haben und nie aufgeben,
bis man den Gipfel erreicht hat.

Dann fragte er: »Welche Herangehensweise genau?«

»Wie Sie vielleicht wissen, geht ein Bergsteiger große Risiken ein, um die nächste Stufe auf dem Weg zum Ziel zu erreichen. So bin ich auch. Aber er muss vorsichtig sein, um nicht sein Leben zu riskieren, das heißt ohne Rettungsleine und andere Unterstützung weiterzugehen.«

»Rettungsleine?«

»Ja, etwa alle sieben Meter, die der Bergsteiger aufsteigt, sichert er sich am Berg, sodass er nicht bis zum Boden stürzt, wenn er abrutscht oder eine unbedachte Bewegung macht. Er fällt nur ein paar Meter von der Stelle, an der er sich zuletzt gesichert hat.«

»Scheint sinnvoll«, sagte Greg. »In der Rückschau würde ich mir wünschen, ich hätte das in meinem eigenen Leben auch so gemacht. Es scheint, ich bin mehr der Alles-oder-nichts-Typ.« Auf seinen Notizblock schrieb er:

Sicher klettern, aber bis zum Gipfel steigen.

Cathy sah ihm zu, während er schrieb. »Es ist okay, im Leben große Sprünge zu wagen. Um vorwärtszukommen, muss man das tun. Es ist auch in Ordnung, nicht bei jeder persönlichen Entscheidung sein gesamtes Hab und Gut einzusetzen. Geben Sie sich etwas Raum zum Manövrieren.« Er deutete auf den Eingang des Gebäudes. »Da unten steht meine Autosammlung.«

Gregs Augen wurden groß wie die eines Kindes im Süßwarenladen. Er zwickte sich, denn es wirkte wie ein Traum, dass Truett Cathy ihm seine Sammlung von Oldtimern zeigen wollte. Jeder Wagen war aus einem Jahr, in dem er einen bestimmten Meilenstein seines Lebens erreicht hatte. Cathy erklärte, welche Bedeutung jedes der Autos für ihn hatte, und erläuterte die Details der Fahrzeuge. Er liebte jedes von ihnen.

Der eine Wagen, der kein bedeutendes Jahr repräsentierte, war das Batmobil – das Auto aus *Batman Returns*. Mr Cathy hatte es bei einer Auktion erstanden, einfach, weil es ihm gefiel, ein Stück der Geschichte Hollywoods zu besitzen. Es war ein weiteres Beispiel für den Unterschied zwischen Anziehung und Hingabe. Das Batmobil war ein Spielzeug, während die anderen bedeutsam für sein Leben waren.

Die beiden schlenderten weiter und erreichten die Kantine des Unternehmens. »Haben Sie Hunger?«, fragte Cathy. Er deutete auf die Essensausgabe vor ihnen. Es war das beste Buffet, das Greg je gesehen hatte. Von Pizza über Pasta bis zu Sandwiches und Limonade gab es nahezu alles. »Bedienen Sie sich«, bot der Unternehmer an.

»Ich sehe, Sie haben alles, was man sich wünschen könnte«, sagte Greg. »Aber ich sehe keine Kasse.«

Truett Cathy hob die Hand vor den Mund und flüsterte seinem Besucher ins Ohr: »Die ist das Einzige, was wir weggelassen haben.«

Cathys Grinsen wurde breiter. »Mein Unternehmen konzentriert sich mehr auf die Angestellten als auf den Profit. Wir lassen die Restaurants am Sonntag geschlossen, wir bilden unsere Geschäftsmanager nach einem eigenen innovativen Ansatz aus und wir bieten unseren Angestellten College-Stipendien. Wir glauben, indem wir unsere Leute unterstützen, werden sie das Unternehmen zum Erfolg führen – und das funktioniert!«

Greg schrieb:

Konzentriere dich mehr auf die Menschen als auf den Profit.

Während er schrieb, erinnerte sich Greg an die Bitte seines Mentors. »Mr Buckland bat mich, ihm ein Sandwich mitzubringen. Ich nehme an, ich sollte selbst eines probieren, wo ich schon mal hier bin. Ich liebe Ihre Hähnchenstreifen, aber ich habe noch nie das Sandwich probiert.«

»Das können wir leicht ändern.« Mr Cathy ging Richtung Küche. »Die sind am besten, wenn sie noch heiß sind.« Er schnappte sich ein frisch mit Butter bestrichenes Brötchen und legte seine berühmten Hähnchenstreifen darauf. »Die Gürkchen gehören auf jeden Fall auch drauf. Die machen es so lecker.«

Truett reichte sein Meisterwerk seinem Besucher, der es sofort kostete. Sein Gastgeber hatte recht: Die Gürkchen waren der Clou am ganzen Sandwich.

Während sie aßen, setzten die beiden Männer den Rundgang durch den Hauptsitz des Unternehmens fort. Eine Frage kam Greg in den Kopf und er stellte sie sofort: »Haben Sie je den Colonel getroffen?«

»Habe ich. Er saß am Tresen und aß ein Hühnchen-Sandwich. Der Mann am Grill fragte ihn: ›Und Colonel, ist das nicht das beste

Hühnchen, das Sie je gegessen haben?‹ Colonel Sanders antwortete mit vorwitzigem Tonfall: ›Das zweitbeste!‹«

Cathy und Greg lachten im Chor.

Als Greg mit diesem großartigen Interview fertig war, wählte er eine Nummer auf seinem Handy. »Du wirst nie erraten, mit wem ich heute gesprochen habe«, sagte Greg begeistert. Er hatte David angerufen, um zu erfahren, wie es ihm ging, denn er hoffte auf gute Nachrichten von seinem Bruder. Sein Schweigen verriet ihm alles, was er wissen musste – und befürchtete.

»Mit einem der erfolgreichsten Geschäftsmänner in Amerika.«

»Schön für dich, Brüderlein.«

Das letzte Mal, dass sie sich gesehen hatten, war vor fast einem halben Jahr gewesen. Sie hatten sich in einer von Davids Lieblingsbars getroffen, aber nichts gegessen. Greg war nach zwei Stunden gegangen. Er hatte drei Club-Sodas getrunken, während David sechs – oder waren es sieben? – Gläser mit Scotch konsumiert hatte.

Greg hatte seinen Geschäftserfolg vorgespielt, darauf bestanden, die Rechnung zu bezahlen und seinen Bruder nach Hause gefahren. Der gesamte Abend war im Grunde Zeitverschwendung gewesen. Und er hatte zu diesem Zeitpunkt David mehr oder weniger aufgegeben. Alle ihre Hoffnungen und Träume – alles, was sie als Jugendliche, Collegestudenten und junge Erwachsene miteinander geteilt hatten – hatte sich in Nichts aufgelöst. Aber wenigstens hatte Greg seine Träume verfolgt, auch wenn sein Unternehmen am seidenen Faden hing.

Er sagte: »Was ist los? Ich meine wirklich, Alter. Ich kann überhaupt nicht mehr mit dir reden.«

David sagte nichts. Greg hörte, wie Eis in einem Glas klirrte, vermutlich, als David es an die Lippen hob. Es war nur eine Kleinigkeit, eine Dummheit – aber das Geräusch des Eises machte Greg wütend. Er legte auf.

Seine Gedanken an diesen tollen Tag mit Truett Cathy und den lebensverändernden Weg, den Jon Buckland vor ihm ausgebreitet hatte, waren verschwunden. Er fühlte sich schlecht – und hilflos – und hoffnungslos.

Aber plötzlich, wie ein Funke göttlicher Inspiration, realisierte Greg, dass es nicht sein Job war, David zu retten, sondern nur Hilfe, eine Chance anzubieten. Sein Bruder musste diese Gelegenheit ergreifen – oder nicht –, sowie Greg durch die Tür getreten war, die Buckland ihm geöffnet hatte.

Niemand erreicht großen Erfolg, der nicht bereit ist, persönliche Opfer zu bringen.

NAPOLEON HILL

KAPITEL 9

Zielorientiert

Als Greg nach Hause zurückkehrte, machte er sich direkt an die Arbeit – aber nicht an seiner normalen Arbeitsstelle, sondern er arbeitete an sich selbst. Er realisierte, dass Don Green mit seinen Aussagen recht hatte. Napoleon Hill sagte, man könne mehr Gold im Verstand großer Männer schürfen als man je aus der Erde holen könne. Greg war auf seine Weise zu einem Goldschürfer geworden und wollte mehr Gold. Er wusste, sein finanzielles Auskommen stand vielleicht auf dem Spiel, aber er hatte etwas entschieden.

Er würde aktiv den ersten Schritt machen, indem er weitere Wirtschaftsmanager interviewte und weitere glänzende Weisheitsschätze zutage förderte. Als seine Assoziation würde er dabei die Napoleon Hill Foundation nutzen, denn er brauchte deren Hilfe, um Zugang zu diesen Persönlichkeiten zu erhalten.

Hey, einen Moment, sagte Greg zu sich selbst. Er erinnerte sich an die erste Notiz, die Buckland ihm übermittelt hatte, um ihn zu fragen, was er mit dem Gelernten anfangen wolle.

Viele erhalten gute Ratschläge, aber wenige profitieren davon. Werden Sie es tun?

In diesem Moment verstand er, dass er von Anfang an auf diesen Erfolgsweg geschickt worden war.

Seitdem er die falsche Jacke mitgenommen hatte, hatte Gregs Leben sich fast komplett gewandelt. In diesem »Aha!«-Moment wurde ihm klar, dass ein Schicksal auf ihn wartete, das ihn mehr erfüllen würde als sein bisheriges Leben. Er würde nicht einen Meter vom Gold entfernt aufgeben. Stattdessen würde er seine Schürfarbeiten auf ein neues Ziel richten, um selbst eine Goldader freizulegen.

Für sich selbst … war das gut genug? Was war mit den anderen Personen in seinem Leben – Familie, Freunde, die Frau, die er liebte, Menschen, die ihn brauchten? Er realisierte, dass er als Leader ein Vorbild für andere sein und das Gelernte anwenden musste.

Eine der subtilen Botschaften, die sich herauskristallisiert hatten, war, dass *erfolgreiche* Menschen selten *selbstsüchtig* waren. War das eine Regel?

Er traf eine weitere Entscheidung. Da er erkannte, dass er sich nicht mehr mit Hingabe seiner Marketingagentur widmete, wollte er sich auf seine neue Vision konzentrieren und beschloss, seinen Angestellten anzubieten, sein Unternehmen weiterzuführen.

Als er an diesem Tag mit ihnen darüber sprach, reagierten sie begeistert auf die Chance, Miteigentümer des Unternehmens zu werden, aber der »neue Greg« erstaunte sie auch. Indem er die Firma seinen Angestellten überließ, förderte er sie und half ihnen, sich ihren Leidenschaften und Zielen zu widmen. Er hatte damit begonnen, etwas zurückzugeben … genauso, wie er es Jon Buckland und Don Green versprochen hatte. *Gib es weiter!*

Eine Woche später waren die Papiere unterzeichnet und die Übergabe seines Unternehmens abgeschlossen. Er vereinbarte ein weiteres Treffen mit Don Green in Virginia.

Am Abend, bevor er zu diesem Treffen aufbrach, rief er erneut David Engel an. Dieses Mal war seine Nachricht eine andere, genau wie seine Erwartungen. Seine Voicemail war knapp, auf den Punkt, und kam von Herzen. »Dave, ich muss dir das einfach sagen. Ich liebe dich und ich wünsche dir nur das Beste. Ich will dir helfen, aber ich weiß nicht, wie ich das tun soll. Mia und ich reden wieder miteinander und sie schlug vor, du könntest es mit einem weiteren Entzug oder einem anderen Programm probieren. Wenn du entscheiden solltest, dir helfen zu lassen, werde ich hinter dir stehen – und ich würde dir finanziell dabei unter die Arme greifen. Denke darüber nach. Ruf mich an.«

Er wusste nicht, wie David auf sein Angebot regieren würde, aber er wusste, dass er sich besser fühlte, als wäre das Gewicht der Welt von seinen Schultern genommen worden. Jetzt war es sein Bruder, der in Aktion treten musste, so wie Greg es für sich machte.

Am nächsten Morgen saß er vor dem CEO der Napoleon Hill Foundation und seine Hände zitterten. Seine Nervosität basierte nicht auf Angst, sondern auf den Hoffnungen, die er an dieses Treffen und das Ergebnis knüpfte. Wie Cathy vorgeschlagen hatte, hatte Greg keinen Plan erstellt – sondern sich einfach auf das Ziel zubewegt, die Unterstützung der Hill Organization für sich zu gewinnen.

Er trug seinen Fall vor wie ein leidenschaftlicher Strafverteidiger und präsentierte seinen Notizblock und seine vielen Eintragungen. Er wies auf jeden Sinnspruch hin und beschrieb die Begegnungen mit den unglaublichen Menschen, die er bisher getroffen hatte, sowie ihre weisen Worte.

Das Schweigen, das auf seine Präsentation folgte, fühlte sich an, als würde es Stunden dauern, aber es waren tatsächlich nur Sekunden, bevor Green antwortete.

»Ich erhalte jeden Tag Anfragen wie Ihre. Jeden Tag will jemand ein Projekt gemeinsam mit der Napoleon Hill Foundation starten und das nächste Kapitel der *Think-and-Grow-Rich*-Philosophie schreiben.«

Dem jungen Mann rutschte das Herz in die Hose. Green sagte: »Fast jedes Mal, wenn jemand fragt, muss ich denjenigen zu unserem Anwalt schicken, der ihm die Standardantwort gibt: ›Vielen Dank für Ihr Interesse, aber wir können Ihre Einladung zu diesem Zeitpunkt nicht annehmen.‹ Wir haben leider einfach nicht genug Zeit. Wir können nur wenige ausgewählte Projekte fördern und effektiv unterstützen.«

In Greg machte sich das vertraute Gefühl der Ablehnung breit.

Dann lächelte Green. »Aber andererseits mag ich Ihren Mumm. Darüber hinaus hat Sie unser gemeinsamer Freund Bucky in höchsten Tönen gelobt. Aber wissen Sie, was für mich das letzte Puzzleteil ist?«

Greg saß einfach nur da und bewegte keinen Muskel.

»Sie sind hier in mein Büro gekommen und haben mich persönlich gefragt. Sie sind angetreten. Das gefällt mir.« Don Green legte die Hände zusammen und berührte damit seine Lippen, als er den Gedanken zu Ende führte. »Ich sage Ihnen was – ich kann Ihnen heute nichts versprechen, aber ich werde jetzt gleich etwas für Sie tun.«

Greg hielt den Atem an.

»1908 wurde Napoleon Hill in Andrew Carnegies Villa in Manhattan eingeladen. Können Sie sich vorstellen, wie er sich fühlte, aus ärmlichen Verhältnissen stammend, und nun trat er durch die Türen einer Villa mit 64 Zimmern? Was Hill aus diesem Tag mitnahm, war mehr als eine Erinnerung, einen solch großen Mann getroffen zu haben. Er ging auch mit einem handsignierten Empfehlungsschreiben von Mr Carnegie, das ihm viele Türen öffnen sollte. Türen, durch die Hill nie alleine hätte schreiten können.

Überlegen Sie sich, was Sie tun wollen, und ich werde Ihnen ein ähnliches Empfehlungsschreiben von der Foundation geben. Ich werde andere wissen lassen, dass wir Ihre Vision unterstützen, und ich bin mir sicher, für Sie werden sich ebenfalls Türen öffnen. Was Sie mit dem Brief und dieser Chance tun, bleibt Ihnen überlassen.«

Als Greg darüber nachdachte, wurde ihm klar, dass er in die Fußstapfen eines großen Mannes treten sollte, Napoleon Hill, und das genau hundert Jahre später. Was für eine unglaubliche Gelegenheit … und Verantwortung!

»Dann sehen wir uns an, mit was Sie zurückkehren. Auch wenn ich Ihnen im Moment nichts garantieren kann, hoffe ich, Sie wissen, dass ich mein Vertrauen in Sie setze.«

Der wissbegierige Schüler versprach: »Don, das werden Sie nicht bereuen.« Green lächelte angesichts des Enthusiasmus des jungen Mannes. »Bleiben Sie in Kontakt. Ich würde gerne von Ihrem Fortschritt auf dieser Reise erfahren.«

Als die beiden sich die Hände schüttelten, um ihre Vereinbarung zu besiegeln, fiel Green etwas ein. Er rief seine Assistentin: »Annedia, können Sie kurz reinkommen?«

Eine Frau erschien in der Tür und sagte in einem tiefen, angenehmen Südstaatenakzent: »Was kann ich für euch Jungs tun?«

»Erinnern Sie sich an den Wohltätigkeitsevent, an dem ich nächsten Monat teilnehmen sollte?«

»Sicher«, erwiderte sie. »Aber Sie schaffen es nicht. Wir haben am selben Tag für Sie eine Präsentation unten in Florida gebucht.«

»Ja, ich erinnere mich. Würden Sie mir also einen Gefallen tun und Greg hier meine Eintrittskarte für das Dinner der Champions geben, damit er für mich teilnehmen und die Foundation vertreten kann?«

Die nächsten paar Wochen vergingen so schnell, dass Greg es kaum schaffte, sich um den normalen Alltag zu kümmern. Stattdessen konzentrierte er sich darauf, Wirtschaftsgrößen anzurufen, per E-Mail zu kontaktieren, und Recherchen über sie anzustellen. Auch wenn sein Bankkonto täglich schrumpfte, widmete er sich weiter seiner Aufgabe.

Als Napoleon Hill damals seinen Klassiker veröffentlicht hatte, hatte er die Topwirtschaftsführer seiner Ära interviewt. Auch wenn die Prinzipien, die er damals entdeckte, zeitlos waren, hatte sich die Wirtschaftswelt verändert. Aber eines war so wirkungsvoll wie immer – eine Empfehlung zu erhalten.

Greg fand heraus, dass fast alle kontaktierten Wirtschaftslenker ihren Erfolg auf die ein oder andere Weise der Lektüre von *Think and Grow Rich* zuschrieben. Sie hatten ihren Erfolg auf Hills Prinzipien aufgebaut, die er daraus entwickelt hatte, sich intensiv mit den erfolgreichsten Unternehmern des frühen 20. Jahrhunderts zu befassen. Nun hatte Greg die Gelegenheit, die Geschichten einiger der erfolgreichsten Wirtschaftsgrößen des frühen 21. Jahrhunderts aufzuschreiben. Konnte seine Arbeit die nächste Generation ebenso beeinflussen?

Das Timing des Projekts hätte nicht besser sein können. Die Wirtschaft stand am Abgrund und würde früher zu Fall kommen, als Greg – oder irgendjemandem sonst – klar war.

THE NAPOLEON HILL FOUNDATION

Eine Non-Profit-Bildungsinstitution, die sich der Aufgabe verschrieben hat, die Welt zu einem besseren Ort zu machen.

Don M. Green, Executive Director

5. Dezember 2007

Mr Greg S. Reid
San Diego, CA 92121

Lieber Mr Reid,
mit diesem Brief bestätigen wir Ihnen mit großer Freude die exklusive Vereinbarung, dieses aufregende und wichtige Projekt auf den Weg zu bringen.

Three Feet from Gold
Von Greg S. Reid

Basierend auf den Lehren des Klassikers des verstorbenen Mr Hill, *Think and Grow Rich.*

Die Napoleon Hill Foundation verfügt über jahrelange Erfahrung, Millionen von Menschen auf der ganzen Welt zu lehren und inspirieren, und wir beginnen diese Zusammenarbeit in der Zuversicht, dass diese Mission exponentiell weitergeführt wird.

Wir danken Ihnen, dass Sie sich der Aufgabe verschreiben, die Menschheit voranzubringen, und willkommen in der Napoleon-Hill-Familie.

Hochachtungsvoll

Don M. Green
Executive Director

Telefon (276) 328-6700 – Fax (276) 328-8752
P. O. Box 1277, Wise, Virginia 24293 – E-Mail: napoleonhill@uvawise.edu
Campus der University of Virginia-Wise

Er beschloss, das Empfehlungsschreiben in gleicher Weise zu nutzen, wie es Hill mit Carnegies Brief ein Jahrhundert zuvor getan hatte. Er schrieb ein Ziel auf seinen Notizblock: sieben Treffen mit führenden Wirtschaftsgrößen vereinbaren.

Als er begann, diese Treffen zu vereinbaren, bemerkte er schnell etwas, das die meisten Menschen nicht glauben würden: Die erfolgreichsten Leute schienen am zugänglichsten zu sein. In fast jedem Fall freuten sich diese Branchenführer darüber, ihr Wissen an einen willigen Schüler weiterzugeben.

Er fasste es auf seinem Notizblock zusammen:

Die erfolgreichsten Menschen sind am zugänglichsten. Die erfolgreichsten Menschen wollen anderen ihr Wissen vermitteln, wie auch sie erfolgreich werden.

Personen auf der mittleren Ebene – die sich abmühten, sich Gehör zu verschaffen und sich in einem umkämpften Wettbewerb weiterzuentwickeln – schienen keine Zeit zu haben, sich um andere zu kümmern. Ihr Ego, ihr Reichtum und ihre glanzvollen Titel schienen sie zu beherrschen. Sie hatten ihre Persönlichkeit noch nicht völlig entwickelt. Sie erinnerten Greg an den Spruch »Ego steht dafür, ›einen Gott obsolet zu machen‹«.

Das sind die Menschen, die am dringendsten auf die Erfolgsformel angewiesen wären.

Aber die Personen, die er dank Mr Buckland getroffen hatte, unterschieden sich enorm von den Leuten, mit denen er sich normalerweise umgab. Sie waren überaus erfolgreich und gingen großzügig mit ihrer Zeit um; ihnen lag daran, anderen zu helfen. Sie waren selbstsicher, aber nicht bis zu dem Punkt, wo es in Arroganz umschlug. Ihre Herzen waren noch größer als ihr Status.

Als er auf dem Weg zu seinem reservierten Tisch beim Dinner der Champions war, gelang es Greg kaum, seine Aufregung zu zügeln. Direkt neben ihm saß eines seiner größten Sportidole aller Zeiten. Ein Mann, der so viele andere absichtlich vernichtet hatte – aber tatsächlich eine Art sanfter Riese war. Es war der einzigartige Evander Holyfield, der einzige Boxer, der den Schwergewichtstitel viermal gewonnen hatte.

Der eher zierliche Greg wirkte neben diesem körperlich so beeindruckenden Mann noch kleiner. Auch wenn Holyfields Physis dominant wirkte, sorgten seine Anwesenheit und seine sanfte Art dafür, dass Menschen sich umdrehten und lächelten.

Ohne auf eine formelle Vorstellung zu warten, sagte Greg in seiner üblichen hervorpreschenden Art: »Okay, Evander, ich muss es einfach wissen – was hat Sie zum besseren Athleten als Ihre Konkurrenten gemacht?«

Holyfield hätte diesen neugierigen Fremden einfach abwimmeln können, aber stattdessen antwortete er augenblicklich: »Höhere Standards als andere zu haben.«

»Könnten Sie das bitte erklären?«, bat Greg und hörte konzentriert zu.

»Es ist eigentlich einfach. Wenn Sie ein Auto haben und nicht zulassen, dass es dreckig wird oder der Motor schlecht läuft, werden Sie ein besseres Auto als Ihr Nachbar haben. Wenn eine Frau zu Hause nicht akzeptiert, dass ihr Ehemann betrunken heimkommt oder die Kinder machen, was sie wollen, wird sie ein besseres Familienleben haben. Richtig?«

Greg holte seinen Notizblock und Stift heraus, um etwas aufzuschreiben. »Das Gleiche gilt für den Sport. Ich habe früh mit dem Training angefangen, bin länger geblieben und habe meinen Traum nie aus den Augen verloren. So sehr, dass wir uns sogar neue Trainingsmethoden ausgedacht haben, auf die vorher noch niemand gekommen war. Das machten wir, weil wir einem höheren Standard folgten als alle anderen im Ring. ›Einen Standard der Exzellenz‹ haben wir es genannt. Und ich glaube, es war dieser Standard, der es mir ermöglichte, eine Medaille bei den Olympischen Spielen zu gewinnen und alle Meisterschaftsgürtel.«

Greg schrieb auf seinen Notizblock:

Setze die höchsten Standards.

Dann fragte er: »Aber tat es nicht weh, die ganze Zeit Schläge abzukriegen?«

Holyfield blickte auf und zwinkerte. »Sehen Sie sich dieses Gesicht an!« Dann fügte er hinzu: »Ich wurde nicht so oft getroffen.

Das ist so – wenn Sie sich auf die Schläge konzentrieren, die Sie abkriegen, werden Sie höchstens auf dem Ringboden landen. Ich habe mich nie so sehr auf den Schaden konzentriert, den die anderen bei mir anrichteten. Ich konzentrierte mich auf den Schaden, den ich bei anderen anrichtete.«

Greg machte große Augen, als er fragte: »Heißt das, Sie haben die Schläge gar nicht gespürt?«

»Sicher habe ich sie gespürt«, sagte Holyfield. »Aber ich habe nie die Aufgabe aus den Augen verloren, die vor mir lag. Die bestand darin, meinen Gegner ebenfalls zu treffen … aber noch härter.

Das Gleiche gilt für das Leben im Allgemeinen. So viele Menschen konzentrieren sich auf die Schläge, die sie abkriegen. Sie sehen sich die Nachrichten an, die ihnen sagen, wie schlimm alles ist; sie hören sich ihre Freunde an, die im Leben unglücklich sind. Mit anderen Worten, sie konzentrieren sich auf die Schläge, die sie abbekommen, wo sie sich doch darauf konzentrieren sollten, zurückzuschlagen und beweglich auf den Zehenspitzen zu tänzeln.«

Während der große Schwergewichtsboxer sich seinem Essen widmete, schrieb Greg auf:

Auf den Zehenspitzen und beweglich bleiben. Sich auf die Aufgabe konzentrieren, die vor dir liegt.

Das war erstaunlich. Bei einem Sportler hatte er nicht mit derartigen Schätzen der Weisheit gerechnet. Dann wurde ihm klar: Holyfield war weit mehr als ein Boxer – er war ein Kämpfer. Und das war der Unterschied. Ihn definierte nicht seine Karriere, sondern seine Leistung.

Holyfield hielt inne und deutete mit seiner Gabel auf Greg. »Wissen Sie, was das Lustige ist? Wenn die letzte Glocke läutet und man Ihre Hand hochhebt und die Menge durchdreht, ob das beim Boxen oder irgendeinem anderen Erfolg im Leben ist, dann spüren Sie die Schläge nicht mehr und erinnern sich nicht einmal mehr daran. Sie genießen nur den Sieg.«

Greg fügte das seinen Notizen hinzu:

Du spürst nie die Schläge oder erinnerst dich an sie. Du genießt nur den Sieg.

Während Greg dort saß und diesem unglaublichen Champion zuhörte, wurde ihm klar, dass es die gleichen Ratschläge waren, die er von Truett Cathy erhalten hatte, nur aus einer anderen Perspektive. Der Raum war wie elektrisiert und Greg hatte das Gefühl, ein Teil davon zu sein – er fühlte sich energiegeladen.

Holyfield fügte noch eine letzte Erkenntnis hinzu: »Wollen Sie noch etwas wissen? Der andere, der als Verlierer in die Umkleidekabine geht? Er wird jeden einzelnen Bluterguss spüren, den er sich auf dem Weg eingehandelt hat, und jahrelang nur die Story erzählen, wie er es *beinahe* geschafft hat.«

Holyfield sah Greg direkt in die Augen und beendete den Gedanken mit einem letzten K.-o.-Schlag. »Ich weiß nicht, wie das bei Ihnen ist, aber ich will einfach nur der *Champion* sein!«

Das war der Moment, in dem alle aufgesprungen wären und gejubelt hätten. Greg hatte sich noch nie so inspiriert gefühlt.

Wer tatsächlich weiß, was er im Leben will, hat bereits einen großen Teil des Weges zurückgelegt, es zu erreichen.

NAPOLEON HILL

KAPITEL 10

Masterminds

Auch wenn draußen nicht der übliche kalifornische Sonnenschein herrschte, hellte Bucklands Lächeln das Taxi auf, als er auf dem Rücksitz neben Greg Platz nahm. »Ich habe gehört, Sie waren sehr beschäftigt«, sagte er.

»Es war unglaublich«, rief Greg aus. »Ich fasse es nicht, dass ich demnächst damit mein Geld verdienen darf – im ganzen Land herumzureisen und die großartigsten Menschen der heutigen Zeit zu treffen und ihre Einsichten zu erfahren … Ich meine, als Berufung. Bisher habe ich ja noch nichts eingenommen. Ich werde nicht dafür bezahlt, daher ist meine finanzielle Lage etwas angespannt, aber ich lerne so viel, dass es das wert ist. Wenn mein Buch letztlich so wird, wie ich hoffe, und ich den richtigen Verleger finde, wird es vielleicht ein Bestseller.«

Buckland sagte: »In der Tat ein Privileg. Wenige Menschen erhalten je die Gelegenheit, ihre Leidenschaften und Träume zu verwirklichen … Ich möchte es so ausdrücken: Jeder hat die Chance dazu, aber, wie ich Ihnen bereits geschrieben habe, nicht jeder fängt etwas damit an. Übrigens habe ich neulich mit Don Green gesprochen und er ist hoch zufrieden mit Ihren Fortschritten. Er meinte, er hatte für Sie ein Treffen mit einem gemeinsamen Freund vereinbart, Dave Liniger.«

»Ja, das war eines meiner besten Interviews bisher. Wenn wir davon reden, nicht einen Meter vom Gold entfernt aufzugeben – der Mann hat enormes Durchhaltevermögen.«

»Was hat er Ihnen gesagt?«

Greg holte den Notizblock aus der Tasche. Buckland bemerkte, dass er schon etwas zerfleddert aussah. Das Cover war nicht mehr glänzend und die Ecken eingedrückt. Die Seiten selbst waren verknittert durch den Gebrauch. Buckland fiel auf, wie viele Seiten Greg durchblättern musste, bis er zur gesuchten kam.

»Hier ist es«, sagte Greg, als er seine Notizen durchging, bis er diese fand:

Menschen geben zu schnell auf.

»Dave hat mir erzählt, wie schwer es war, als er Anfang der 1970er-Jahre sein Unternehmen gründete.« Er unterbrach sich unvermittelt: »Hey, warten Sie mal, wohin fahren wir eigentlich?«

»Keine Sorge«, sagte Buckland geheimnisvoll. »Sie werden es wissen, wenn wir dort sind. Also, erzählen Sie mir, was Dave gesagt hat.«

»Nun, RE/MAX ist das aktuell weltweit am schnellsten wachsende Immobilien-Franchise, selbst unter diesen schwierigen Marktbedingungen. Noch erstaunlicher ist, dass Liniger nicht das Handtuch geworfen hat, als es in den frühen Jahren gar nicht schlimmer hätte laufen können. Er sagte, sein Unternehmen hatte damals 600.000 Dollar Schulden. Er beging den Fehler, die Firma während der Rezession 1973 zu gründen, als der Immobilienmarkt zusammenbrach und die Finanziers ihre Unterstützung zurückgezogen hatten. Er gestand, dass sein Unternehmen so ziemlich alles falsch machte, was es nur falsch zu machen gab. Die meisten hätten aufgegeben und sich etwas anderem gewidmet. Aber es gab eine kleine Gruppe Leute, die den Glauben nicht verloren, und sie beschlossen, nicht aufzugeben. Komme, was da wolle, sie schworen sich: ›Wir können noch einen einzigen Tag durchhalten. Wir werden nicht aufgeben.‹«

Buckland warf ein: »Er sagte mir, dass sie genügend dieser ›einzigen Tage‹ aneinanderreihten, bis sie endlich Erfolg hatten.«

»Ja, die ersten zwei Jahre schien es, jeder Anruf, den sie erhielten, stammte von einem Geldeintreiber. Im dritten Jahr wurde es noch schlimmer. Tatsächlich scherzte er, dass die Absender auf den meisten der Briefe drei Namen im Titel hatten; sie stammten alle von Anwaltskanzleien, die ihn verklagten.

Als die Konkurrenz negative und abwertende Dinge über ihn und seinen Traum verbreitete, war Liniger an einem Tiefpunkt angelangt. Wem wäre es nicht so ergangen? Nicht nur saßen ihm die Gläubiger im Nacken, sondern seine Kollegen und die Leader seiner eigenen Branche hatten keine positiven Worte für ihn übrig. Ich meine, können Sie sich vorstellen, dass man Ihnen jeden Tag sagt, wie sehr Sie es versaut haben? Nach einer Weile glaubt man wirklich daran.«

»Aber er tat es nicht, oder?«, fragte Buckland, der bereits wusste, wie die Geschichte ausging.

»Nein. Er sagte, es gab etwa 40 Angestellte, die das große Ganze im Blick behielten. Sie schlossen sich der allgemeinen Meinung nicht an und entschieden sich, zu Dave Liniger, seiner Frau und ihrer Vision zu stehen. Diese Unterstützung gab ihm das Selbstvertrauen, jeden seiner Gläubiger proaktiv anzurufen und zu sagen: ›Ich weiß, ich schulde Ihnen 50.000 Dollar, aber ich kann Ihnen nur 50 Dollar schicken. Und ich werde Sie jede Woche anrufen, bevor Sie mich anrufen, um Ihnen zu sagen, wie viel ich Ihnen schicken kann.‹ Sie können sich die Reaktionen vorstellen.

Liniger teilte ihnen mit, ihm sei klar, dass es ihr Job sei, ihn weiter anzurufen, aber sie sollten wissen, dass er nicht aufgeben und auch keinen Konkurs anmelden und sie mit nichts dastehen lassen würde. Das zu tun, erinnerte Liniger an die Verpflichtung, die er seinem wichtigsten Ratgeber – *sich selbst* – gegenüber eingegangen war.«

Buckland strahlte vor Stolz, als er zuhörte, wie sein Schüler die Geschichte erzählte.

»Dann geschah das Wunder. Menschen erwarben Franchise-Lizenzen. Dank dieser Käufe drehte sich der Wind für das Unternehmen. Liniger und seine Belegschaft arbeiteten jeden Tag bis zum Maximum. Daher kam er auf den Namen RE/MAX.«

»Ja«, stimmte Buckland zu, »Dave ist ein Mann mit einem großartigen Charakter.«

»Hier kommt der beste Teil.« Greg las laut von seinem Notizblock vor:

Beweise dir selbst, dass du recht hast!

Eine Frage kam von vorne aus dem Taxi: »Was soll das bedeuten?«

Greg beugte sich vor, um sich mit dem Taxifahrer zu unterhalten. Er war mittlerweile daran gewöhnt, dass andere seine Unterhaltungen mitanhörten. »Nun, es ist so: Nachdem so viele Menschen ihn einen Versager genannt hatten, wusste Dave Liniger, wer er wirklich war. Zuerst hatte er nur erfolgreich sein wollen, um allen das Gegenteil zu beweisen. Dann wandte er seine Aufmerksamkeit auf eine bessere Herausforderung, eine, die wirklich etwas bedeutete.«

Der Taxifahrer stoppte an einer Ampel und drehte sich um. Er sah Greg auf dem Rücksitz an, um ihn zu ermutigen weiterzureden.

»Liniger beschloss, er würde seinen Fokus verlagern, und zwar darauf, sich selbst etwas zu beweisen: dass er nicht so war, wie die Leute ihn sahen. Er wusste innerlich, was er machte, war richtig und ehrenhaft. Die harten Zeiten waren einfach nur die Wachstumsschmerzen, die jedes große Unternehmen durchläuft. Er sagte sich selbst immer wieder, dass er ein guter Mensch war und etwas Besonderes und *Richtiges* tat – Arbeitsplätze und Geschäftschancen schaffen.«

»Hmm«, sagte der Fahrer, als er seine Aufmerksamkeit wieder der Straße widmete. Seine Fahrgäste hatten ihm einige Anregungen gegeben, über die er die nächsten paar Stunden seiner Schicht nachdenken konnte. Ab und zu erhielt der Taxifahrer einen Tipp, der mehr wert war, als das Geld, das die Wohlhabenden in ihrer Brieftasche mit sich führten.

»Sie werden immer besser darin, anderen eine Botschaft zu vermitteln«, sagte Gregs Mentor.

»Wir sind da«, verkündete der Fahrer, als sie vor einem traditionellen Steakhaus hielten, wie es Greg seit Jahrzehnten nicht gesehen hatte.

Als sie durch die roten Samtvorhänge schritten, rochen sie das Aroma der Porterhouse-Steaks auf dem Grill. Sie blieben vor einer Tür stehen und Buckland sagte: »Ich möchte Sie ein paar Leuten vorstellen, aber Sie können nicht lange bleiben. Das ist meine Mastermind-Gruppe. Wir treffen uns einmal im Monat zum Networking und um Ideen auszutauschen. Seien Sie nicht beleidigt, aber Sie können nur einen Moment dabei sein. Ich darf Sie nicht einladen, länger zu bleiben – das würde jetzt nicht zu unserem Treffen passen.«

»Kein Problem«, erwiderte Greg.

Als sie den Raum betraten, betrachtete Greg die holzgetäfelten Wände mit Porträts von Legenden vergangener Zeiten. Er erkannte sofort die Gesichter von fünf davon – Helden vergangener Jahre – aus dem Buch, das er bewunderte, *Think and Grow Rich*. Es waren William Wrigley Jr., George Eastman, Theodore Roosevelt, F. W. Woolworth und Charles M. Schwab.

In der Mitte des Raumes saßen vier Männer um einen Konferenztisch aus Eiche und Stahl. Es waren die Ikonen des Erfolgs der heutigen Zeit, deren Namen – bisher – noch nicht so geläufig waren wie die von Hills Gruppe: James Amos, John Schwarz, Tom Haggai und Mike Helton.

Buckland sagte zu Greg: »Wie Sie sehen, sind hier vier Personen und ich. Das hat einen Sinn, denn wir glauben, dass man zu einer direkten Reflexion der fünf Menschen wird, mit denen man sich am häufigsten umgibt, und dass das Einkommen, die Haltung und der Lebensstil einer Person den Durchschnitt dieser fünf Menschen darstellt. Wenn Sie sich mit Leadern umgeben, werden Sie auch irgendwann zu einem werden. Leider funktioniert es auch in der umgedrehten Richtung.«

Buckland wandte sich an die Gruppe und verkündete: »Gentlemen, das ist der junge Mann, von dem ich Ihnen erzählt habe. Wie Sie wissen, schreibt Greg mithilfe der Napoleon Hill Foundation ein Buch. Er wird nicht zu unserem Treffen bleiben, aber ich würde es zu schätzen wissen, wenn jeder von euch ihm eine kleine Information oder Inspiration für sein Projekt vermitteln würde.«

Buckland legte dem Mann, der ihm am nächsten saß, die Hand auf die Schulter. »Greg, das ist James Amos, Unternehmer und Philanthrop.«

Amos war der ehemalige Vorsitzende und CEO von Mail Boxes Etc., dem weltweit größten und am schnellsten wachsenden Franchiseunternehmen für Kommunikation zwischen Einzelhändlern und für Postdienstleister. Zum MBE-Netzwerk gehörten weltweit fast 4500 Standorte, mit Lizenzverträgen in mehr als 80 Ländern der Welt. 2001 wurde es verkauft und umbenannt in UPS Stores. Außerdem war Amos der frühere Vorsitzende der International Franchise Association und aktuell Vorsitzender und CEO der Tasti D-Lite Corporation.

»Mit anderen Worten«, sagte Buckland, nachdem er ihn mit dieser Kurzbiografie vorgestellt hatte, »er weiß, wovon er spricht.« Amos lachte und sagte dann: »Habe ich das wirklich alles gemacht? Willkommen in unserer kleinen Gruppe, Greg. Wir sind uns unserer Mission bewusst und wissen, dass Sie nach kleinen Weisheitsschätzen aus unserer Erfahrung suchen, die Ihnen bei Ihrem Projekt helfen. Als Erstes sollten Sie verstehen, dass jedes neue Businessprojekt Geduld erfordert. Es braucht drei, vier oder manchmal fünf Jahre, um herauszufinden, ob man ein Held oder Idiot ist. Aber wenn Sie das Positive daran sehen möchten: Es wird immer jemanden geben, der es Ihnen sagt.«

Jeder im Raum lachte los.

Amos fuhr fort: »Aber im Ernst, vergessen Sie nicht, dass der Unterschied zwischen Erfolg und Fehlschlag eine feine Linie ist. Niemand weiß das besser als wir. Wenn man also einen kleinen Sieg erringt, würde ich vor allem empfehlen, dankbar zu sein und diese Dankbarkeit zu zeigen. So sehen Sie die Dinge richtig und es mag Sie motivieren, Ihre Leidenschaft wach zu halten.«

»Verstanden«, sagte Greg. »Truett Cathy sagte mir einmal, dass man nicht zu sehr planen sollte, sondern in Aktion treten und sich auf die eigenen Ziele zubewegen. Welche Rolle haben Recherche und Pläne für Ihren Geschäftserfolg gespielt?«

»Um die Wahrheit zu sagen: Due Diligence geschieht in der Rückschau, es geht stets um die Vergangenheit. Aber alle Entscheidungen beziehen sich auf die Zukunft. Zu einer Vision fähig sind Menschen, die aufgrund einer vagen Ahnung imstande sind, etwas zu entscheiden, und die dabei prophetisch sind.«

Von der Antwort fasziniert realisierte Greg, dass er nichts auf seinen Notizblock geschrieben hatte, seitdem er den Raum betreten hatte. Er griff danach und notierte:

Es ist eine feine Linie zwischen Erfolg und Fehlschlag.
Geschichte liegt in der Vergangenheit.
Entscheidungen basieren auf der Zukunft.

Im Stuhl neben Amos saß entspannt ein Mann mit dünnem Haar und buschigen Augenbrauen. Buckland räusperte sich und stellte ihn vor: »Das ist John Schwarz. Er ist der Clevere in der Gruppe. Er ist ein berühmter Wissenschaftler. Sie haben vielleicht in Magazinen über seine Arbeit gelesen oder etwas darüber auf dem Discovery Channel gesehen.«

Greg erinnerte sich tatsächlich, eine Fernsehsendung über Schwarz' Arbeit gesehen zu haben. Schwarz hatte, aufbauend auf Einsteins Theorien, mit seinem Partner, Dr. Michael Green, vorgeschlagen, die Stringtheorie als Ausgangspunkt für eine vereinigte Theorie von Schwerkraft und den anderen fundamentalen Kräften zu betrachten … und hatte sie die Super Stringtheorie genannt.

Wissenschaftler waren ursprünglich der Ansicht, dass ein Atom die kleineste molekulare Struktur sei, bis sie es gespalten hatten und die Kernspaltung erfanden. Dann realisierten sie, dass es noch kleinere Teilchen namens Quarks gab. Schwarz und sein Partner hatten die Theorie aufgestellt, dass diese Quarks von kleinen Strings zusammengehalten wurden. Diese Strings vibrieren in verschiedenen Frequenzen, wie Gitarrensaiten, und erschaffen, was wir Energie nennen.

Über ein Jahrzehnt lang hatten Schwarz und Green Innovationen hervorgebracht, von denen sie glaubten, sie würden die anderen Physiker von der Richtigkeit ihrer Theorie überzeugen. Aber die Wissenschaftsgemeinde betrachtete ihre Theorie als »vermessen«, bis zum Jahr 1984, als sie herausfanden, dass einige offensichtliche Inkonsistenzen, sogenannte Anomalien, sich nicht vermeiden ließen. Plötzlich kam das Thema in Mode und wurde zu einem der aktivsten Forschungsbereiche der theoretischen Physik.

»John, magst du diesem jungen Mann einen Rat geben?«, fragte Buckland.

»Sicher. Um den Gedanken von Jim fortzuführen, ist der Unterschied zwischen Erfolg und Fehlschlag in der Tat überaus gering. In meinem Fall war es eine zehn Jahre währende Periode, in der jeder gegen mich war und mich für verrückt hielt. Als Dr. Green und ich unseren Durchbruch erzielten, schenkten uns die Leute plötzlich Aufmerksamkeit. Bis zu diesem Punkt hatte jeder einfach gedacht, wir seien verrückt, und dann sahen uns alle, zu unserer Überraschung, fast über Nacht als genial an.«

»Also dauerte es ein Jahrzehnt, bis Sie über Nacht Erfolg hatten?«, unterbrach Greg.

»Das stimmt auf jeden Fall.«

»Jemand anders, mit dem ich gesprochen habe, hat etwas Ähnliches gesagt. Wieso haben Sie weitergemacht?«

»Das ist einfach.« Schwarz machte eine Pause, nippte an seinem Kaffee, sah den Besucher an und sagte in sachlichem Ton: »Ich wusste, dass ich recht hatte.«

Da war es … ein weiteres Beispiel dafür, wie man »über Nacht Erfolg hatte«, aufgrund jahrelanger Arbeit und Mühen, genau wie Richard Cohn es erwähnt hatte, und über das »Wissen« zu verfügen, genau wie der Dirigent Jahja Ling.

Greg wusste, dass er etwas auf der Spur war. Wie kam es, dass Leute mit so unterschiedlichen Hintergründen die gleichen Geschichten erzählten? War es möglich, dass alle diese Personen dem gleichen grundlegenden Erfolgsmuster in ihrem Leben gefolgt waren? Lag Schwarz richtig und es war wirklich alles irgendwie durch diese universellen Strings verbunden?

Buckland sah zum Mann, der an der Kopfseite des Tisches saß, und stellte mit ihm einen seiner engsten Freunde vor: »Das ist Dr. Tom Haggai. Er ist der Gutangezogene in unserer Gruppe, ein weltbekannter Businessleader, Autor, Redner und Philanthrop. Er ist Vorsitzender und CEO von IGA, dem weltgrößten Netzwerk freiwillig zusammengeschlossener Supermärkte, die gemeinsam weltweit mehr als 21 Milliarden Dollar Umsatz im Jahr machen. Selbst ich bin gespannt, was er wohl sagen wird.«

Die Arme verschränkt vor sich auf dem Tisch sah Haggai Greg direkt in die Augen, als wäre niemand anderes im Raum.

»Mein Sohn, sind Sie bereit für ein Nein?«

»Wie bitte?«

»Sie sollten sich Folgendes klarmachen: Ihr Ausmaß an Erfolg steht in direktem Zusammenhang dazu, wie viele Neins Sie aushalten, ohne dabei die Begeisterung zu verlieren. Wie viele Neins Sie ertragen, bis Sie das erwünschte Resultat erzielen, wird über Ihren Erfolg oder Misserfolg bestimmen.«

Die anderen im Raum murmelten zustimmend.

»›Nein‹ ist die zweitbeste Antwort, die Sie erhalten können. Wenigstens wissen Sie dann, wo Sie stehen. Es sind die nervigen ›Vielleichts‹, die einem wirklich im Weg stehen. Ich habe einmal gehört, wie jemand gesagt hat: ›Wenn man genügend junge Damen fragt, wird man irgendwann eine Verabredung zum Tanz haben.‹ Das Gleiche gilt für nahezu alles andere im Leben. Der Schlüssel ist, sich mehr auf das Ergebnis und weniger auf die Umwege zu konzentrieren.«

Die anderen dachten über den Kommentar nach und lächelten, als sie an ihre eigenen Unternehmungen zurückdachten, sowohl an die Erfolge als auch an die Fehlschläge, während er fortfuhr:

»Der Punkt ist – je mehr Ablehnung Sie ertragen, desto stärker und fähiger werden Sie, wenn endlich ein Ja ums Eck kommt.«

Greg kritzelte schneller als ein altmodischer Stenograf:

Erfolg ist die Belohnung für Rückschläge.

Jim Amos schaltete sich ein: »Tom, ab und zu fallen dir mal echt tolle Sachen ein. Das werde ich mir eines Tages borgen müssen.«

Haggai lächelte und fuhr fort: »Die Wahrheit ist – und ich glaube, da sind wir uns alle einig –, dass die meisten Menschen und Unternehmen am meisten während ihrer schwierigsten Zeiten leisten. Sie verdienen vielleicht nicht das meiste Geld, aber in diesen Phasen korrigieren sie ihren Kurs; sie ergreifen Maßnahmen, reflektieren über sich und legen die Grundlage dafür, weiter voranzukommen.«

»Das sehe ich auch so«, meinte Schwarz, als Haggai seine Gedanken mit dieser Botschaft ausgedrückt hatte.

»Der Trick ist, sich nicht mit Leuten zu umgeben, die im Begriff sind aufzugeben. Wenn Sie das Gefühl haben, bald alles hinschmeißen zu wollen, umgeben Sie sich mit anderen, die niemals aufgeben werden! Diese Energie überträgt sich, also verbringen Sie Ihre Zeit mit den richtigen Leuten und verlieren Sie nicht den Glauben.«

Neben Tom saß ein Mann, dessen Ausstrahlung ihn überlebensgroß wirken ließ. Mit einer Größe von 1,98 Metern war er ein Riese von einem Mann, der Greg an den Westernfilmhelden John Wayne erinnerte.

»Ich muss auch noch etwas hinzufügen. Mein Name ist Mike Helton. Ich bin Präsident eines kleinen Unternehmens, das Sie vielleicht kennen. Es heißt NASCAR.«

Greg machte den Scherz mit: »Ja, ich glaube, ich habe davon gehört.«

Als echter Fan von Autorennen war Greg mit Heltons Geschichte vertraut. Als Kind hatte Mike Helton in Bristol, Virginia, gewohnt und es geliebt, mit seinem Dad die Rennen auf dem Bristol Motor Speedway anzusehen. Er belegte Buchhaltung im Hauptfach am King College in Tennessee und arbeitete während des Studiums für einen örtlichen Radiosender. In seiner Samstagmorgen-Talkshow waren Autorennen Heltons Lieblingsthema.

Er erfüllte sich seinen Traum, auf der Rennstrecke zu arbeiten, als er der Public Relations Director beim Atlanta Motor Speedway wurde und sich weiter die Ränge hocharbeitete, mit Positionen in Daytona und Talladega. 1999 wurde er Senior Vice President und Chief Operating Officer von NASCAR. 2000 wurde Helton zum ersten Menschen außerhalb der französischen Gründerfamilie zum Präsident von NASCAR befördert.

Helton sagte: »Mir fällt auf, dass Sie einen Notizblock dabeihaben und sich Sachen aufschreiben. Das mache ich auch. Aber ich habe auch etwas dabei, was mir sehr wichtig ist.« Er griff in die linke Brusttasche und holte ein altes, zerfleddertes Dokument heraus, das ihn anscheinend schon seit Jahren begleitete.

»Ich habe das bei mir, wohin ich auch gehe. Es erinnert mich ständig daran, was ich tue, und wieso ich es tue. Es ist eine Liste von Prinzipien, nach denen ich lebe.« Er las laut vor: »Das stammt aus dem Buch *Cowboy Ethics: What Wall Street Can Learn from the Code of the West* von James Owen.«

Lebe jeden Tag mutig.
Sei stolz auf deine Arbeit.
Beende stets, was du beginnst.
Tue, was getan werden muss.
Sei hart, aber fair.

Wenn du ein Versprechen machst, halte es.
Stehe ein für dein Business.
Rede weniger, sage mehr.
Denke daran, dass manches nicht zum Verkauf steht.
Sei dir bewusst, wo du deine Grenzen ziehst.

Buckland sagte: »Weise Worte, Mike. Ich habe in allen den Jahren gar nicht gewusst, dass du das dabeihast.«

»Hey, ich bin halt ein wahrer Cowboy.« Helton imitierte mit dröhnender Stimme John Wayne. Alle um den Tisch herum brachen erneut in Gelächter aus.

Greg bat um eine Kopie. Helton versprach, ihm eine per E-Mail zu schicken, wenn er zurück in Daytona war, und beendete seinen kleinen Vortrag mit: »Darüber hinaus sollten Sie wissen: Sie brauchen keine Wand voller Plaketten und Abschlüssen, um in dieser Welt erfolgreich zu sein. Aber man sollte dem aufmerksam folgen, was erfolgreiche Menschen tun.«

»Okay, Greg, das ist alles, wofür wir heute Zeit haben«, sagte Buckland.

Bevor der wissbegierige Schüler ging, dankte er den Gentlemen für ihre Zeit und verriet ihnen eine eigene Erkenntnis:

»Wollen Sie etwas Lustiges hören?«, sagte er und hielt seinen Notizblock hoch. »Vor ein paar Wochen schrieb ich hier mein Ziel auf, bis zum Monatsende sieben einflussreiche Leute zu interviewen. Letzte Woche habe ich mit einer Sportikone und einem Immobilienmagnaten geredet und nun habe ich Sie vier getroffen. Jetzt fehlt nur noch eine Person. Ich hatte keine Ahnung, wie diese Interviews zustande kommen würden, aber wie ich gelernt habe, müssen wir nicht genau wissen, wie etwas passiert, wir brauchen nur ein Warum, das stark genug ist.«

»Dann habe ich tolle Neuigkeiten für Sie«, sagte Buckland und legte den Arm um die Schultern seines Gastes. »Bevor Sie hierhergekommen sind, haben wir uns zusammengesetzt und für Sie ein Treffen mit der wichtigsten Person vereinbart, die Sie vielleicht je in Ihrem Leben treffen werden. Es ist bereits abgemacht, also ist hier Nummer sieben!«

Buckland gratulierte Greg und gab ihm ein Ticket für den Hin- und Rückflug nach Fidschi. »Wir erwarten einen vollständigen Bericht, wenn Sie wieder da sind.«

Wow! dachte Greg. *Wer in aller Welt mag so wichtig sein und so weit entfernt auf Fidschi leben?*

Als er aus dem Restaurant kam, fühlte er sich, als schwebe er über dem Boden. Er wusste, er hatte gerade etwas Einmaliges erlebt, etwas, das vielen Menschen für immer verwehrt blieb.

Dünkel ist ein Nebel, der den wahren Charakter eines Menschen verhüllt, bis er ihn selbst nicht mehr erkennt. Er schwächt sein ureigenstes Wesen und stärkt all seine inneren Widersprüche.

NAPOLEON HILL

KAPITEL 11

Fidschi und mehr

Er trat auf das Rollfeld. Die Luft war schwüler, als er erwartet hatte. Die Landebahn war von Palmen umgeben. Das ist wahrlich das Paradies, dachte er, als der Fahrer ihn durch die Straßen eines Dorfes fuhr.

Greg war selbst in einer Stadt am Meer aufgewachsen und dachte, nichts könne seine Heimat übertreffen. Bis er Fidschi entdeckte.

»Willkommen auf unserer Insel«, sagte der Hotelmitarbeiter, als Greg in seine Unterkunft für die nächsten paar Tage eincheckte. Sein Zimmer war elegant und der Panoramablick auf den Ozean atemberaubend.

Die Landschaft strahlte etwas Spirituelles aus, er spürte es, als er über das Gelände des Hotels ging. Die Menschen waren nett, die

Blumen blüten und er fühlte sich so entspannt, dass es seine Neugier dämpfte.

Der frisch angekommene Inseltourist ahnte nicht, wen er hier treffen sollte oder wieso Buckland und seine Freunde diesen Ort gewählt hatten … aber es begeisterte ihn. Er las seinen Zeitplan und sah, dass der Termin zum Abendessen auf 19 Uhr gelegt war, also hatte er ungefähr eine Stunde, um den Sonnenuntergang zu genießen, bevor er wieder hineinging.

Als er sich einen Stuhl schnappte, der unter der Markise eines Umkleidehäuschens stand, fiel ihm ein Gentleman auf, der eifrig etwas auf einen Notizblock schrieb.

»Entschuldigen Sie«, unterbrach ihn Greg. »Ich sehe, dass Sie zu tun haben. Darf ich fragen, woran Sie arbeiten?«

»Sicher«, erwiderte der Fremde. »Mein Name ist übrigens John.« Die beiden schüttelten sich die Hände.

»Ich heiße Greg. Sehr angenehm. Tut mir leid, dass ich Sie unterbreche, aber ich habe vor Kurzem begonnen, meine Gedanken in einem Tagebuch zu notieren, und es interessiert mich, dass Sie auch schreiben.«

»Kein Problem. Ich habe nur etwa eine Stunde, bevor ich los muss«, erklärte John. »Ich halte eine Rede hier im Hotel und arbeite gerade an meinen letzten Gedanken.«

»Worüber reden Sie?«

»Erfolg durch Scheitern.«

»Sie machen Witze«, sagte Greg lachend. »Scheitern ist so was wie mein zweiter Vorname. Oder war es zumindest bis vor Kurzem.«

»Meiner ist Hoffnung« erwiderte John lächelnd.

»Wirklich?«

»Ja, John Hope Bryant. Ich leite ein Nonprofitunternehmen namens Operation Hope. Es hilft Menschen auf der ganzen Welt, sich ein besseres Leben aufzubauen.«

Greg googelte später seinen neuen Freund und stellte fest, dass John Bryant Philanthrop und Entrepreneur war. Am 22. Januar 2008 hatte Präsident George W. Bush ihn zum Vizevorsitzenden des US President's Council on Financial Literacy ernannt. Und Operation Hope war die erste Nonprofitorganisation für Social Investment Banking, die mitterweile in 51 Gemeinden in Amerika und Südafrika arbeitet und mehr als 400 Millionen Dollar aus dem privaten Sektor aufgebracht hat, um Notleidenden finanziell unter die Arme zu greifen.

Greg begann das Gespräch mit seinen üblichen Fragen: »Ich schreibe ein Buch über das Thema, können Sie mir vielleicht erzählen, welche Herausforderungen Ihnen auf dem Weg begegnet sind?«

»Aber natürlich«, antwortete Bryant rasche. »Ich habe gelernt, dass Erfolg einfach daraus resultiert, dass …«

»Warten Sie eine Sekunde«, unterbrach Greg seinen neuen Bekannten. »Lassen Sie mich das notieren.« Er holte den bewährten Notizblock heraus, während sein neuer Freund fortfuhr.

Erfolg resultiert einfach daraus, von Fehlschlag zu Fehlschlag zu gehen, ohne seinen Enthusiasmus zu verlieren.

»Das ist toll!«, entgegnete Greg. »Und es scheint ein durchgängiges Thema bei allen meinen Interviews zu sein.«

»Sehen Sie«, meinte Bryant. »Wir müssen verstehen, dass wir als Menschen Fehler machen, aber das heißt nicht, dass wir der Fehler sind. Da gibt es einen großen Unterschied.«

»Viele Leute würden denken, Sie haben gut reden, da Sie ja hier mit den Zehen im Sand sitzen«, forderte Greg ihn heraus.

»Ich erzähle Ihnen was«, erwiderte John. »Ich war ein halbes Jahr lang obdachlos. Ich weiß, wie es ist, gar nichts zu besitzen. Mir wurde auch schnell klar, dass es bei Armut nicht darum geht, was Sie in der Tasche haben – es geht darum, was Sie im Kopf haben.«

Greg schrieb auf seinen Notizblock, was Bryant als Nächstes sagte:

10 Prozent Ihrer Einstellung wird davon bestimmt, welche Karten das Leben Ihnen gibt, und 90 Prozent davon, wie Sie darauf reagieren.

»Lustig ist, dass die Obdachlosigkeit eines der größten Geschenke war, die ich je erhalten habe.«

»Wieso das?«

»Es sorgte dafür, dass ich die Dinge aus einer anderen Perspektive sah. Als ich obdachlos war, änderte sich mein Mindset: Hey, was kannst du mir schon antun? Ich bin am Boden, Mann. Was willst du machen – nein sagen? Ich hatte schon nichts, als ich durch die Tür gekommen bin.«

Greg konnte sich angesichts der ausdrucksstarken Erzählung seines Gegenübers ein Lachen nicht verkneifen. Die Zeit verging wie im Flug, als die beiden Geschichten über ihren jeweiligen Werdegang austauschten.

Bryant berichtete mit enormer Leidenschaft und Überzeugung von seiner Vision und Mission. Er sagte: »Es ist ein Unterschied, ob man pleite oder arm ist. Pleite zu sein, ist ein ökonomischer Zustand, aber arm zu sein, ist eine Einstellung, die uns behindert und niederdrückt. Und Sie sollten sich schwören, nie, nie wieder arm zu sein.

Jeder, der es zu Wohlstand bringt, ist sich über zwei Dinge im Klaren: eine Vision und eine Mission. Meine Vision für die Armen ist, ihnen zu helfen, sich selbst in neuem Licht zu sehen. Ich erreiche das, indem ich ihnen helfe, sich neuen Herausforderungen zu stellen, indem ich sie bilde, ihnen die Vollmacht über ihr Leben zurückgebe und sie letztlich inspiriere. Damit sie sich selbst so sehen, wie sie wirklich sind: reich im Geiste. Auf der globalen Bilanz sind sie Aktivposten und keine Passiva. Ich habe wieder und wieder gesehen, dass die Armen, wenn man ihnen die nötigen Informationen für eine Entscheidung gibt, keine Almosen wollen, sondern nur jemanden, der ihnen wieder auf die Beine hilft. Sie wünschen sich die Würde, die daraus entsteht, Dinge für sich selbst zu tun. Wenn man es besser weiß, geht es einem auch besser.«

Als John Bryant aufstand, um sich zu verabschieden, reichte er Greg seine Visitenkarte und sagte: »Das war genau, was ich gebraucht habe. Sie haben mich richtig motiviert für meine Rede! Wenn ich Ihnen je irgendwie behilflich sein kann, bitte rufen Sie mich an.« Er drehte sich um und wollte gehen, aber blieb dann stehen. »Sie sind hier etwas Großem auf der Spur – bleiben Sie am Ball. Geben Sie nie, nie, nie auf!«

Greg schüttelte Bryant die Hand, dankte ihm für seine Zeit und schrieb dann auf:

Jeder, der es zu Wohlstand bringt, ist sich über zwei Dinge im Klaren: eine Vision und eine Mission.

Greg beeindruckte nach wie vor, wie freigiebig erfolgreiche Menschen von ihren Erfahrungen erzählten und anderen Hilfe anboten. Er bemerkte, dass eine Stunde vergangen war, und musste sich beeilen, um zu seiner Dinnerverabredung zu kommen.

»Ich begleite Sie zu Ihrem Platz«, sagte die Empfangsdame und ging zu einem Tisch für zwei, von dem aus man die Brandung am Strand sah. Greg setzte sich und warf einen Blick auf die Speisekarte. Er vermied, sich zu offensichtlich den Hals zu verrenken, um seinen mysteriösen Gast zu erspähen.

Als er überlegte, welches Gericht er bestellen sollte, grüßte ihn eine vertraute Stimme: »Hallo, Greg.«

Ihm zog sich die Brust zusammen und er zögerte, bevor er aufblickte. Die Stimme hätte ihm beinahe versagt. Er fasste es nicht, dass sie so weit gereist war, um ihn zu treffen. Bewegt sagte er: »Hi, Mia. Toll, dich zu sehen.«

Als er aufstand, um sie zu umarmen, verfing sich seine Serviette an der Hose und baumelte dort peinlich herum.

Sie lachte nur und sagte: »Du bist albern.«

Die nächsten paar Stunden schienen wie Tage, als sie ihre Erinnerungen und gemeinsamen Storys Revue passieren ließen und ihre Leidenschaft füreinander erneut entfachten.

Während ihrer endlos anmutenden Unterhaltung erzählte Mia, wie Mr Buckland sie kontaktiert und von Gregs Reise unterrichtet hatte. Dieses Gespräch hatte sie bewogen, ihrer Beziehung eine neue Chance zu geben. Jonathan Buckland hatte ihr großzügig zu diesem Rendezvous verholfen und offenbar genau gewusst, was das junge Paar brauchte.

Abgesehen davon, dass ihre Liebe wieder entfacht wurde, verliebte sich Mia in den neuen Mann, zu dem Greg geworden war. Der Mann, den sie verlassen hatte, war engstirnig und selbstbezogen gewesen – nicht mehr der, in den sie sich verliebt hatte. Durch ihre Augen betrachtet wurde Greg klar, wie sehr er sich von seinem ursprünglichen Selbst entfernt und wie viel Schmerz er dabei verursacht hatte.

Mr Buckland hatte ihm geholfen, sich selbst neu zu entdecken. Er durchschaute, dass Greg sich zu wichtig nahm und dieses Image nach außen vorspielte, und er hatte das versteckte Potenzial des jungen Mannes erkannt, der unbedingt erfolgreich sein wollte.

Jetzt hatte Greg sein altes Selbst zurückgefunden und war zudem gewachsen, wie ein neuer Mensch mit einem Zweck und einer

Mission. Er hoffte, er würde in der Lage sein, anderen zu helfen, ihr wahres Potenzial zu entdecken, indem er die unglaublichen Geschichten seiner Gesprächspartner weitererzählte. Wie reich Buckland ihn doch beschenkt hatte.

Mia stimmte zu. Sie sagte: »Es gibt offenbar eine Menge Menschen, denen du wichtig bist. Ich würde daran natürlich den Löwenanteil beanspruchen. Und das war es, was ich gehofft und wofür ich gebetet habe – dass wir auf diese Weise wieder zueinander fänden.«

»Ich auch«, brachte Greg heraus. Aber bei ihren Worten begann er fast zu weinen.

»Weißt du, wer mich noch angerufen hat, abgesehen von Buckland?« Natürlich hatte er keinen Schimmer, also fuhr Mia fort: »Dein Bruder David. Er wollte mich informieren, dass er beschlossen hat, sich für sein Alkoholproblem Hilfe zu holen. Und er wollte, dass ich dir das sage.«

»Wieso sagt er mir das nicht selbst?«, fragte Greg.

»Was, bist du verrückt?«, erwiderte sie. Dann legte sie den Finger auf seine Lippen, als er protestieren wollte. Er wusste sowieso, dass sie recht hatte. »Weil ihr beiden euch zu nahesteht – auch wenn ihr keine biologischen Brüder seid, steht ihr euch doch genauso nahe. Er liebt dich, Greg. Er weiß, dass er dich enttäuscht hat, und er schämt sich.«

»Also, was hat er vor deswegen?«

»Er geht zuerst auf einen 28 Tage langen Entzug. Wie es danach weitergeht, weiß er noch nicht genau.«

»Na, das ist ja …« Dem ehrgeizigen Möchtegernautor waren die Worte ausgegangen. Ein Lächeln erhellte sein Gesicht.

»Du wirst einfach still und dankbar sein und beten«, riet sie. »Das braucht David im Moment am meisten von dir.«

Bei seiner Rückkehr, das Herz von Dankbarkeit erfüllt, machte sich Greg sofort auf den Weg zu Bucklands Büro.

»Wie war Ihre Reise?«, fragte Buckland, als Greg hereinkam. »Sie wissen genau, wie sie war. Sie haben ja alles in die Wege geleitet! Danke vielmals.«

Die beiden schüttelten sich die Hände mit einer Herzlichkeit, die sie vorher noch nicht ausgedrückt hatten. Es schien, als wären sie mit dieser einfachen Handlung zu mehr als nur Verbündeten geworden – sie waren nun Freunde.

Viele Wochen vergingen, bevor sie erneut Zeit hatten, sich zu treffen. Währenddessen fasste Greg den Vorsatz, an seinem Buch zu arbeiten, und was ihn noch mehr begeisterte, war der Vorsatz, an seiner Beziehung zu Mia zu arbeiten.

Einer der gemeinsamen Nenner, die er während seiner Mission entdeckt hatte, war, dass jeder große Leader, mit dem er gesprochen hatte, beständige Beziehungen unterhielt.

Buckland hatte es anders ausgedrückt: »Der Mensch ist nicht komplett, bis er geheiratet hat«, und seinen eigenen Dreh hinzugefügt mit der Pointe: »Und dann ist er erledigt!«

Greg lachte über den offensichtlichen Scherz, als er dieses Phänomen damit in Verbindung brachte, dass erfolgreiche Führungspersonen sich auch dazu verpflichteten, herausfordernde Momente im Geschäftsleben zu bewältigen. So wie er das sah, war ein Leader ein Leader und verschrieb sich der wirkungsvollen Eigenschaft, die Don Green mit *Bei-der-Stange-bleiben* bezeichnet hatte.

Die nächsten paar Monate arbeitete Greg gewissenhaft am Manuskript seines Buches über die Erfolgsprinzipien, die er auf seinem Weg erforscht hatte. Gleichzeitig knüpfte er Beziehungen zu Leuten in der Verlagswelt. Er beabsichtigte, bekannt zu machen, dass er an etwas Besonderem dran war, und hoffte, die großen Namen der Branche würden sich daran beteiligen.

Er fokussierte sich darauf, das Projekt bestmöglich auf die Beine zu stellen, und wandte die Weisheiten an, die er erlernt hatte. Er setzte sich das Ziel, bis Jahresende sein Buch vollendet zu haben.

Das würde ihm vier Monate für Interviews Zeit lassen und außerdem den Spielraum, einen Lektor hinzuzuziehen, der mit am Text feilte, denn dabei brauchte er Expertenrat. Alles schien auf einem guten Weg zu sein, bis … nichts passierte. Es schien sogar überhaupt nichts nach seinen Wünschen zu laufen. Sein Einkommen war nahe null und die Wirtschaft versank mit jedem Tag mehr in der Krise. Er war mehr oder weniger pleite.

Darüber hinaus hatte er angenommen, dass die Verlagsentscheider an seinem Projekt teilhaben wollten, stellte aber fest, dass dem nicht so war.

Jede Tür, die sich ihm auftat, schloss sich schnell wieder hinter ihm, sobald er ging. Die großen Verlage interessierte es kaum, einen unbekannten Erstlingsautor ohne Erfahrung herauszubringen. Zu sagen, dass sie vorsichtig und skeptisch waren, wäre untertrieben gewesen.

Wie kann das sein, fragte er sich selbst. Übersehe ich etwas? Ist es die übliche *Leier, nach dem Motto »man braucht Geld, um Geld zu machen, und Erfahrung, um Erfahrungen zu machen«*?

Er hatte das Interesse eines Literaturagenten geweckt, der für ihn Treffen mit Herausgebern und Verlegern arrangierte. Aber nach jedem Meeting musste er mit der Ablehnung fertigwerden und seine Energie schwand. Jedes Unternehmen hatte noch mehr zu kritisieren als das vorherige. Er hatte sich nie vorstellen können, dass es so viele Gründe gab, ein Buch *nicht* herauszubringen.

Was ihn während dieses Prozesses durchhalten ließ, war sein bewährter Notizblock. Darin standen Worte großer Einsicht aus den Interviews mit vielen Führungspersonen, die ihre eigenen Kämpfe durchgestanden hatten.

Ruben Gonzalez, der danach gestrebt hatte, als Erster über vier Dekaden vierfacher Gewinner in der Winterolympiade zu werden, hatte es folgendermaßen ausgedrückt:

»Zuerst kommt der Traum, gefolgt von Mühen, und dann der Sieg. Das Problem ist, die meisten Menschen geben auf, wenn sie sich anstrengen müssen, und werden nie erfahren, wie sich der Sieg anfühlt. Große Persönlichkeiten haben zwei Arten von Mut. Zuerst den Mut anzufangen, Vertrauen aufzubauen und dann in Aktion zu treten, ohne Erfolgsgarantie. Zweitens entwickeln sie den Mut durchzuhalten, wenn sie erst einmal auf dem Weg sind. Das ist der Mut der Beharrlichkeit. Beharrlichkeit ist der Schlüssel.«

Greg betrachtete die Seiten seines Notizblocks und fand die Aussage von Ruben Gonzalez folgendermaßen zusammengefasst:

Du brauchst zwei Arten von Mut – erstens den Mut anzufangen. Zweitens den Mut, nicht aufzugeben!

Auf diese Weise, so machte sich Greg klar, entdecken Menschen das, was der Olympionike den »Mut zum Erfolg« genannt hat.

»Wie wahr ist das?«, sagte Greg laut, obwohl keiner in der Nähe war, der ihn hätte hören können. Er dachte daran, wie wirkungsvoll Don Greens Brief gewesen war, um ihm die Türen zu öffnen, und wie er ihm Interviews mit Wirtschaftsikonen verschafft hatte, aber gleichzeitig erinnerte er sich daran, wie viel Mut erforderlich war, um den ersten Schritt zu tun und die Telefonate zu führen.

»Nie aufgeben«, sagte er zu sich selbst, dachte zurück an Napoleon Hills *Think and Grow Rich* und erneuerte seinen Entschluss: »Du bist nur einen Meter vom Gold entfernt.«

Er blätterte zu einer Seite in seinem Tagebuch, die abgenutzt und umgeknickt war. Darauf standen die Notizen aus einem seiner Meetings mit John St. Augustine, dem Produzenten der Radiosendung von Oprah Winfrey in ihren Harpo Studios.

Seine Geschichte ging Greg durch den Kopf wie ein Lied auf Endlosschleife. In seinen frühen Jahren hatte John St. Augustine Nachtschichten als Wachmann gearbeitet. Eines Tages hatte er durch die Kiste mit den Fundsachen gestöbert und war auf das gleiche Buch gestoßen, das Buckland Greg gegeben hatte, *Think and Grow Rich*. Bis zum Ende der Schicht hatte er die ersten Kapitel gelesen und seinem Leben eine neue Richtung gegeben.

Jahre später, nachdem er das aus dem Text Gelernte angewandt hatte, erhielt er eine Stellung, wie man sie nur einmal im Leben ergattert. Ohne es zu wissen, hatte er ebenfalls seine eigene Erfolgsformel genutzt und seine Entertainment-Leidenschaft mit seinem Talent fürs öffentliche Reden kombiniert. Er war in Aktion getreten, indem er Stellen in verschiedenen Studios angenommen hatte, bis er schließlich einem der größten Verbände der Branche angehörte.

Das war alles wunderbar, doch Gregs Aufmerksamkeit bannten vor allem St. Augustines Aussagen während ihres Interviews. Seine Worte auf der Seite lauteten:

Erledige Alltägliches auf ungewöhnliche Weise, um ungewöhnliche Resultate zu erzielen.

Der Produzent schlug vor: Statt Dinge zu ändern, um verschiedene Resultate zu erzielen, sollten Leute dasselbe tun – solange es das Richtige war – und das wieder und wieder, bis sie das erwünschte Ergebnis erzielten. Johns angestrebtes Ergebnis war, seine Mission umzusetzen: »sicherzustellen, dass Menschen auf der ganzen Welt Zugang zu Informationen haben, die sie nicht nur unterhalten, sondern auch inspirieren, mehr aus ihrem Leben zu machen.«

Greg erinnerte sich, dass St. Augustine nicht über sich selbst geredet, sondern es folgendermaßen erklärt hatte: »Stellen Sie sich Profibaseballspieler vor oder Golfer, die versuchen, jedes Mal, wenn sie spielen, einen neuen Schlag oder Schwung auszuprobieren. Sie könnten ihr Spiel nie verbessern. Das Geheimnis des Erfolgs ist, konsistent eine Reihe täglicher Handlungen durchzuführen, mit einem konsistenten Ergebnis im Kopf.«

»Sie wissen es bereits«, fügte er hinzu. »Der Punkt ist, dass die meisten Menschen sich vollständig bewusst sind, was sie tun müssen. Wir sollten anfangen, dieses Wissen anzuwenden und für unsere eigenen Erfolge oder Fehlschläge Verantwortung übernehmen.«

Auf Nachfrage, wieso er meinte, dass Menschen zu schnell aufgaben, verkündete er in seiner kehligen Radiostimme: »Die Leute müssen einfach ihr Wunschrad durch ihr Rückgrat ersetzen. Viele Menschen sitzen herum und wünschen sich, dass sich etwas in ihrem Leben ändert, aber sie unternehmen nie die notwendigen Schritte, um diese Träume wahr werden zu lassen.«

Greg fasste es in seinem Notizblock der Weisheitsschätze zusammen:

Ersetze dein Wunschrad durch dein Rückgrat.

Er schloss den Block und steckte ihn zurück in die Tasche. Er wusste, dass seine Frustration Teil des Prozesses war und er der Sache näherkam. Fortschritte in einem Teil des Lebens garantieren keinen Fortschritt oder Erfolg in jedem Bereich des Lebens. »Auf Kurs bleiben, Mann«, dachte er. »Behalte einfach im Hinterkopf, dass du nur einen Meter vom Gold entfernt bist.«

Er wusste, er musste einfach aufhören, sich zu beschweren, und an weitere Türen klopfen, seine täglichen Aufgaben erfüllen, und daran arbeiten, wie er die Gelegenheit denjenigen präsentierte, die sie umsetzen konnten. Er wusste außerdem, dass Gebet mit Aktion zusammenwirkt und ihm helfen würde, der Lösung jedes Problems in Beziehungen, persönlichen Finanzen, Job und Karriere näher zu kommen, und letztlich auch dem ultimativen Erfolg bei dem, was er sich als Ziel vornahm.

Seine Mutter hatte immer ein altes Sprichwort zitiert: »Gott gibt dir nicht mehr, als das, womit du fertig werden kannst.« In diesem Moment lächelte Greg ironisch und wünschte sich, dass Gott nicht so viel Vertrauen in ihn setzen würde.

Die Leiter zum Erfolg ist
an der Spitze niemals überfüllt.

NAPOLEON HILL

KAPITEL 12

An sich selbst glauben

Als der erste Entwurf des Buches fast fertig war, machten Greg die Ablehnungen und unterkühlten Reaktionen immer noch nervös. Er wusste, er hatte reines Gold in Händen, aber ihm war nicht klar, wieso andere das nicht auch sahen.

Diese Enttäuschung linderte ein Anruf von David Engel, der gerade von einem längeren Aufenthalt in einer kalifornischen Entzugsklinik für Alkohol und Drogen zurückgekehrt war.

»Sie haben meinen Aufenthalt von 28 auf 90 Tage verlängert«, berichtete David. »Ich nehme an, ich bin ein Spezialfall.«

»Ich kann dir gar nicht sagen, wie sehr mir das den Tag versüßt, Dave. Du hörst dich anders an, so viel besser.«

»Nun, ich hatte seit fast 100 Tagen keinen Drink. Das ist ein großer Unterschied. Und ich will nüchtern bleiben, Greg. Mehr als alles in der Welt.«

David erklärte das Entzugsprogramm und berichtete, was er über sich selbst und die Suchtkrankheit gelernt hatte. Er warnte seinen besten Freund auch, dass seine Chancen auf Erfolg immer noch gering waren – und es darauf ankam, was David tat, um trocken zu bleiben und eine positive Einstellung zu behalten, Tag um Tag.

Es hörte sich bemerkenswert nach seinem eigenen Leben an, dachte Greg. Die beiden vereinbarten, sich zu treffen, sobald David sich stabiler fühlte und Greg nicht mehr unter der enormen Verantwortung stand, sein Buch erfolgreich zu beenden – und vielleicht endlich wieder Geld verdiente.

Er wandte sich an Mia. Sie spürte seinen Schmerz und seine Frustration wegen der jüngsten Ablehnungen und schlug vor, er solle mit einem seiner Berater sprechen, damit dieser vielleicht etwas Licht auf seine Situation warf. Er nahm sofort das Telefon in die Hand.

»Charlie, hier ist Greg«, begrüßte er Charlie »Tremendous« Jones. »Hören Sie, ich möchte Sie um etwas bitten. Seien Sie bitte ehrlich, Sie werden meine Gefühle nicht verletzen. Was genau übersehe ich, denn ich komme verflucht nochmal nicht drauf? Egal, wie viele Anfragen ich zu meinem Projekt losschicke, alle kommen mit einem dicken fetten ›Nein, danke‹ darauf wieder zu mir zurück.«

»Na, das sind doch *tolle Neuigkeiten*!«, rief sein Lehrmeister aus.

»Wovon reden Sie? Mich lehnen alle ab«, sagte Greg. »Ich fühle mich wie ein Versager.«

Charlie fiel ihm ins Wort: »Wollen Sie das Geheimnis des Erfolgs wissen?«

»Ja, natürlich«, erwiderte Greg.

»Gute Entscheidung. Wissen Sie, wie wir das Urteilsvermögen erlangen, um gute Entscheidungen zu treffen?«

»Sicher.«

»Erfahrung.«

»Ergibt Sinn«, sagte der Schüler.

»Wissen Sie, woher die Erfahrung stammt?«

»Woher?«

»Aus schlechtem Urteilsvermögen«, antwortete Jones humorvoll. »Mein guter Freund Ed Foreman sagt, es gibt keine Fehlschläge – nur Lernerfahrungen.«

»Ich weiß, wer das ist. Er wurde als erster Abgeordneter aus zwei verschiedenen Bundesstaaten in den Kongress gewählt – Texas und New Mexico.«

Jones redete weiter über seinen Freund: »Als junger Mann sah er einen Film namens *Giganten.*«

»Den habe ich auch gesehen – mit James Dean, stimmt's?«

»Genau der. So, wie er es erzählt, ist er noch dreimal ins Kino gegangen, weil er so fasziniert und inspiriert von der Idee war, durch einen Ölfund reich zu werden, so wie die Figur im Film. Bewaffnet mit einem kleinen Koffer sowie einer Tonne Hoffnung und Enthusiasmus machte er sich auf den Weg nach Süden.«

»Hat er Öl gefunden?«

»Nein, aber er ist auf eine Goldgrube gestoßen. Nicht im wörtlichen Sinn, aber er hat eine Möglichkeit für ein Vermögen entdeckt, indem er an die Leiter der Bohrarbeiten Bohrmilch verkaufte. Sie benutzten diese Salzlösung, um die Bohrer zu kühlen, während sie in die Erde vordrangen, aber dabei füllten sie auch das Bohrloch und sie mussten sie wieder herausbekommen. Die eine Gruppe bezahlte ihm Geld, damit er das Zeug abtransportierte, wenn sie mit dem

Bohren fertig waren, und eine andere bezahlte ihn erneut, um es zu ihrer Borstelle zu liefern.«

Gregs Augen leuchteten, als er sich vorstellte, wie die Lastwagen, gefüllt mit der Flüssigkeit, aneinander vorbeifuhren. Geld verdienen, alleine durch dieses Hin und Her.

Charlie fuhr fort: »Die Geschichte geht weiter, die Steuerbehörde hat Wind von diesem Jungspund bekommen, der auf den Ölfeldern so viel Geld verdiente. Er machte Millionen, was sonst niemand in diesem Alter schaffte. Die Regierung schickte einen Ermittler, um der Sache auf den Grund zu gehen. Ed wusste, dass er nichts zu verbergen hatte, also stellte er dem Steueragenten einen Schreibtisch zur Verfügung und lud ihn ein mitzukommen.«

»Hat er irgendwas herausgefunden?«

»Nicht das Geringste. Aber die Regierung hatte es darauf abgesehen und das hat Ed aufgeregt, wie Sie sich vorstellen können. Daher kam er zum Schluss, dass die Regierung viel zu viel Macht hatte und er wollte etwas dagegen tun.«

»Deswegen hat er für den Kongress kandidiert«, sagte Greg.

»Genau!«, rief der Mann aus, der die Geschichte erzählte. »Nachdem er jahrelang als Abgeordneter für Texas tätig war, zog er nach New Mexico, wo er erneut für den Kongress kandidierte.«

»Oh, deswegen wurde er in zwei verschiedenen Bundesstaaten gewählt«, sagte Greg.

»Der Punkt ist, wenn man weiß, dass man das Richtige tut und anderen einen Dienst erweist, darf man sich nicht von jemand anderem vorschreiben lassen, was man tun soll. Ed Foreman meint, er hätte durch die Erfahrung die wertvollste Lektion seines Lebens gelernt, und er sagt, solange man etwas lernt, während man nach vorne schreitet, kann man sich sicher sein, dass der Erfolg um die nächste Ecke auf einen wartet.«

»Ich habe das Gefühl, als sollte ich mein Buch auch um die nächste Ecke werfen, in den Mülleimer, um genau zu sein«, sagte Greg mit seiner früheren Arroganz und Frustration, die sich erneut eingeschlichen hatten.

»Tun Sie es – vielleicht ist das der richtige Ort dafür«, schlug Jones vor.

Von der Antwort überrascht riss sich Greg plötzlich aus seinem Selbstmitleid und fragte verlegen: »Glauben Sie wirklich, dass ich mein Projekt wegwerfen sollte?«

»Ich wette, die meisten großen Autoren haben sich zum ein oder anderen Zeitpunkt so gefühlt. Mir selbst ging es auch schon so. Lassen Sie mich Ihnen eine Geschichte über einen der größten Autoren aller Zeiten erzählen, der genau das getan hat, was Sie eben vorschlugen. Sein Name ist Norman Vincent Peale.«

»Er schrieb *Die Kraft des positiven Denkens.*«

»Stimmt, aber selbst er hat mit Ablehnung zu kämpfen gehabt, mit Selbstzweifeln und Unsicherheit. Jeder ist irgendwann einmal von Angst erfüllt. Der einzige Unterschied zwischen den Erfolgreichen und denjenigen, die scheitern, besteht darin, dass erfolgreiche Menschen dennoch weitermachen – *trotz* ihrer Angst.«

»Wirklich?«

»Natürlich. Was ich Ihnen gleich vorlese, stammt aus einem Brief von Mrs Peale. Er ist an Sie gerichtet.«

»Was?«, fragte Greg. »Wieso an mich?«

Charlie antwortete: »Ich habe ihr von Ihnen und Ihrer Reise erzählt und sie gefragt, ob sie sich mit Ihnen treffen würde. Leider kann sie gerade keine neuen Besucher empfangen, aber sie hat mir diesen Brief geschickt und ich denke, er wird Ihnen gefallen. Wie Sie sehen werden, sind Sie nicht der erste Autor, der sich so fühlt. Darin sagt sie:

Mich ehrt Ihr Wunsch, aus Ihrem Heim in Kalifornien hierher zum Guidepost-Büro in Rye, New York, zu reisen. So wie ich informiert bin, scheinen Sie mehrere Hindernisse in Ihrem Leben bewältigt zu haben und waren schon nahe dran aufzugeben. Nun, ich glaube, ich kann Ihnen eine wahre Geschichte erzählen, aus der Sie etwas lernen können, und später, falls Sie entmutigt werden und aufgeben wollen, erinnern Sie sich hoffentlich an diese Geschichte und streben weiter Ihre Zielen an.

Wie Sie sicher wissen, ist mein Name Ruth Stafford Peale, und ich habe vor Kurzem meinen 101. Geburtstag gefeiert. Ich kann mich noch erinnern, als wäre es gestern gewesen, als ich meinen 100. Geburtstag beging. Ich habe Freunden schon seit Jahren erzählt, wenn ich 100 werde, werden wir eine große Party feiern, und meine Güte, was für eine Party das war.

Das Event fand im Marriott am Times Square mit Hunderten Freunden statt, die nach New York gereist waren, um mich zu sehen. Es war einfach wunderbar.

Die Ehrungen, die ich erhielt, hätten selbst schon für ein Buch gereicht. Man hätte es *Ein Leben des positiven Denkens* nennen können. Aber mit der Hilfe von Jo Kadlececk habe ich die Geschichte aufgeschrieben, die ich Ihnen nun erzähle. Es geht darum, nicht aufzugeben, wenn Sie womöglich nur einen Meter von einem Topf voller Gold entfernt sind.

Mein Ehemann Norman hat all sein Leben unter dem gelitten, was wir heute Minderwertigkeitskomplex nennen. Das hat mich stets erstaunt, denn ich habe ihn immer als extrem talentierten und sensiblen Mann gesehen, dessen Gaben sehr gut zu seinem Leben als Prediger, Berater, Vater, Ehemann und Freund passten. Aber dennoch hatte Norman nie besonders viel Vertrauen in das, was er tat, ob es eine Rede vor einer Konferenz von Tausenden Teilnehmern war oder eine Predigt vor einer Menschenmenge in New York. Also unterstützte ich ihn nach Kräften, um ihn zu ermutigen, seine Gaben einzusetzen.

Als Norman begann, einige seiner ersten Bücher zu schreiben, kam er sich wie ein Versager vor. In einem Buch hat er vor allem versucht, in leicht verständlicher Sprache christliche Prinzipien zu erklären. Das gesamte Buch behandelte einfache Methoden aus der Bibel, um Menschen zu ermutigen, ihre Einstellung zu ändern, indem sie dankbar sind und in der Heiligen Schrift nach wirkungsvollen, Glauben stärkenden Versen suchen. Norman war nicht zufrieden mit dem, was er geschrieben hatte. Er ging rüber zum Abfalleimer und ließ das Manuskript hineinfallen. Er war sich sicher, dass es nichts taugte.

Ich fand das Manuskript, habe es etwas sauber gemacht und an einen Verleger geschickt. Das Buch, *A Guide to Confident Living*, erlebte in den folgenden Jahren 25 Auflagen. Es war ein leicht lesbares Buch mit der Botschaft, dass man mit Gottes Hilfe alles erreichen kann.

Natürlich hat Norman noch weitere Bücher geschrieben, eines davon, *Die Kraft des positiven Denkens*, wird bis heute gedruckt.

Ich hoffe und bete, junger Mann, dass Sie während dieses Besuches neuen Mut fassen, wenn Ihr Drang aufzugeben, sich meldet, wie es das bei jedem an irgendeinem Punkt im Leben tut.

Ruth Stafford Peale

Die Stille an Gregs Ende der Telefonleitung sprach Bände. Diese Botschaft ermutigte ihn und machte ihn in gleicher Weise demütig.

»Charlie, ich versichere Ihnen, das war genau, was ich hören musste.«

»Ich weiß. Deswegen habe ich Sie Ihnen vorgelesen, Sie Blitzmerker«, erwiderte sein großartiger Berater.

Greg lachte über Jones` Offenheit. »Ich sehe, wie wirkungsvoll es ist, einen tollen Ehepartner oder Mentor in seinem Leben zu haben. Die Story ist erstaunlich.«

»Wollen Sie eine tolle Geschichte darüber hören, wie man Ablehnung überwindet, und wie wirkungsvoll es ist, wenn jemand an einen glaubt? Hängen Sie auf und rufen Sie Don Green an. Bitten Sie ihn, Ihnen eine Kopie von Hills Briefen zu schicken, die er nach Hause schrieb, als er auf Reisen war, um das zu tun, was Sie gerade tun, nur hundert Jahre früher!«

Bevor er den Hörer auflegte, bedankte sich Greg bei Jones, griff nach seinem bewährten Notizblock, und schrieb:

Trotz Angst handeln.

Dann wählte er die Nummer, die er auswendig kannte. »Hi, Don, hier ist Greg. Ich habe gerade mit Charlie Jones telefoniert, der Sie übrigens grüßen lässt.«

»Wie geht es ihm?«, wollte Green wissen.

»Gut, glaube ich. Er hat mir gerade eine Links-rechts-Kombination in den Magen verpasst. Ich habe mich selbst bemitleidet wegen all der Ablehnungen, bis er mir den Kopf geradegerückt hat. Ich hätte nie gedacht, dass es ein solcher Kampf wäre, einen Verleger zu finden. Er sagte, ich solle Sie nach einem Brief fragen oder etwas, das Mr Hill nach Hause geschrieben hat, als er unterwegs war, um für seine Arbeit zu werben.«

»Er hat viele Briefe geschrieben, aber ich glaube, derjenige, auf den er sich bezog, ist im Büro nebenan. Warten Sie eine Sekunde.« Greg hörte, wie er nach seiner Assistentin rief: »Annedia, bringen Sie mir bitte den Ordner mit Hills Briefen?«

»Charlie hat mir den von Mrs Peale vorgelesen. Der war erstaunlich«, sagte Greg.

»Ja, sie ist ein besonderer Mensch.«

»Hier ist er«, sagte Don, als ihm der Text vorlag, über den er sprechen wollte. Greg hörte, wie er sich bei seiner Assistentin bedankte. »Auch wenn Hills Buch Millionen Mal verkauft wurde und Millionen Menschen half, ihr Leben zu ändern, wodurch er enorm erfolgreich wurde, wissen viele nicht, was er in den frühen Jahren durchmachte, um es auf den Markt zu bringen.«

»Es fällt schwer, das zu glauben. Er ist eine Legende.«

»Er wäre keine geworden, falls er aufgegeben, oder eigentlich noch wichtiger – falls er der Kritik und Ablehnung anderer nachgegeben hätte. Er wusste es besser. Er verfügte über das, was Sie einmal erwähnten – ›das Wissen‹.«

»So sehe ich das«, stimmte Greg zu. »Ich weiß, wie großartig dieses Projekt ist und Sie alle ebenfalls.«

Don kicherte. »Nun, das ist mehr, als Napoleon von sich behauptete. Der Brief, den ich Ihnen vorlesen werde, drückt aus, dass er sich wünscht, wenigstens ein Zehntel dessen zu haben, was Sie bereits besitzen. Er schrieb ihn an seine Frau.«

Ermutigung

»Wir werden bald eine Menge Geld haben. Überlasse es mir, es zu besorgen, aber in der Zwischenzeit, ermutige mich und sage mir, dass du glaubst, dass ich es schaffe. Du hast keine Ahnung, wie es ist, wenn niemand einen je ermutigt und all die negativen Kräfte auf einen einströmen. Man braucht übermenschliche Willenskraft, um das abzuschütteln. Ich würde alles geben, wenn ich jemanden kennen würde, – auch wenn die Person es nicht so meint oder glaubt – der mir sagt, er WISSE, DASS ICH ERFOLG HABEN WERDE. Ich wünsche mir jeden Tag, das zu hören, manchmal zweimal am Tag. Ich sage es mir selbst ständig, aber es ist etwas anderes, wenn es jemand anderes zu mir sagt. Das andere Selbst in mir widerspricht mir, wenn ich es sage. Ich meine, du verstehst doch, wovon ich rede, ODER NICHT? Wenn ja, dann wirst du mit mir mitfühlen und vielleicht wirst du mir helfen. Im Moment brauche ich nur ein wenig Ermutigung und ich werde leisten, was ich vermag, und den Schinken nach Hause bringen.«

Diesen Brief schrieb Napoleon Hill am 18. Februar 1925 in Cleveland, Ohio, an seine Frau, Mrs Florence Hill.

»Junge, dieser Brief lässt mich wirklich wertschätzen, was ich habe.« Greg dachte an Mia, David, seine Familie, seine neu gefundenen Freunde und Mentoren, und alles, was er auf seiner Suche nach Wissen über die Prinzipien des Erfolgs gelernt hatte. »Ich kann mich glücklich schätzen, so viel Unterstützung zu haben. Mr Hill besaß eine Menge Mumm, oder nicht?«

»Ja, auf jeden Fall«, erwiderte Green. »Er verstand auch, wie wirkungsvoll PME ist.«

»Was meinen Sie?«, fragte der neu motivierte Schüler. »Bleiben Sie einen Moment dran. James Oleson, der Präsident unserer Foundation, ist zum jährlichen Vorstandstreffen hier. Er ist ein Experte für das Thema.«

Bevor Greg zustimmen konnte, hörte er ein Klicken und das Geräusch von Hintergrundmusik, während er in der Warteschleife hing.

»Hier ist Jim«, grüßte ihn eine freundliche Stimme von der anderen Seites des Landes aus.

»Hallo, Sir, mein Name ist Greg«, antwortete er respektvoll (und er fühlte sich gut dabei).

»Ich weiß, wer Sie sind. Don hat schon mit Ihnen hier im Büro angegeben«, sagte der Mann. »Er sagt, Sie wollen etwas über PME erfahren.«

»Ja, Don meinte, Sie seien eine Autorität auf dem Gebiet.«

»Das kann man wohl sagen. Ich lebe mit einer positiven mentalen Einstellung, genau wie Hill es vor vielen Jahren vorgeschlagen hat.«

»Ist das nicht leichter gesagt, als getan?«, fragte der Schüler von der Westküste.

»Nun, das ist gerade ein Beispiel des Gegenteils einer positiven mentalen Einstellung, nicht wahr, junger Mann?«, sagte er herausfordernd.

»Vermutlich ja«, murmelte Greg verlegen. »Okay, Sie haben mich überzeugt. Von nun an werde ich mich der PME-Philosophie verschreiben. Ich meine, sie ist sicher besser als die Alternative.«

»Auf jeden Fall«, stimmte Oleson zu. »Ich stelle meine gesamte Karriere auf die Basis, mich nur mit Menschen, die meine Lebenseinstellung teilen, zu umgeben.«

»Wirklich?«, fragte Greg.

»Es heißt, man sollte sich nicht mit Leuten abgeben, die eine negative Haltung haben. Aber ich meine, man sollte bei solchen Leuten sogar schreiend Reißaus nehmen! Tatsächlich habe ich festgestellt, wenn Sie sich mit glücklichen, positiven Menschen umgeben, die Ihre Träume unterstützen, werden die Träume häufig wahr.«

Greg schnappte sich seinen Notizblock und schrieb:

Flüchte vor Menschen mit einer negativen Einstellung.

»Was, wenn es keine glücklichen Menschen gibt, mit denen man sich umgeben kann, wie Hill, als er versuchte, einen Verleger für sein Buch zu bekommen?«

»Das ist einfach. Fake it till you make it.«

»Ich glaube, darin bin ich Meister«, sagte Greg.

»Meine Lieblingsgeschichte von Hill ist, als er zu einer Buchmesse ging, um sein Werk zu verkaufen. Nachdem jeder in der Stadt ihn abgelehnt hatte, buchte er mit seinem letzten Geld eine Suite in einem Hotel in der Nähe. Er brachte nicht einmal die Mittel für sein Rückfahrtticket auf und reservierte eine Suite mit seinem letzten Geld.«

»Wieso hat er das getan?«, fragte der frisch gebackene Autor.

»Er dachte sich, er könnte auf die Messe gehen und Verleger in sein Zimmer einladen, um einen Blick auf sein Werk zu werfen. In der luxuriösen Suite würden sie denken, er wisse, was er tat, und bräuchte kein Geld. Also würden sie ihm sofort Angebote unterbreiten … und er würde Tausende Dollar einnehmen.«

»Tolle Geschichte! Aber ich wüsste gerne – zweifeln Sie je an sich?«

»Nur allzu oft«, sagte Oleson und zum Ende des Gesprächs bot er Greg noch einen nützlichen Weisheitsschatz, den dieser aufschrieb:

Menschen bezweifeln ihren Glauben, aber glauben an ihre Zweifel. Glauben Sie an sich selbst und die Welt wird an Sie glauben.

Der Geist kennt keine Grenzen,
außer die, welche wir uns setzen.

NAPOLEON HILL

KAPITEL 13

Gelegenheiten

Trotz all der Ermutigung und der Weisheiten von so vielen Menschen überwältigten die menschlichen Gefühle des Zweifels und der Frustration Greg beinahe. Sein Bankkonto war ins Minus gerutscht, aber dank Mia hatte er ein Dach über dem Kopf in einem viel erschwinglicheren Apartment.

Werde ich jemals ein Autor sein? Mache ich das Richtige? Oder ist das nur eine weitere Fantasie, die ich mir eingebildet habe?, fragte er sich selbst.

Mia erwischte ihn in einem unvorbereiteten Moment, während er im Chaos – gelinde gesagt – seines Arbeitszimmers in der Wohnung an seinem Manuskript arbeitete. »Also, was ist wirklich los?«, fragte sie.

»Es läuft einfach nicht so, wie ich es mir vorstelle«, stöhnte Greg.

Mia erwiderte: »Vielleicht hast du Probleme damit zu akzeptieren, dass es *tatsächlich* etwas werden könnte – aber vielleicht nicht genau so, wie du es willst, oder in dem Zeitplan, den du dir vorgestellt hast.«

Er rollte die Augen und drehte ihr und der offenen Tür den Rücken zu.

»Hey, reiß dich mal aus deinem Selbstmitleid los und mach das Zimmer sauber«, sagte sie. »Sieh dich mal um. Mach dich locker. Lass los. Tue einfach die Arbeit, die ansteht.«

Greg hörte nicht zu. »Kein Wunder, dass niemand dieses Projekt annimmt – es ist nicht gut«, sagte er. »Wieso sollte ich glauben, dass ich überhaupt dieser Aufgabe würdig bin?«

»Bist du fertig?«, fragte Mia in einem Tonfall, in dem man mit einem Dreijährigen reden würde.

»Ja, aber es ist Mist, dass ...«

»Nein, das wars«, warf Mia ein und beendete seine Kommentare, mit denen er sich nur selbst bemitleidete und niedermachte. »Nun, wo du dir das von der Seele geredet hast, sammeln wir uns mal eine Minute.«

»Ich brauche das nicht«, sagte Greg und stand auf. »Du bist nicht meine Mutter. Wenn ich einen Ratschlag von dir gewollt hätte, hätte ich darum gebeten.«

»Das hast du. Du hast mich zurück in dein Leben gebeten. Ich habe beschlossen, da zu sein. Wir haben beschlossen, zusammen zu sein. Ich werde nicht mit dir streiten, Greg. Aber ich werde auch nicht mitmachen, wenn sich alles um dich dreht. Du solltest die Ohren aufsperren und deine Panikgedanken abschalten.«

Dann klingelte das Telefon und beendete, was ein ausgewachsener Streit hätte werden können.

»Hi, Greg, hier ist Don Green. Wie sieht es aus?«

»Nicht so gut wie sonst«, antwortete Greg.

»Nun, dann überwinden Sie es, und zwar schnell, denn Sie müssen jemanden anrufen. Er ist ein Freund der Foundation und ein leidenschaftlicher Hill-Fan. Ich sage meiner Assistentin, sie soll Ihnen seine Biografie schicken. Ich will, dass Sie ihn kontaktieren und ihm Ihre Geschichte erzählen. Zum Thema Hürden nehmen hat der Mann eine tolle Botschaft für Sie auf Lager.«

»Das mache ich«, sagte Greg und klang wieder zuversichtlicher. »Ich war ein wenig niedergeschlagen, weil es nicht so gut lief – tut mir leid. Ich bin soweit, dass ich auf ein Zeichen hoffe.«

»Dann werden Sie es nie sehen«, sagte Green. »Die meisten Menschen gehen durchs Leben mit der Philosophie, etwas sehen zu müssen, bevor sie daran glauben, wenn sie in Wahrheit einfach nur an etwas glauben müssen. Sie müssen wissen, dass es wahr ist – erst dann wird dieses Etwas sich auch zeigen.«

Der Schüler holte den abgegriffenen Notizblock aus einem mit Schmutzwäsche gefüllten Dufflebag, der in einer Ecke seines Arbeitszimmers stand. Er musste wirklich endlich in Mias Wohnung ankommen und sich organisieren. Er lenkte seine Aufmerksamkeit wieder auf den Notizblock und schrieb auf:

Du musst es glauben, bevor du es sehen kannst.

»Danke, Don. Das musste ich jetzt wirklich hören«, sagte Greg dankbar.

»Lassen Sie mich wissen, wie es läuft«, meinte Green, als er auflegte.

Greg setzte sich an den Laptop, um eine weitere Seite zu schreiben …

Am nächsten Morgen stand er auf und der Tag wirkte völlig anders auf ihn. Seine Einstellung hatte sich deutlich verbessert.

Greg war zumute, als würde er an einem Abgrund wandeln, aber er fiel nicht – noch nicht. Und vor allem sah er Mia mit neuen Augen.

Sie unterstützte ihn noch mehr als zuvor. Und sie hatte wiederum aus erster Hand die Veränderung in ihrem Freund gesehen. Wenn er dieses Mal fiel, stand er schneller wieder auf und mental wirkte er stärker als zuvor.

»Mr Dudley, bitte«, bat Greg die Frau am Empfang, als er anrief, um sein nächstes Interview auszumachen.

»Er hat schon mit Ihnen gerechnet. Er ist im Moment gerade unterwegs nach Texas und ich soll Ihnen seine Handynummer geben«, erwiderte sie.

Er wählte die Nummer und dachte darüber nach, wie sich die Dinge geändert hatten. Es war nur wenige Monate her, dass er jemandem im Grunde die Jacke gestohlen, aber beschlossen hatte, sie zurückzugeben, um den Besitzer zu treffen. Mittlerweile hatte er buchstäblich ein »Who's who« im Telefonbuch seines Handys abgespeichert. All diese unglaublichen Menschen, die ihm von ihrer Geschichte erzählt hatten, um ihm zu helfen. Nun bestand seine Mission – und seine Pflicht – darin, ihre Geschichten jedem zugänglich zu machen.

»Hier ist Joe«, antwortete Dudley und riss Greg zurück in die Gegenwart.

Vor dem Anruf hatte er den Hintergrund seines nächsten Interviewpartners recherchiert. Joe Dudley war der Co-Gründer, Präsident und CEO von Dudley Products, einem der größten Hersteller der Welt für ethnisch einwandfreie Haarpflege- und Beautyprodukte, sowie Ausbildungsanbieter für Kosmetologie. Aus einem ursprünglichen Investment von nur 10 Dollar hatte Dudley ein profitables Unternehmen im Wert von 30 Millionen Dollar aufgebaut. Dudley begann mit der Herstellung in seiner eigenen Küche und seine Frau und Kinder arbeiteten für ihn. Heute leitet er ein Unternehmen mit einem Hauptsitz und Produktionsanlagen auf 7400 Quadratmetern Fläche, mit 400 Angestellten. Aber Dudley war mehr als nur ein erfolgreicher Unternehmer. Er war international als inspirierender Redner und Philanthrop bekannt, der einen Großteil seiner Zeit investierte, um seinen Anhängern etwas zurückzugeben.

»Hi, Joe, Greg hier in San Diego. Ich bin ein Freund Ihres guten Freundes Don Green.«

»Ah, hallo. Ich habe eine Menge darüber gehört, was Sie tun«, sagte Dudley. »Die Welt braucht ein Buch wie das, an dem Sie arbeiten. Wir müssen uns alle gelegentlich daran erinnern, uns wieder aufzurappeln, wenn wir zu Boden gegangen sind.«

Hatte dieser Mann ihm nachspioniert? Woher wusste er, was Greg gerade durchmachte?

»Ich habe ein paar Geschichten für Sie«, sagte Dudley. »Stellen Sie sich vor, ein schwarzer ungebildeter Hausierer in den 1960er-Jahren zu sein, der außerdem einen Sprachfehler hat. Ich wurde als geistig zurückgeblieben bezeichnet. Ich hatte sogar eine Freundin, die mit mir Schluss machte, weil sie keine dummen Kinder wollte.«

»Sie machen Witze, oder? Wie um alles in der Welt sind Sie damit fertig geworden?«

Dudley erwiderte: »Ich habe eine Strategie entwickelt, die mir half, die finstersten Zeiten zu überstehen. Es ist ein persönliches Mantra und es lautet…«

Greg wusste, eine großartige Botschaft würde folgen, und er schrieb sie auf:

Ich kann. Ich werde. Ich tue.

»Soll heißen, ich kann es tun, ich werde es tun, ich tue es! Wir müssen uns von den Negativen fernhalten. Die meisten Menschen werden das, was Sie tun, ablehnen, wenn Sie es gut machen. Die Tatsache ist, wenn die Leute Sie nicht kritisieren, stehen die Chancen hoch, dass

Sie es nicht gut machen. Es geht nicht darum, dass die Menschen das, was Sie tun, schlecht finden; sie befürchten einfach, dass sie Sie verlieren oder Sie sich von ihnen wegentwickeln.«

Greg schwieg einen langen Moment und absorbierte die Gedanken dieses großen Unternehmers.

»Von Tür zu Tür zu gehen, veränderte mich, also schaffte ich es umgekehrt, das Leben anderer zu verändern. Als ich noch ein Kind in der Schule war, haben die Lehrer meiner Mutter erzählt, ich sei mental zurückgeblieben und würde es niemals zu etwas bringen. Meine Mutter versicherte mir: ›Ich glaube an dich. Ja, ich weiß, du bist etwas langsam. Aber die guten Neuigkeiten sind, selbst wenn du langsam bist, wenn du etwas gelernt hast – vergisst du es nicht!‹«

Greg lachte über Dudleys ansteckendem Enthusiasmus, während dieser ohne Unterbrechung weiterredete:

»Meine Mutter glaubte an mich und ich glaubte meiner Mutter, was mir half, an mich selbst zu glauben. Ich hatte Glück, denn ich traf und heiratete die Liebe meines Lebens. Und wir haben erfolgreiche und hoch gebildete Kinder großgezogen. Vergessen Sie nicht, was Napoleon Hill gesagt hat – jeder Rückschlag und jede Herausforderung trägt in sich eine gleiche oder größere Chance. Ich lernte, dass in allem ein Vorteil steckt. Es ist ein Vorteil, schnell zu sein, aber auch ein Vorteil, langsam zu sein. Es ist einer, groß zu sein, und einer, klein zu sein. Der Schlüssel ist herauszufinden, was Ihr Vorteil ist, und ihn zu nutzen. Aber hier ist das Geheimnis: Wenn Sie es nicht tun, wird es Ihnen jemand anderes wegnehmen.«

Greg fasste auf seinem Notizblock zusammen, was Dudley gesagt hatte:

Finde und nutze deinen Vorteil oder jemand anderes wird ihn dir wegnehmen.

Dudley fuhr fort: »Die Frage ist: Worin sind Sie gut?« Der jüngere Mann verspürte neue Zuversicht und fragte: »Mit Ihrer jahrelangen Erfahrung, was ist Ihre Definition von Erfolg?«

Das Telefon verstummte eine Weile und Greg fürchtete, etwas Falsches gesagt zu haben. Dann antwortete Joe Dudley mit Nachdruck:

»Die Welt hat sich wirklich verändert in all den Jahren. Als Schüler durfte ich von Anfang an nur auf Schulen mit Rassentrennung gehen. Wir hatten keinen Fernseher zu Hause, kein Radio, keine schicke Kleidung. Wir waren 14 Leute und wohnten in einer kleinen Hütte. Aber wir machten das Beste daraus. Was sich nie verändert hat, ist, dass Menschen, unabhängig von Hintergrund und Schicht, in der Lage sind, alles, was sie sich wünschen, zu erreichen, solange sie leidenschaftlich bei der Sache sind und keine Angst haben, sich von der Masse abzuheben.«

Er atmete tief durch und fuhr fort: »In der heutigen Wirtschaftswelt gilt es, sich seinen Job selbst zu erschaffen. Wir dürfen uns nicht mehr darauf verlassen, dass sich andere Menschen um uns kümmern. Man muss sich die Position erarbeiten, die zu einem selbst passt. Werden Sie jemand, der seinen Job gestaltet, nicht bloß annimmt.«

Bevor Greg antwortete, begriff er, dass er doch auf der richtigen Spur war. Er hatte durch seine Erfolgsformel eine Chance auf dem Silbertablett erhalten, und nun hieß es, dem Rat seiner Mentoren zu folgen und das Gelernte anzuwenden. Er bat Dudley um eine persönliche Weisheit, die er an alle künftigen Generationen weitergeben konnte.

Dudley antwortete: »Füllen Sie Ihren Verstand mit inspirierenden Büchern. Arbeiten Sie hart, arbeiten Sie smart, und werden Sie letztlich zum Jobmacher, und nicht bloß zu einem Jobnehmer. Mit anderen Worten, kreieren Sie Ihre eigenen Chancen.«

Greg schrieb auf seinen Notizblock:

Sei ein Jobmacher, kein Jobnehmer.
Schaffe deine eigenen Chancen.

An diesem Abend kam endlich der Anruf, vor dem er sich gefürchtet hatte.

Er hatte die ganze letzte Woche erfolglos versucht, David zu erreichen. Er hatte ein paar Nachrichten hinterlassen, aber keinen Rückruf erhalten. Davor hatten die beiden fast jeden Tag miteinander geredet. David war zu Meetings gegangen, hatte ein neues Leben ohne Alkohol oder Drogen begonnen und über seine nächsten Karriereschritte nachgedacht.

Greg freute sich über Davids Fortschritt. Er hörte die neue Energie und den Fokus in seiner Stimme. Er konnte es kaum erwarten, ihn zu sehen, Zeit mit einem nüchternen Freund und Bruder zu verbringen. Aber dann kam plötzlich nichts mehr …

Er war froh, dass Mia bei ihm war, als er das Handy in die Hand nahm, um den Anruf entgegenzunehmen. »Dave«, grüßte er. »Wo warst du, Kumpel?«

Mit dem ersten Satz war klar, dass David getrunken hatte. »Ich … ich bin rückfällig geworden«, gab er zu.

Greg war nahezu sprachlos. Nahezu. Erfüllt von Angst, Enttäuschung und Wut sagte er: »Schlaf dich gut aus und rufe mich morgen früh an, Dave. Und – trink morgen nichts.«

Rechne nicht mit Ärger, denn er ist gut darin, einen nicht zu enttäuschen.

NAPOLEON HILL

KAPITEL 14

Einstellung

Das Interview mit Joe Dudley und Daves Rückfall ließen Greg in Aktion treten. Er hatte genug von der Negativität, die sich in sein Bewusstsein geschlichen hatte. Er war fest entschlossen, sein Buch zur Realität werden zu lassen, und er war sogar noch mehr davon überzeugt, dass es ein Bestseller werden würde. Und nun schien es, dass andere Menschen langsam dasselbe dachten.

Mit all den aus seinen Begegnungen gewonnenen Botschaften hatte er ein Thema gefunden, das aus dem Buch sicher einen großen Erfolg machen würde. Es dauerte nicht lang, bis er und seine Agentin Meetings mit den größten Verlagen in New York City ausgemacht hatten, mit eben jenen, die ihn vorher abgelehnt hatten.

An die Ostküste zu fliegen, war an sich schon ein Event, aber er freute sich vor allem auf das Treffen um 13 Uhr. Sein Wagen hielt vor dem Madison Square Garden und ihm wurde klar, dass er sich mit Vertretern eines der prestigeträchtigsten Verlage in einem der berühmtesten Gebäude der Welt treffen würde. Sein Herz begann zu rasen.

Um den großen Konferenztisch herum saßen der Leiter der Publicity-Abteilung, der Grafikdesign-Direktor und der Vizepräsident der Akquise-Abteilung. Welch unglaubliche Erfahrung! Endlich spürte Greg, er würde den großen Durchbruch schaffen.

Während des Meetings beschrieb er, wie der Erzählfluss des Buches aussehen würde, schlug Ideen für das Cover vor und besprach die Konzepte, die er sich für die effektive Vermarktung ausgedacht hatte. Alle schienen das Projekt zu lieben.

Als er aus dem Meeting kam, legte Marge, seine Agentin, den Arm um seine Schultern und sagte: »Mache dich auf etwas Großes gefasst.« Greg war begeistert. Alles lief plötzlich nach seinen Vorstellungen. In der Nacht konnte er nicht schlafen: Sein Verstand raste und er stellte sich vor, wie viel Vorschuss er wohl erhalten würde.

Früh am nächsten Tag klingelte das Telefon in seinem Zimmer. »Hier ist Marge. Wir haben ein Angebot.«

Greg war aufgeregt wie noch nie und sprang auf die Beine. »Wie viel ist es?«

»Es hat mich tatsächlich überrascht«, sagte sie leise. »Ich habe seit Jahren kein so niedriges Angebot gesehen. Das ist schon fast eine Beleidigung oder es könnte ein Tippfehler sein.«

Mit dem Gefühl, alle Luft sei aus seiner Lunge gewichen, fragte Greg: »Was machen wir jetzt?«

»Nun, ich habe bereits angerufen und eine Nachricht hinterlassen, um zu sehen, ob das ein Fehler war, und ich rufe dich an, sobald ich eine Antwort erhalte. Sorry, ich dachte nur, du würdest es wissen wollen.«

Der Jungautor blieb schweigend an Ort und Stelle sitzen. Es kam ihm wie Stunden vor. Er ließ das Meeting vom Tag zuvor immer wieder vor seinem geistigen Auge abspielen und ging jedes Wort durch, das an dem Konferenztisch gesprochen worden war.

Nichts passte zusammen. Alle im Raum schienen ehrlich interessiert gewesen zu sein, die Atmosphäre war energiegeladen gewesen, und das Feedback hatte seiner Interpretation entsprochen.

Wieso um alles in der Welt waren sie nicht brennend interessiert an einem solchen Projekt?, dachte er. *Wir haben tiefgründige Erkenntnisse von weltweit anerkannten Leadern, großartige Weisheitsschätze und, nicht zu vergessen, die Unterstützung der Napoleon Hill Foundation. Das ergibt keinen Sinn.*

Er beschloss, niemanden anzurufen, um die Neuigkeiten zu verkünden, bevor er nicht weitere Informationen erhielt.

Er griff nach dem Manuskript, das er den Verlegern anbot, las seine eigenen Worte und dachte darüber nach, was all diese Menschen durchgemacht hatten, bevor sie Erfolg hatten – oder eher, ihren Erfolg selbst erschaffen hatten.

Er erinnerte sich wieder einmal an die Ähnlichkeiten zwischen seinen Mühen und denen der Personen, über die er schrieb. Es war, als würde die Geschichte weniger *von* ihm als *für* ihn geschrieben.

Aufs Neue von Hingabe und Enthusiasmus erfüllt, besann er sich, nahm eine Dusche, zog sein Lieblingshemd an und dachte an etwas, das ihm einer seiner Interviewpartner auf seiner Reise erzählt hatte:

Wenn du willst, dass sich etwas ändert,
dann ändere deine Perspektive.

Das stammte aus einem kürzlichen Treffen mit einem Gentleman namens Bob Proctor, dem Gründer des Coaching-Imperiums Life Success.

Proctor hatte eine unglaubliche Geschichte über die überwundenen Hürden auf seinem Weg erzählt. Als er endlich sein erstes Buch vollendet hatte, berichtete er, hatte er es hinten in einem Taxi liegen lassen, ohne Name, Adresse oder irgendeine Kontaktinformation darauf. Als er es seiner Frau beichtete, war sie überrascht, weil er so ruhig blieb. Sie fragte: »Wieso regst du dich nicht darüber auf?« Greg erinnerte sich vor allem an seine Antwort: »Vermutlich war es nicht so gut.«

Dann machte sich Proctor daran, das Buch ganz von Neuem zu schreiben, und es wurde zu einem internationalen Bestseller.

In einer Lage, in der die meisten Menschen aufgegeben und sich ihrer Enttäuschung ergeben hätten, beschloss er, stattdessen die Situation aus einem völlig neuen, optimistischen Blickwinkel zu betrachten, und das Buch mit einer frischen Perspektive neu zu schreiben. Er sagte, der Verlust des originalen Manuskripts sei im Grunde ein versteckter Segen gewesen.

Proctor hatte Greg außerdem erzählt: »Ein weiterer weiser Ratschlag, an den ich glaube und nach dem ich lebe, lautet: Dein Tag und deine Einstellung werden durch die ersten fünf Minuten bestimmt, nachdem du aufgewacht bist.«

Greg sah auf seinen Notizblock und bemerkte, dass er diesen Gedanken noch nicht notiert hatte, also schrieb er auf:

Deine ersten fünf Minuten bestimmen deinen Tag.

Greg wandte diese einfache Wahrheit an und veränderte seine Einstellung sofort. Er fühlte sich nicht mehr wie ein Versager, sondern machte sich klar, dass er weit davon entfernt war, einer zu sein. Tatsächlich wollte einer der größten Verlage der Welt sein Buch veröffentlichen. Der angebotene Vorschuss war nur überraschend niedrig, aber wurde mit der Umsatzbeteiligung verrechnet. Er musste zugeben, dass das Angebot vermutlich deswegen niedrig war, weil er noch nichts als Autor veröffentlicht hatte.

Der Grund, wieso seine Agentin so deprimiert gewesen war, lautete vermutlich, dass sie erwartet hatte, das Buch würde ein Hit werden und zu einem großen Vorschuss führen.

Greg verwandelte seine Enttäuschung in Dankbarkeit darüber, dass er gerade sein allererstes Angebot erhalten hatte, um ein veröffentlichter Autor zu werden.

Er rief jeden an, den er kannte, und erzählte von den tollen Neuigkeiten, während er auch seine aktuelle emotionale Achterbahn schilderte und um das bat, was Jon Buckland »Rat« nannte, welche Schritte er als Nächstes unternehmen sollte.

»Gratulation!«, sagte Buckland. »Jetzt, wo Sie Ihr Selbstvertrauen zurückgewonnen haben, wissen Sie wenigstens, dass es einen Verleger gibt, der Ihr Buch haben will. Ich möchte Sie anspornen weiterzumachen und sich klarzumachen, dass das alles Teil eines Prozesses ist.«

»Danke, Mr B.«, entgegnete sein Schüler. »Ich sage mir – so wie ich es sehe –, wenn alles zu einfach wäre, würde ich es vermutlich nicht so zu schätzen wissen.«

»Das ist eine tolle Einstellung und stimmt auf jeden Fall. Darüber hinaus sollten Sie bedenken: Mit der Zeit werden Sie Erfolg haben. Auch wenn das vielleicht nicht der Verlag ist, den Sie letztlich auswählen, haben Sie dennoch gute Arbeit geleistet. Und noch etwas – vergessen Sie nicht, dass es nicht nur um Sie geht. Es geht auch darum, all diese wunderbaren Botschaften aus diesen erstklassigen Erfolgsstorys anderen mitzuteilen. Vergessen Sie nicht, dass Sie es den anderen ebenfalls schulden, auf Kurs zu bleiben.«

Mit neuer Energie plante Greg das weitere Vorgehen und bat seine Agentin bescheiden, das erste Angebot abzulehnen. Er wusste, dass es da draußen ein Besseres geben musste.

Auch wenn mittlerweile die wenigen Monate, die Greg für sein Buch vorgesehen hatte, längst vergangen waren, hatte er seinen Traum noch lange nicht aufgegeben. Er dachte über die Situation nach und blätterte durch seinen Notizblock. Dabei stieß er auf einen Namen, den er fast vergessen hatte: David M. Corbin, ein preisgekrönter Erfinder, Redner und Schöpfer eines Prozesses namens *Illuminate.*

Er erinnerte sich an eine Geschichte, die ihm Corbin erzählt hatte. Er hatte mit einer Gruppe von Augenärzten gearbeitet und auch wenn die Ärzte wussten, dass ihre Patienten hochwertige Brillen brauchten, gaben sie zu, bessere Ärzte als Verkäufer zu sein. Corbin beleuchtete daraufhin – daher der Begriff *illuminate* (beleuchten) –, dass sie sich kollektiv der Wirklichkeit verweigerten. Diese Patienten brauchten Brillen und jemand musste sie ihnen verkaufen. Corbin riet den Ärzten, sich nicht auf den Verkauf, sondern auf die Problemlösung zu konzentrieren. Sie sollten eine Service-Einstellung entwickeln, da sie ihren Patienten halfen, das nötige Produkt zu kaufen, um ihre Lebensqualität zu verbessern.

Das war auch eine Möglichkeit, seine Perspektive zu ändern, dachte Greg, während er durch die Notizen blätterte, die er bei seinem Treffen mit Corbin erstellt hatte.

Betone das Positive und beleuchte das Negative.

Wie der alte Johnny-Mercer-Song, aber mit einem neuen Dreh. Auch wenn Corbin überzeugt war, dass er weiter zuversichtlich bleiben sollte, verstand er auch, wie wirkungsvoll es war, die Bereiche zu beachten, an denen er arbeiten sollte. Nutze die positive mentale Einstellung (PME), um das Negative zu beleuchten, kümmer dich darum und mach weiter!

Das ist ein guter Tipp, ich meine »Rat«, dachte Greg und bemerkte seinen Fehler. Er wusste, dass weise Ratschläge nichts wert sind, wenn man sie nicht anwendet, legte seinen Notizblock weg und holte sein Handy heraus.

»Charlie, hier ist Greg. Kann ich Sie was fragen?«

»Natürlich«, antwortete sein Mentor. »Was haben Sie auf dem Herzen?«

»Seien Sie ehrlich – was habe ich bei diesem Buchprojekt übersehen? Gibt es etwas, das ich hätte tun sollen?«

»Da gibt es tatsächlich etwas«, erwiderte Jones, ohne zu zögern.

Auch wenn er derjenige war, der gefragt hatte, schockierte es Greg fast, wie schnell er geantwortet hatte. »Sagen Sie es mir«, meinte er in den Hörer.

»Ken Blanchard und ich arbeiten an einem neuen Buch«, sagte Jones, »und während wir unsere Notizen verglichen, ist mir etwas aufgefallen. Sie halten da pure Magie in Händen, eine tolle Story, mit erstaunlichen Weisheiten von unglaublich erfolgreichen Menschen, aber da ist etwas, das Sie bisher noch übersehen haben.«

Greg schwieg in Erwartung, selbst eine Erleuchtung zu erhalten.

»Sie brauchen Hilfe beim Schreiben. Sie sind ein netter junger Mann, aber selbst Ken und ich holen uns Hilfe dafür. Der Punkt ist, das Projekt wächst über Sie hinaus, und vor allem schulden Sie es nun Ihren Gesprächspartnern, dass Sie sich Hilfe holen, um ihre Geschichten bestmöglich mitzuteilen.«

Jones fuhr fort: »Ich rate Ihnen, über einen Co-Autor nachzudenken, der gemeinsam mit Ihnen die beste Version des Buches hervorbringt. Tun Sie es für die Napoleon Hill Foundation, tun Sie es für die Menschen, die Sie interviewt haben, und tun Sie es für sich selbst. Das ist alles, was noch fehlt.«

Er beendete das Gespräch mit: »Wie Sie wissen, denke ich, dass die wichtigste Erfolgszutat der *Glaube* ist, und Sie sollten wissen, dass ich daran glaube, dass Sie das Richtige tun werden.«

Kein Druck, nahm Greg sich vor. Er wusste, dass er eben einen Tritt in den Hintern bekommen hatte und nun wusste, was das letzte fehlende Puzzleteil war.

Ich nehme an, sobald du bereit bist, Licht auf eine Sache zu werfen, solltest du auch stark genug sein, das so zu akzeptieren, dachte er. Das musste er unbedingt Mia erzählen.

Erfolg erfordert keine Erklärungen.
Versagen gestattet keine Ausreden.

NAPOLEON HILL

KAPITEL 15

Assoziation

Als Greg am nächsten Morgen aufstand, rief er einen seiner Mentoren an, denen er am meisten vertraute.

»Hi, Don – ich bin es. Ich habe gestern mit unserem Freund Charlie geredet …«

Green unterbrach ihn: »Ja, ich habe selbst einen Anruf von ihm erhalten. Was denken Sie?«

»Es ergibt Sinn«, sagte Greg. »Bei dem Projekt geht es nicht um mich, sondern um die Botschaft – das ist das Wichtigste. Ich kenne einfach niemanden in der Branche, der einflussreich genug ist, um uns ausreichend zu unterstützen.«

»Ich dachte mir schon, dass Sie so etwas sagen. Ich gebe Ihnen eine Nummer.«

Einfach so. Don Green hatte offenbar mit dem Anruf gerechnet und darüber nachgedacht, wer der beste Kandidat wäre.

»Ihr Name ist Sharon Lechter. Sie arbeitet mit uns an ein paar anderen aktuellen Projekten. Rufen Sie sie an und sehen Sie, ob sie daran Interesse hat. Ich weiß, sie könnte einiges zu diesem Buch beitragen.«

»Was macht sie so?«, wollte der Jungautor Greg wissen. »Bekannt ist sie als Co-Autorin des Buches *Rich Dad Poor Dad* und 14 anderer Titel der Rich-Dad-Reihe. Insgesamt wurden fast 27 Millionen Exemplare davon auf der ganzen Welt verkauft. Davor arbeitete sie mit dem Erfinder der Talking Books für Kinder zusammen und half ihm, das Unternehmen zu vergrößern und zu verkaufen. Sie hat eine Menge Erfahrung in der Verlagsbranche und auch sie schreibt ihren Erfolg größtenteils *Think and Grow Rich* zu. Jetzt, wo ich darüber nachdenke, fällt mir ein, dass sie neulich vom US-Präsidenten in den Advisory Council on Financial Literacy berufen wurde.«

»Wahnsinn! Das ist unglaublich. Ich habe gerade John Hope Bryant getroffen. Er ist der Vizevorsitzende dieses Gremiums. Die Welt ist wirklich klein. Ich werde mich sofort bei ihr melden.«

Green meinte: »Es gibt keine Zufälle, Greg. Sharon und John Bryant sind gute Freunde und haben sich beide der Aufgabe verschrieben, weltweit Wissen im Bereich Finanzen zu vermitteln. Selbst wenn sie im Moment nicht mit Ihnen zusammenarbeiten kann, bin ich mir sicher, dass sie Sie zum weiteren Vorgehen beraten kann.«

Greg lachte leise. Da war es wieder, das Wort »beraten«. Vielleicht war das die Antwort, die er brauchte. Wie »Glaube« und »Bei der Stange bleiben«. Worte fürs Leben, wie jemand mal gesagt hat …

Das Telefon-Meeting verlief reibungslos. Sharon schien ihren Beitrag zu seinem Buch beisteuern zu können. Sie verstand die Situation und bat Greg, ihr die aktuelle Version des Manuskripts zu schicken. Und dann sagte sie zu ihm: »Machen Sie sich keine Sorgen, Greg. Machen Sie einfach weiter. Don glaubt an Sie. Geben Sie nicht auf.«

Nach ein paar angespannten Tage rief Greg sie an, um zu erfahren, was sie von seiner Arbeit hielt.

»Zuerst einmal denke ich, dass Sie da eine Goldmine gefunden haben«, sagte sie und fuhr fort: »Meine Anspielung war Absicht. Sie haben eine Menge Material und wissen, was Sie erreichen wollen. Sie haben einige wunderbare Geschichten mit großartigen Ratschlägen. Sie müssen den Leser im Hinterkopf behalten. Wenn Sie schreiben, sollten Sie sich vorstellen, Sie würden zum Leser sprechen. Das wird den Fluss der Geschichte verbessern. Ich glaube auch, wir sollten die Weisheiten von Napoleon Hill mehr einbauen. Diese tollen Erfolgsgeschichten, die Sie von den Leadern unserer Zeit erfahren haben, basieren auf vielen seiner Erfolgsprinzipien aus *Think and Grow Rich*. Und diese Leute stammen größtenteils aus derselben Gruppe, derselben Demografie. Wir müssen es ein bisschen aufmischen und einen softeren Ton finden, sowie mehr Diversität hinzufügen, damit das Publikum das Buch *erleben* kann und es nicht nur liest.«

Sharons Anregungen nahmen Fahrt auf. Sie skizzierte einen Handlungsplan für Greg, der ihm helfen würde, das Projekt wieder auf Kurs zu bringen, und sie bot freigiebig ihre Hilfe an. Dann stellte Greg die Frage, ob sie mit ihm gemeinsam das Buch fertigstellen wolle.

Ohne zu zögern, stimmte Sharon zu, sich zu beteiligen und das Projekt zu überarbeiten. »Wir wollen diese Unternehmer und Leader den Herzen der Leser näherbringen. Ich respektiere sie. Sie haben sich auf ihre Missionen konzentriert. Sie haben die Unternehmen und deren Kunden an erste Stelle gesetzt – und nicht zugelassen, dass ihnen ihr Ego im Weg stand. Das sind wahre Menschen, die von Herzen kommenden Rat bieten. Die Leser werden sowohl einen

Bezug zu ihrer Weisheit finden als auch zu ihrer Bereitschaft, von ihren schweren Zeiten auf ihrem Weg zum Erfolg zu berichten.«

Sharon begann am Anfang und schrieb das gesamte Projekt um – das Buch wurde dadurch sogar doppelt so lang. Als Greg das neue Manuskript durchging, *spürte* er, welche Auswirkung ihre Veränderungen hatten. Die im Buch zu Wort kommenden Experten schienen durch ihre Geschichten lebendig zu werden.

Und dann kam die weibliche Sichtweise hinzu. »Greg, wir müssen mehr Frauen interviewen«, merkte sie an. »Es gibt viele erfolgreiche weibliche Führungspersonen in der heutigen Generation – Pionierinnen. Sie haben Herausforderungen bewältigt, so wie die Leute, die Sie bereits interviewt haben, aber die Frauen würden eine ganz andere Perspektive beisteuern – einen einzigartigen Ansatz – zu diesen Herausforderungen. Diese andere Perspektive ist wertvoll für die Leser. Es ist also an der Zeit, dass Sie sich mit einer weiteren Wirtschaftsikone treffen«, sagte sie in humorvoll-sarkastischem Ton. »Und, ja, es ist eine Frau.« Und schon war Greg unterwegs zu einem weiteren Interview.

Auf seinem Flug nach Tennessee recherchierte er für sein bevorstehendes Meeting. Neben ihm saß ein gut aussehender, dunkelhaariger Mann mit Sonnenbrille. Er hielt den Mann für einen Filmstar oder etwas in der Art.

Es war Gregs Art, egal, wo er war oder was er tat: Wenn ihm jemand begegnete, der ihm interessant vorkam, versuchte er, mit ihm ins Gespräch zu kommen.

»Hi, ich bin Greg«, sagte er und streckte die Hand aus. Er hoffte auf einen Kontakt mit Hollywood.

»Mike Laine«, sagte der Mann zur Begrüßung. Nach einer halben Stunde Flug erfuhr Greg, dass Mike kaum als Hollywood-Typ durchging, aber seine Geschichte hätte Stoff für eine tolle Seifenoper abgegeben.

Er war auf dem Weg, um seinen Anschlussflug nach Europa zu kriegen, um an einem internationalen Ausbildungsprogramm für Raumfahrt teilzunehmen. Der aufstrebende Autor war erfreut zu erfahren, dass sein neuer Bekannter der Erste war, der jemals ohne College-Abschluss in das Programm aufgenommen worden war. Der Grund war, dass er an etwas arbeitete, das er Weltraumaufzug nannte.

»Was ist ein Weltraumaufzug?«, fragte Greg und versuchte, es sich vorzustellen.

Mikes Art, es zu erläutern, war wohl deswegen so ausgefeilt, weil er es schon oft in Interviews fürs Fernsehen oder für die Presse beschrieben hatte.

»Stellen Sie sich vor, Sie wirbeln eine Schnur mit einem am Ende befestigten Ball über dem Kopf. Die Schnur würde gespannt bleiben, richtig?«

Greg nickte.

»Der Plan für den Aufzug sieht ähnlich aus. Die Idee ist, eine schwimmende Station an der ruhigsten Stelle des Ozeans zu bauen. Von dort aus werden wir eine Rakete Tausende Kilometer in den Weltraum schießen. Wenn sie im Orbit ist, geben wir ein langes Kabel frei, das aus sogenannten Nanoröhren besteht. Diese Röhren sind extrem dünn und leicht, aber stärker als Stahl. Wir lassen das Kabel von der Schwerkraft wieder auf die Erde ziehen.«

Andere in der Kabine lauschten ebenfalls, während Mike weiter seine Geschichte erzählte. Miniseminare in Flugzeugen abzuhalten, machte Greg zunehmend Spaß … und den anderen Passagieren offensichtlich auch.

»Wenn das Kabel mit dem Schwimmdock verbunden ist, wird es als Anker dienen (so wie der Ball am Ende der Schnur). Dann bringen wir eine Art Wagen an der Schnur aus Nanoröhren an und nutzen ein

Lasersystem, um ihn ins All zu dirigieren … daher der Name Weltraumaufzug.«

Als er sich umsah, war Greg erfreut, nicht als Einziger überrascht auszusehen.

»Das ist unglaublich«, ermunterte er seinen Gesprächspartner, weil er noch mehr erfahren wollte. »Ich muss Sie einfach fragen – was hält der Rest der Welt von Ihrer Idee?«

»Die glauben mehr oder weniger, dass ich irre bin.«

Alle, die zuhörten, lachten bei diesem Kommentar. »Und, sind Sie irre?«, fragte Greg.

»Überhaupt nicht. Ich weiß, dass es der nächste logische Schritt aus Sicht der Wissenschaft ist. Das Konzept dahinter ist, sobald das Kabel an Ort und Stelle ist, können wir auf günstige Weise Solarkollektoren installieren und für die Massen alternative Energie bereitstellen. Es wird denjenigen Zugang zu Elektrizität verschaffen, die anderweitig keinen Zugang dazu hätten.«

Da war sie wieder – dieselbe Botschaft, die er schon so oft vorher gehört hatte. Danach gefragt, wieso er so sicher in Bezug auf sein Projekt sei, gab Mike eine Antwort, die Greg noch Jahre im Gedächtnis bleiben würde.

Greg hatte es sich zur Aufgabe gemacht, die Strategien erfolgreicher Menschen zu erfahren, wie sie ihre Leidenschaft wach hielten, die andere anscheinend vernichten wollten.

»Ich möchte Sie etwas fragen«, sagte Mike mit einem stoischen Ausdruck, »wenn Sie wüssten, dass Sie eine Heilmethode für Krebs hätten, was würde Sie abhalten, sie der Welt zu präsentieren? Mich interessiert nicht, was Sie weitermachen lässt oder motiviert, sondern, was Sie aufhalten würde, wenn Sie tief in Ihrem Inneren wüssten, Sie könnten die Welt verändern?«

Greg erwiderte so ernst wie noch nie auf eine Frage: »Nichts.«

Er schrieb auf seinen Notizblock die erste Frage an sich selbst:

Was weißt du?

Mike beendete den Gedankengang: »So denke auch ich, dass nichts mich aufhalten wird, meinen Traum wahr werden zu lassen. Es mag Hindernisse, Rückschläge und Verzögerungen geben, aber sie werden egal sein – genau *dafür* werde ich mein ganzes Leben einsetzen.« Als das Flugzeug landete, tauschten die beiden ihre Kontaktdaten aus, und Greg machte sich auf den Weg zu seinem nächsten Treffen.

Bei Reisen nach Tennessee denken viele Menschen an Dollywood, Graceland oder das Grand Ol' Opry. Für Greg fand die Reise aus einer völlig anderen Perspektive statt, die von diesem Tag an für immer verändern würde, wie er über Erfolg dachte. Er zitterte, als er am Nashville Hotel ankam. Die kalte Winterluft biss ihn in die Wangen. Das ist was anderes als der kalifornische Sonnenschein, an den ich gewöhnt bin, dachte er, und sah zu, wie sein Atem Wölkchen bildete, als würde ein Drachen Feuer speien.

Er erkannte sie, noch bevor sie sich vorstellte. Es war Debbi Fields, weithin bekannt für ihr »Mrs Fields Keksimperium«.

»Danke, dass Sie sich mit mir treffen«, sagte Greg. »Sehr angenehm.« Er kam sich in die Kindheit zurückversetzt vor, denn er musste an seine Lieblingsschokokekse denken.

»Das Vergnügen ist ganz meinerseits. Ich fühle mich geehrt, bei etwas mitzuhelfen, das von der Napoleon Hill Foundation ausgeht«, erwiderte sie herzlich.

Sie setzten sich ins Hotelrestaurant und er stellte direkt seine Fragen, um zu erfahren, wie sie ihr Franchiseunternehmen auf die Beine gestellt hatte.

»Als junge Frau, ich war tatsächlich erst 14, hatten wir eine Regel zu Hause. Wir mussten *alles* aufessen, was auf den Teller kam. Eines Abends gab es etwas, das ich einfach nicht essen wollte. Ich erinnere mich, dass ich bis Mitternacht dasaß, während meine Mutter mit jeder Minute wütender auf mich wurde.«

»Was haben Sie getan?«

»Ich saß weiter da«, erwiderte sie und nahm einen Schluck Wasser, bevor sie weiterredete. »Schließlich gab meine Mutter nach und ich ging ins Bett.«

Greg sagte: »Das ist eine schöne Geschichte, aber was hat sie mit Ihrem Keksimperium zu tun?«

»Es war der entscheidende Moment!«, rief sie aus. »Von diesem Moment an bereitete ich mein eigenes Essen zu. Und auch wenn wir nur, sagen wir mal, ›günstige‹ Zutaten hatten, aus denen ich auswählen konnte, entdeckte ich meine Liebe zum Backen. Als ich mein erstes Geld mit Babysitten verdiente, gab ich es nicht für Filme aus, wie die meisten Kinder, sondern verwendete es, um die besten Zutaten zu kaufen, die ich in die Finger bekam, wie Schokolade von Nestlé, das beste gemahlene Mehl und so weiter, und ich ging nach Hause und buk meine erste Ladung eigener Kekse.«

»Jetzt muss ich unserem Freund Ron Glosser von Hershey berichten, dass Sie ihn hintergangen haben«, witzelte Greg und stellte eine weitere Frage: »Haben sie Ihrer Familie geschmeckt?«

»Meiner Familie? Nicht nur der, sie haben allen geschmeckt und übrigens ist Ron ein ganz wunderbarer Mensch. Ich habe ihn letztes Jahr auf einer Geschäftskonferenz getroffen.« Sie fuhr fort: »Von diesem Moment an hatte mich das Backfieber gepackt und ich beschloss, eines Tages in dieser Branche zu arbeiten. Darüber hinaus versprach ich mir selbst, nur die besten Zutaten zu verwenden und mich nie mit weniger als mit … Perfektion zufrieden zu geben.«

Greg wusste, dass er gleich etwas Wissenswertes hören würde, und nahm seinen Stift in die Hand, um ihren nächsten Gedanken aufzuschreiben.

»Ich habe die gesamte Marke ›Mrs Fields‹ auf einer simplen Philosophie aufgebaut ...«

Gerade gut genug ist nie gut genug.

»Das ist eine tolle Perspektive«, bemerkte Greg. »Ich kann Ihnen gar nicht sagen, wie häufig ich versucht habe, Dinge nur mit halber Kraft zu tun, und jetzt, wenn ich darüber nachdenke – war keiner dieser Versuche jemals erfolgreich.«

Debbi Fields hob die Hände und zuckte mit den Schultern – ›Was sagt man dazu?‹ – und meinte: »Wir setzten unsere Standards so hoch, dass selbst die Fehlschläge exzellent waren.«

»Wie alt waren Sie, als Sie Ihr erstes Geschäft eröffneten?«

»Ob Sie es glauben oder nicht, ich war erst 20. Ich war verheiratet und sehr nervös. Aber ich wusste, dass ich da etwas auf der Spur war.«

»Wie hat Ihre Mutter reagiert? War sie stolz?«, wollte Greg wissen.

»Nun, wenn ich heute zurückblicke, kann ich definitiv sagen, dass ich ihr meinen Erfolg zuzuschreiben habe.«

»Sie hat Sie sehr unterstützt?«

»Genau das Gegenteil. Sie meinte, dass ich scheitern würde, dass es zu schwer wäre, ein Unternehmen zu leiten, und dass ich aufgeben und nie Erfolg haben würde.«

Greg machte große Augen bei dieser unerwarteten Antwort. Debbi fuhr fort: »Ich nutzte ihre Zweifel als Katalysator. Ihre Stimme klang mir als ständige Erinnerung weiterzumachen in den Ohren. In der Rückschau hat sie mir einen enormen Gefallen getan.«

»Das ist eine erstaunliche Sichtweise«, sagte Greg, immer noch etwas überrascht von ihrer Antwort. Eine von Napoleon Hills Lektionen kam ihm in den Sinn. Mrs Field hatte gegen Widrigkeiten anzukämpfen gehabt – dass ihre Mutter sie nicht unterstützte – und sie in einen Vorteil verwandelt.

»Das ist auf jeden Fall besser als die Alternative«, erwiderte sie. »Wenn man weiß, man tut etwas, das man liebt, darf man niemals zulassen, dass einem andere im Weg stehen.«

Greg wurde klar, dass sie mit diesem kurzen Satz zusammengefasst hatte, wieso so viele Menschen scheiterten. Es lag nicht daran, dass sie ihre Ziele zu hoch gesteckt hatten oder es ihnen am Ehrgeiz fehlte, um erfolgreich zu sein. Der Grund war, dass sie anderen gestattet hatten, ihnen Grenzen zu setzen.

Greg vergaß nicht, das hastig auf seinem Notizblock zu notieren:

Lasse niemals zu, dass andere dir im Weg stehen. Verwandle Widrigkeiten in Vorteile – mache ihre Zweifel zu deinem Katalysator.

Sie sagte: »Für mich genügte der Vertrauensmangel meiner Mutter als Inspiration. Von diesem Tag an versprach ich mir, 100 Prozent zu geben, bis mein Traum wahr würde – indem ich mich immer daran erinnerte, dass gut genug …«

Greg beendete den Satz: »… nicht gut genug ist.«

Dann fragte er: »Übrigens, wieso haben Sie den Namen Mrs Fields gewählt? Besonders, da Sie erst 20 Jahre alt waren, als Sie das erste Geschäft eröffnet haben.«

»Ich glaubte an das, was ich tat, und wollte die Leute wissen lassen, dass ich hinter meinem Produkt stand«, antwortete sie unumwunden und fuhr fort:

»Wenn Sie etwas haben, das Sie für wertvoll halten, verwenden Sie Ihren Namen dafür.«

Mehr als eine Stunde war von ihnen unbemerkt vergangen. Debbi Fields erzählte eine Geschichte nach der anderen über ihre überwundenen Schwierigkeiten auf dem Weg zu ihren Zielen.

Sie empfand ihr Leben, wie durch Treibsand zu laufen. Man muss ständig in Bewegung bleiben oder man geht unter. Man muss immer bereit sein, die Richtung von einem Augenblick zum nächsten zu ändern, und man darf sich niemals der Angst ergeben, was passieren *könnte*. Es gilt, einfach weiter in Bewegung zu bleiben.

Greg dachte bei sich, wie oft er aufgegeben hatte, wenn er nur ein bisschen hatte kämpfen müssen. Wie oft habe ich zugelassen, dass andere meine Träume zerstören? Nie wieder, beschloss er, als er diese zielstrebige Frau ansah. Er würde nie mehr zulassen, dass die Zweifel anderer ihn lähmten. Stattdessen, so versprach er sich selbst, würde er ihre Zweifel in eine Inspirationsquelle, einen Katalysator verwandeln und Widrigkeiten zu seinem Vorteil nutzen.

Debbi Fields wusste, um mehr aus seinem Leben zu machen, musste man auch mehr *tun*. Ihre Geschichte von Herausforderung und Erfolg war wie ein Grundriss dafür, etwas im Leben zu erreichen, und sie erzählte detailreich davon. Greg verstand nun besser, wieso Sharon dem Buch eine weibliche Perspektive hinzufügen wollte.

Es war offensichtlich – egal welche Menschen er traf oder in welcher Branche sie tätig waren, alle hatten im Grunde dieselbe Geschichte zu erzählen – nur auf verschiedene Weise, von verschiedenen Perspektiven und mit verschiedenen emotionalen Herausforderungen versehen. Debbi erinnerte Greg an einen früheren Interviewpartner, Evander Holyfield, der gesagt hatte: »Setzen Sie die höchsten Standards.«

Es gab weder einen Freifahrtschein noch einfache Schritte. Erfolg, so wurde Greg klar, dreht sich darum, eine Vision zu haben, bereit zu sein, sich darauf zuzubewegen, und nicht aufzugeben, wenn man den richtigen Weg für das eigene Leben gefunden hat.

Manche Menschen werden bejubelt, andere ausgebuht und jeder muss selbst entscheiden, worauf er hört.

Vom Flughafen aus rief er David an. Er erwartete nichts mehr – weder Gutes noch Schlechtes oder Gleichgültiges –, aber er hatte beschlossen, den Kontakt zu seinem Bruder zu halten und für ihn da zu sein, egal, was passierte.

»Ich zähle immer noch die Tage«, sagte David. »Ich bin seit zwei Wochen wieder nüchtern, immer einen Tag nach dem anderen.«

»Tust du das, was du tun solltest?«

»Ja. Keinen Drink in die Hand zu nehmen, ist das Wichtigste. Jeden Tag, an dem ich das schaffe, habe ich Erfolg.«

Greg lächelte zögerlich. »Ein Ein-Tages-Erfolg. Das gefällt mir. Das mache ich auch so!«

In Bezug auf sein Unterbewusstsein sollte man so tun, als hätte man bereits erreicht, was man erhofft.

NAPOLEON HILL

KAPITEL 16

Der Mut zur Veränderung

Es gibt wenig, das mit der Begrüßung bei einem Motivationsseminar mithalten kann. Man fühlt buchstäblich die Energie, die durch die Flure strömt.

»Hallo!«, grüßte ein Mann. »Willkommen, mein Freund!«, rief ein anderer. Greg fühlte sich etwas unbehaglich angesichts all der enthusiastischen Menschen um ihn herum, besonders angesichts der Rückschläge in letzter Zeit. Er kam sich definitiv fehl am Platz vor.

»Wir freuen uns, dass Sie hier sind«, sagte ein Fremder mit energiegeladener Stimme, die selbst Richard Simmons in seinen besten Momenten übertraf, und obwohl diese Menschen so lebhaft waren, gelinde gesagt, verspürte Greg auch ihre Ernsthaftigkeit.

»Hi«, antwortete Greg. »Sieht so aus, als wäre ich am richtigen Ort.« Er trug einen Aufkleber auf dem Hemd, auf dem ›Hi, ich heiße Greg‹ stand.

»Wenn Sie nach einer Gruppe glücklicher, positiver, lösungsorientierter Menschen gesucht haben, dann auf jeden Fall«, antwortete der Mann.

»Ich suche nach Ihrem Keynote Speaker«, sagte der junge Autor. »Frank Maguire, einer der Gründer von Federal Express. Wissen Sie, wo ich ihn finden kann?«

»Hier entlang.« Der Mann führte ihn zu einem Konferenzraum in der Nähe. »Er kommt als Letzter dran. Alle sind gespannt darauf, seine Geschichte zu hören.«

»Ich auch«, erwiderte Greg.

Sie gingen durch die Tür und er erkannte sofort, wer Maguire war. Es hatte sich bereits ein kleines Grüppchen an Menschen eng um ihn versammelt und alle wollten Fotos oder ein Autogramm und fragten ihn Löcher in den Bauch.

Statt sich nach vorne zu drängen, wie er es sonst gerne machte, setzte sich Greg schweigend hin, bis die letzte Person sich kurz unter vier Augen mit Maguire unterhalten hatte. Das war Gregs erster Versuch, ein Interview zu ergattern, ohne dass ihm seine Mentoren halfen. Er wollte sehen, ob Menschen sich ihm ebenso öffneten wie bei Empfehlungen von außen. Würde er auch so eine gemeinsame Basis finden?

Während er wartete, bis er dran war, verspürte er eine neue Ruhe; das Gefühl, auf dem richtigen Weg zu sein, auch wenn es noch viele Fragen zu beantworten und Berge zu erklimmen gab.

»Mr Maguire?«, sagte er, als er auf den Ehrengast zuging und die Hand ausstreckte. »Mein Name ist Greg. Es ist ein Vergnügen, Sie zu treffen, Sir.«

»Das Vergnügen ist ganz meinerseits«, sagte Frank Maguire mit aufrichtiger Wärme in der Stimme. »Haben wir uns schon getroffen?«

»Ja, haben wir – wir haben uns gerade die Hände geschüttelt«, witzelte der jüngere Mann.

»Ha!«, erwiderte der Redner. »Der war gut. Wie kann ich Ihnen zu Diensten sein?«

Wow! Da war es wieder: Ein weiterer Leader, der ihm anbot, ihm zu helfen, und das war keiner von Bucklands Freunden. Wie kann es sein, dass jeder dieser Menschen dieselbe Frage stellt?

»Ich hätte gerne ein paar Minuten Ihrer Zeit. Kennen Sie das Buch *Think and Grow Rich*?«, fragte Greg.

»Machen Sie Witze?«, rief Maguire aus. »Das Buch hat mein Leben verändert.«

»Nun, ich arbeite an einem neuen Projekt, gemeinsam mit einer Frau namens Sharon Lechter und mithilfe der Napoleon Hill Foundation, und ich wollte Sie fragen …«

»Sie arbeiten mit Don Green zusammen?«, unterbrach ihn Maguire.

»Sie kennen ihn?«, wollte Greg wissen.

»Ein großartiger Mann und eine tolle Organisation«, antwortete Frank. »Wie kann ich Ihnen helfen?«

So viel zu meiner Theorie, dachte der junge Mann – sieht aus, als verkehrte er doch in denselben Kreisen. Kein Wunder, dass er die gleiche Einstellung wie die anderen hat. Ist es nicht erstaunlich, dass all seine Interviewpartner sich mit demselben Menschenschlag umgaben? Das konnte er nicht leugnen und er empfand einen gewissen Stolz, dass seine Mentoren eine Person, die er kennenlernen wollte, ebenso kannten.

»Würden Sie mir Ihre Geschichte erzählen?«

Frank atmete tief durch und sagte: »Mein Name ist Francis Xavier Maguire.«

Greg fragte: »Jeder kann im Internet nachlesen, was Sie geleistet haben, aber was ich wissen wollte, ist Folgendes: Mit welcher Art von Herausforderungen wurden Sie konfrontiert?«

»Ich musste stets mit Herausforderungen kämpfen. Das Leben ist eine einzige große Herausforderung. Oder, um es anders auszudrücken, das Leben ist eine große Gelegenheit, die Herausforderungen zu überwinden.«

»Haben Sie das immer so gesehen oder war das etwas, das Sie erfahren haben?«, fragte Greg.

»Nein, als spindeldürrer kleiner Junge wurde mir oft übel mitgespielt. Eines Tages beschloss ich, da nicht mehr mitzumachen und mich dem Spiel des Lebens zu widmen. Sobald das passierte und ich diesen Entschluss getroffen hatte, beschloss ich ebenso, dass ich mit großen Einsätzen spielen würde, also stand ich meinen Mann und wehrte mich.«

»Sie sind also ein Fan von *Think and Grow Rich*?«, fragte Greg.

»Sie scherzen, oder? Hill hat alles begründet, was wir heute im Bereich persönlicher Weiterentwicklung hören, sehen und lesen. Der Mann war ein Genie. Mein Lieblingskapitel ist das über den Goldschürfer, der aufgab, kurz bevor er auf den Goldschatz stieß.«

Greg wunderte sich nicht mehr darüber, dass diese Geschichte nicht nur zur treibenden Kraft seines Lebens geworden war, sondern auch auf andere einen so großen Einfluss hatte.

Maguire fuhr fort: »Jeder erfolgreiche Mensch, den ich je kennengelernt habe, hat trotz aller Herausforderungen nie aufgegeben. Als wir Federal Express gründeten, hieß es, wir würden es nie schaffen, aber wir haben nicht aufgegeben. Als man Colonel Sanders sagte, er würde niemals Hühnchen als Fastfood verkaufen können, hörte er nicht darauf und gab nicht auf. Und als ich in den 1960er-Jahren für Jack Kennedy arbeitete, hat niemand geglaubt, dass er zum

Präsidentschaftskandidaten nominiert werden würde, aber er gab nie auf.«

Andere Leute in der Nähe bildeten einen Kreis um den Keynote Speaker, während er weitersprach:

»Jedes Mal, wenn ich an den Geschichten beteiligt war oder über sie gelesen habe, waren die Menschen, die Erfolg hatten, stets diejenigen, die …«

Greg ahnte, dass gleich ein Weisheitsschatz folgen würde, also öffnete er seinen Notizblock und schrieb:

Sich weigern aufzugeben.

»Aber das stimmt doch nur in Bezug auf den eigenen Lebenszweck, glauben Sie nicht? Ich meine, wenn Sie etwas tun, das Sie verabscheuen und für das Sie kein Talent haben, ist es dann nicht vernünftig, einen neuen Weg einzuschlagen und sich in eine andere Richtung zu bewegen?«, fragte Greg.

»Guter Punkt«, sagte der Keynote Speaker. »Und das stimmt absolut. Genau wie Napoleon Hill es in seinem Buch beschrieben hat. Bevor irgendeiner dieser Ratschläge wirken kann, müssen Sie Ihren konkreten wichtigsten Lebenszweck finden – Ihr Schicksal. Und sobald Sie diesen gefunden haben, müssen Sie sich immer auf dieses Schicksal konzentrieren und es *niemals* aus den Augen verlieren. Denken Sie daran: Was Sie erträumen, können Sie auch schaffen. Sobald Sie wissen, wofür Sie bestimmt sind, werden Sie nicht mehr scheitern.«

Greg schwieg und nahm jedes Wort dieser starken Botschaft in sich auf.

Maguire redete weiter: »Mit anderen Worten, Ihr Verstand wird Ihnen nicht gestatten, sich etwas vorzustellen, das Sie nicht erreichen können. Wenn Sie also das erste Mal dieses Bild zum Gegenstand

Ihrer Vorstellungskraft machen, wie etwa Hühnchen in einer Pappschachtel zu verkaufen, mitten in der Nacht Pakete zu liefern oder zum Präsidentschaftskandidaten der Vereinigen Staaten ernannt zu werden – solange Sie es erträumen können, ist es bereits eine Realität, die darauf wartet, dass Sie einfach nur in ihr ankommen.«

Greg notierte in gewohnter Weise diese Botschaft des Keynote Speakers auf seinem Notizblock:

Ein Traum ist eine Realität,
die darauf wartet, dass du dort ankommst.

»Schildern Sie doch einmal von Beginn an, wie es war, mit Fred Smith beim Start von FedEx zusammenzuarbeiten?«

»Er ist ein wunderbarer Philosoph. 1973 hatte er die Vision, dass Federal Express auf dem gesamten Globus verfügbar sein und eine Dienstleistung darstellen würde, die noch niemand lieferte. Und auch wenn die Risikokapitalgeber und seine engsten Mitarbeiter ihn verrückt nannten, gab er nie auf. Er wusste immer, wie man um große Einsätze spielte, bis er einen Weg fand, diese noch weiter zu erhöhen.«

»Wie kam es zu Ihrer Zusammenarbeit mit ihm?«

»Nachdem ich bei KFC aufgehört hatte, sah Fred einen Artikel über mich in *Business Weekly* und rief mich an. Er sagte, er würde gerne mit mir reden. Ich traf mich mit ihm in einem kleinen Holiday Inn und er hatte diese Serviette dabei, auf die eine Speiche und eine Nabe gezeichnet war. Ich sprach: ›Fred, ich will Sie etwas fragen. Ich will verstehen, was Sie da sagen. Sie wollen mitten in der Nacht Pakete durchs ganze Land fahren und sie hier nach Memphis liefern?‹ Er sagte: ›Genau, stimmt.‹ Ich war etwas besorgt und erwiderte: ›Dann habe ich Sie wohl richtig verstanden. Und Sie wollen sie dann hier umschlagen und am nächsten Morgen noch vor der Morgendämmerung weiterschicken?‹ Er antwortete: ›Stimmt.‹ Ich sagte: ›Fred, das ist die dümmste Idee, die ich je gehört habe.‹ Und er sah mich an und meinte: ›Dümmer, als Hühnchen in einer Pappschachtel zu verkaufen?‹«

Greg lachte und sagte: »Das ist erstaunlich. Hat er das wirklich gesagt? Wie lange gab es FedEx, bevor Sie dazugestoßen sind?«

»Es gab noch kein FedEx. Ich war einer der ersten Mitarbeiter.«

»Würden Sie sich als Co-Gründer bezeichnen?«

Maguire klang ernst, als er umgehend erwiderte: »Nein, es gibt keinen Co-Gründer. Fred ist der einzige Gründer. Dasselbe gilt für KFC. Wenn Sie nicht der Mann mit dem weißen Anzug sind, sind Sie nicht der Gründer.«

»Was würden Sie Leuten raten, die sich auf ihrem Weg allein fühlen? Was würden Sie vorschlagen, das sie inspirieren könnte weiterzumachen, sobald sie ihren Weg gefunden haben?«, wollte Greg wissen.

»Der größte Fehler, den Menschen machen können, ist zu glauben, sie seien die Einzigen, die je so etwas durchmachen mussten. In Wahrheit teilen wir alle diese Erfahrungen. Wir alle lieben unsere Kinder, aber wir alle durchleben die gleiche seelische Achterbahnfahrt, wenn wir sie großziehen. Wir alle haben Unternehmen, die Zyklen durchleben.«

»Geben Sie mir ein Beispiel, wie man im Flow bleibt, wenn man mit Herausforderungen konfrontiert ist.«

Maguire beugte sich näher zu Greg und verlagerte dabei das Gewicht, um seine letzte Botschaft anzubringen. »Um beim Beispiel von FedEx zu bleiben – 50 Prozent unseres Umsatzes stammte von Dokumenten und die anderen 50 von Paketen. Eines Tages lasen wir in der Zeitung über diese neue Erfindung namens Faxgerät. Wir wussten, dass die Hälfte unseres Umsatzes gerade den Bach runterging, und hätten einfach aufgeben können. Das war es, wir sind am Ende. Aber nicht Fred … er betrachtete die Sache genauer, wurde kreativ und verbesserte das Unternehmen angesichts dieses gewaltigen Hindernisses, das uns in den Weg gestellt worden war. Das taten wir mehrfach.«

Spontan applaudierte die Gruppe, die sich versammelt hatte, als Maguire aufstand und sich von dem jungen Autor verabschiedete.

Bevor er ging, legte Maguire den Arm um Gregs Schulter und flüsterte ihm ins Ohr: »Sie stehen einen Meter vom Gold entfernt, also weg mit dem Selbstmitleid, spielen Sie nicht das Opfer, und was immer Sie auch tun – graben Sie weiter. Sie sind am Zug!«

Willenskraft und Leidenschaft sind ein starkes Paar, wenn man sie auf die richtige Weise kombiniert.

NAPOLEON HILL

KAPITEL 17

Nie aufgeben

Im Korridor rasten Gregs Gedanken erneut. Während er seinen Notizblock wegsteckte, stieß er mit einem Mann vor der Tür zusammen, der dabei ein wenig Kaffee verschüttete.

»Entschuldigen Sie«, sagte der erschrockene Gast humorvoll, anscheinend unbeeindruckt von dem Vorfall. »Mein Fehler – ich hätte aufpassen sollen, wo Sie hingehen. Genießen Sie den Event?«

Greg lächelte, als er das hörte, und sagte: »Ich werde ihn leider verpassen. Ich war nur hier, um mit dem Keynote Speaker zu sprechen, bevor er auf die Bühne geht.«

»Sie sollten bleiben … der nächste Redner ist ebenfalls gut. Er redet darüber, wie wirkungsvoll Direktverkauf ist«, erwiderte der Mann, während er die Krawatte glattstrich, die durch den Zusammenstoß verschoben war. »Er hat ein Programm entwickelt, das darauf basiert, ›erfolgreich zu werden, indem man anderen hilft, ihre Träume zu erreichen‹.«

»Das ist toll, aber das interessiert mich nicht. Ich mag kein Multilevel-Marketing.«

»Verstehe ich«, erwiderte der Fremde. »So habe ich auch gedacht. Das war allerdings, bevor ich die richtige Community traf und mitmachte. Dieses Business hat mein Leben völlig verändert.«

»Wirklich?«, fragte Greg.

»Ja, absolut. Sehen Sie, Direktverkauf und Network-Marketing liegen vielleicht nicht jedem. Sie sind jedoch eine positive, treibende Kraft in unserem Land und auf der ganzen Welt. Was, glauben Sie, ist wirkungsvoller – wenn eine TV-Sendung Ihnen etwas verkauft oder wenn jemand, den Sie kennen und dem Sie vertrauen, Ihnen ein Produkt oder eine Dienstleistung empfiehlt?«

»Natürlich wenn ein Freund etwas empfiehlt, nehme ich an.«

»Nun, da haben Sie es – so einfach ist das. Stellen Sie sich vor, Sie würden dafür bezahlt, jedes Mal, wenn Sie ein Buch, einen Film oder etwas anderes weiterempfehlen, das Ihnen gefallen hat.«

»Ich wäre Millionär«, lachte Greg.

»Viele Menschen in diesen Organisationen sind genau das. Sie sind erfolgreich, einfach weil sie anderen helfen, ihre Ziele zu erreichen. Sie werden dafür bezahlt, ihre Begeisterung über ein Produkt oder eine Dienstleistung anderen mitzuteilen. Wenn die Person, der sie etwas empfohlen haben, dies weitergibt, werden sie dafür vergütet, der Katalysator für dieses Interesse gewesen zu sein. Das nennen wir residuales Einkommen: einmal anderen etwas empfehlen und dann immer wieder dafür bezahlt werden.

Der Bonus besteht darin, dass die Person, die Sie in das Business eingeführt hat, zu Ihrem Mentor wird, und dann erhalten Sie die

Gelegenheit, selbst Mentor derjenigen zu werden, die Sie wiederum einführen.«

»Hm«, antwortete Greg nur, als er über das nachdachte, was er eben gehört hatte.

Der Fremde fuhr fort: »Jetzt, da ich die perfekte Organisation gefunden habe, eine, an die ich glaube und die mich dabei unterstützt, erfolgreich zu werden, hat sich meine gesamte Welt verändert.«

Greg sah ihn zweifelnd an.

»Nein, wirklich«, sagte der Mann. »Die positive Veränderung in meinem Leben ist unglaublich. Es ist schwer, sich vorzustellen, dass mein gutes Einkommen daher stammt, anderen zu helfen, dasselbe zu tun. Das Beste daran ist jedoch das Gefühl, wirklich etwas zu bewirken. Während so viele Menschen da draußen sich darauf konzentrieren, was für sie dabei herausspringt, konzentriert sich mein Unternehmen auf die Philosophie von Zig Ziglar: *Um das zu erhalten, was man will, sollte man zuerst genügend anderen Menschen helfen zu bekommen, was sie wollen*!«

Greg dankte dem Fremden aufrichtig für die erhellenden Worte, als sie die Hände schüttelten und sich ihre Wege trennten. Damit hatte er nicht gerechnet: Zum ersten Mal sah er den Direktverkauf in einem neuen Licht. Seine Gedanken überschlugen sich wie üblich.

Es war tatsächlich eher lustig, denn er versuchte selbst das Gleiche, nur mit einem anderen Medium. Ein Buch schreiben und dafür bezahlt werden, es anderen zu vermitteln. Und wenn diese Leute es teilten, würden die zusätzlichen Buchverkäufe sich erneut für ihn auszahlen.

»Was für eine tolle Art, Geschäfte zu machen«, flüsterte er, als ihm die Erkenntnis kam, während er wieder in ein Taxi stieg, auf dem Weg zu einer weiteren Verabredung.

Als er daran dachte, anderen zu helfen, wanderten seine Gedanken automatisch zu David. Mit dem Handy am Ohr freute er sich, als David beim zweiten Klingeln abnahm. »Was ist los, Brüderlein?«

»Ein weiterer Tag. Ein guter Tag, um nüchtern zu bleiben. Ein guter Tag, am Leben zu sein. Wie sieht es bei dir aus?«

Greg hatte Davids Veränderung immer noch nicht verarbeitet. Als Jugendlicher war sein Adoptivbruder im Wettbewerb und bei Herausforderungen weit vorne gewesen, der Erste, der ein Mädchen zu einem Date eingeladen hatte, der Erste, der sich dem Debattierclub angeschlossen hatte, derjenige mit den besseren Noten in allen Kursen – jemand, der führte, nicht folgte.

Über die letzten paar Jahre war all das in den Hintergrund getreten, wegen seiner zunehmenden Alkoholabhängigkeit. Die Sucht war zuerst subtil gewesen, dann sichtbarer, bis sie zum bestimmenden Faktor seines Lebens geworden war. Greg hatte es gehasst, was der Alkohol David angetan hatte, und dann David verabscheut, weil er zugelassen hatte, dass der Alkohol sein Leben bestimmte.

Nun klang Davids Stimme am Handy anders, seit er auf Entzug gewesen war und daran arbeitete, seit seinem Rückfall nüchtern zu bleiben … es war ein so großer Unterschied, dass es einem Wunder gleichkam. Greg betete lautlos, zum Dank für diese unglaubliche Wandlung.

David erzählte ihm von den Menschen, die er im Entzug kennengelernt hatte, andere Alkoholiker und Süchtige wie er selbst, die einen neuen Lebensweg beschritten hatten, und entschlossen waren, die zweite Chance – oder in manchen Fällen die dritte oder vierte Chance – nicht durch die Finger schlüpfen zu lassen.

Heute füllten Greg und David ihre Unterhaltungen in wenigen Minuten mit mehr Inhalt, als sie es in den Jahren getan hatten, in denen sie nicht über das Problem gesprochen hatten, das zwischen ihnen stand. Sie wussten beide, dass der Weg immer noch viele Hindernisse bereithielt, aber David hatte hoffentlich neue Skills erlernt und neue Freunde gefunden, die ihm helfen würden, auf diesem Weg bessere Entscheidungen zu treffen.

»Ich muss los zu einem Meeting«, sagte David mit aufrichtigem Enthusiasmus. »Ich komme immer etwas früher, um die Stühle mit aufzubauen. Jemand hat mir gesagt, solche einfachen Dinge können viel bewirken. Schließlich musste jemand auch für mich einen Stuhl hinstellen, bevor ich bei meinem ersten Meeting aufgetaucht bin. Es ist nicht einfach von selbst passiert!«

»Nein, es ist nicht einfach von selbst passiert, Dave«, stimmte Greg ihm zu. Wenn sein Bruder nur das Lächeln sehen konnte, das hier auf dem Rücksitz eines Taxis sein Gesicht erstrahlen ließ.

Alle emotional aufgeladenen, von Glauben unterstützten Gedanken beginnen sofort, ihr physisches Äquivalent oder Gegenstück hervorzubringen.

NAPOLEON HILL

KAPITEL 18

Der Mut zum Erfolg

Nach der wohl kürzesten Taxifahrt seiner Karriere, über acht Häuserblocks, erreichte er das kleine Hotel in der Nähe des Flughafens von Atlanta, Georgia, wo er sich mit seiner nächsten Interviewpartnerin treffen sollte, bevor er sich wieder auf den Heimweg machte.

Als er aus dem Taxi stieg, klingelte sein Handy. »Ich bin es«, sagte die fröhliche Stimme einer Frau. »Ich bin in der Lobby und bereit, wenn Sie es sind.«

Er hatte sofort das Gefühl, dass diese Begegnung etwas Besonderes werden würde. Mit dieser Person hatte er vorher noch nie gesprochen und sie begrüßte ihn schon mit »ich bin es …«.

Genevieve Bos war der kreative Kopf und die Gründerin eines Magazins namens *Pink*, das sich an Frauen in Führungspositionen richtete.

Während die meisten Business-Publikationen eine überwiegend männliche Perspektive einnahmen, wollte sie dieses Stereotyp durchbrechen und eine neue Stimme für die heutige Generation von Frauen bieten.

Sie kam in der Lobby auf ihn zu, Greg schüttelte ihr die Hand und sagte: »Hi, Genevieve, danke, dass Sie sich mit mir treffen.«

»Kein Problem, das wollte ich mir keinesfalls entgehen lassen«, erwiderte sie. »Tatsächlich interessiert mich dieses Interview von den vielen der letzten Jahre am meisten. Ich habe *Think and Grow Rich* gelesen, als ich erst 16 war, und es hat mein Leben verändert. Wenn Sie mit der Napoleon Hill Foundation bei diesem Projekt zusammenarbeiten, möchte ich unbedingt ein Teil davon sein.«

»Ja, und meine Co-Autorin ist wiederum ein Fan von Ihnen. Sie hat sogar für Ihr Magazin geschrieben, Sharon Lechter«, sagte Greg.

»Ausgezeichnet, ich wollte sie sowieso treffen!«, rief sie aus. Sogar so laut, dass Greg nicht anders konnte, als sich in der Lobby umzusehen, ob sie jemand gehört hatte. »Ihre Arbeit an der *Rich-Dad*-Reihe war unglaublich. Abgesehen davon werden ihre neuen Projekte wie Pay Your Family First und YOUTHpreneur Leuten eine große Hilfe in puncto Finanzen sein.«

»Ich rufe sie für Sie an«, bot Greg an, als er sein allgegenwärtiges Handy aus der Tasche zog, die Schnellwahltaste drückte und den Lautsprecher einschaltete. »Sharon, ich bin es. Ich habe jemanden bei mir, den Sie vielleicht treffen sollten.« Sie wusste, dass er einen Termin mit Bos hatte, also sagte Sharon prompt: »Genevieve, es ist ein Vergnügen, dich zu treffen, auch wenn es nur am Telefon ist.«

Es waren nur etwa sieben Minuten, aber Greg kam es wie eine Ewigkeit vor, während sich die beiden wie alte Highschool-Freundinnen unterhielten, die gemeinsam im Cheerleader-Team gewesen waren. Er hielt das Handy und sein Arm wurde schon müde, während die beiden Frauen miteinander sprachen.

»Hey, ich bin auch noch hier – erinnern Sie sich?«, sagte der Handybesitzer und unterbrach den Dialog darüber, wie wichtig es ist, Finanzwissen in der Schule zu vermitteln.

»Es tut mir leid«, sagte Sharon. »Dann zurück zum Geschäftlichen. Erzähl uns, Genevieve, wie du damals angefangen hast?«

»Ich habe meine Lektion früh gelernt, so viel kann ich sagen. Es begann vor Jahren in der Softwareindustrie. Ich habe für ein kleines Start-up-Unternehmen gearbeitet, wie es viele damals taten. Und wie viele andere Unternehmen brauchten wir Kapital. Auch wenn die meisten alles taten, um einen Dollar zu verdienen, erlebte ich meinen ersten Aha-Moment, als ich die Dinge aus einer anderen Perspektive betrachtete.«

Aus dem Lautsprecher des Handys fragte Sharon: »Was meinst du damit?«

»All die anderen Unternehmen senkten die Preise und boten enorme Discounts an, um die Konkurrenz auszuschalten. Sie standen alle sozusagen auf demselben Spielfeld im Wettbewerb zueinander und reduzierten ihren Profit, um demselben Kunden-Pool etwas zu verkaufen. Allein durch gesunden Menschenverstand sah man, wie die Margen mit jeder Minute kleiner wurden.«

»Was hätte man sonst tun können?«, fragte Greg.

»Ich beschloss stattdessen, mal über den eigenen Tellerrand hinauszuschauen. Es war so – niemand hat unser Produkt im Ausland verkauft. Also verbrachte ich all meine Zeit damit, jemanden zu finden, der uns für das Recht bezahlte, unsere Produkte in anderen Ländern zu verkaufen. Das stellte sich als der richtige Schritt heraus. Wo andere ihre Profite reduzieren oder sogar das Unternehmen an Risikokapitalgeber verkaufen mussten, verkauften wir einfach die Rechte – und nicht das Unternehmen. So setzten wir den Hebel an, um zu wachsen, während wir gleichzeitig den globalen Markt eroberten. Als andere merkten, was wir taten, war es zu spät. Wir dominierten bereits die Branche.«

»Das ist toll«, sagte Sharon. »Ich wollte dich noch etwas fragen. Das Projekt, an dem du arbeitest, dreht sich darum, Herausforderungen zu überwinden. Wie hast du deine Ängste auf dem Weg zum Erfolg überwunden?«

»Sehr gute Frage«, antwortete Bos. »Ich habe immer eine einfache Frage – eigentlich eher zwei – gestellt: Was kann schlimmstenfalls passieren? Und kann ich mit diesem Worst-Case-Szenario umgehen? Wenn ich mit der Antwort leben konnte, dann habe ich es getan.«

Greg grinste unübersehbar von einem Ohr zum anderen. Er griff hastig nach seinem Notizblock, um aufzuschreiben, was sie gerade gesagt hatte:

Was kann schlimmstenfalls passieren?
Kann ich damit umgehen?
Wenn die Antwort ja lautet, dann tu es!

Er legte seine Notizen zur Seite und fragte: »Woher stammte die Idee für das Magazin *Pink*?«

Bos schwieg einen Augenblick und sah aus, als würde sie angestrengt nachdenken, bevor sie antwortete: »Die Medien haben großen Einfluss, sowohl im Guten wie im, na ja, weniger Guten. Es schien mir, als liefen die meisten Magazine für Frauen in der Branche unter dem Namen ›Schund‹. Sie wissen schon – die Sorte voller Klatsch und Tratsch. Ich wollte dieses Image verändern und diesen Spiegel kaputt machen.«

»Spiegel?«, fragte Sharon aus der Ferne.

»Ja, einem meiner Mentoren zufolge tragen wir alle unseren eigenen Spiegel mit uns herum. So wie wir unsere Reflexion sehen, sieht uns wiederum die Welt. Also wollte ich die Art zerstören, wie Frauen im echten Leben dargestellt wurden. Wenn man sich die Zeitungsstände ansah, schien uns nur zu interessieren, Mode auszusuchen und zu erfahren, was das Kind einer Prominenten im Kindergarten isst. Es ist lächerlich. Ich dachte: *Wieso schreiben die meisten Magazine an der Supermarktkasse nur über untreue Ehemänner oder die angesagte Farbe für den Herbst?*«

»Heißt das, ich sollte Sie besser nicht fragen, was Sie von meinem neuen Hemd halten?«, wollte Greg wissen.

»Sieht gut aus«, sagte Bos, ohne zu zögern. »Das ist der Punkt, auf den ich hinauswill. Frauen sind zu mehr in der Lage, als nur Assistentinnen der Geschäftsleitung oder Rezeptionistinnen zu werden. Ich wollte darauf beharren, dass Frauen alles haben können: eine feminine Seite und gleichzeitig Einfluss am Arbeitsplatz. Wir müssen nicht unsere feminine Energie aufgeben, um mit den Jungs mitzuhalten.«

»Zurück zu den Herausforderungen«, warf Greg ein, als ihm klarwurde, dass Bos mehr zu bieten hatte, als er erwartet hatte. »Hatten Sie auf Ihrem Weg an die Spitze Herausforderungen zu bewältigen?«

»Natürlich! So geht es uns allen«, sagte sie in sachlichem Ton. Greg hatte den Eindruck, er würde gleich einen weiteren Weisheitsschatz hören, also griff er erneut nach seinem Notizblock und schrieb auf, was sie als Nächstes sagte. »Das Geheimnis ist, man sollte …«

Niemals die eigenen Fehler definieren lassen, wer man ist.

»Wir alle erleben Rückschläge und stoßen auf Hindernisse im Leben. Aber aus irgendeinem Grund neigen Frauen dazu, das persönlicher zu nehmen als Männer. Wenn ein Mann 20 Millionen Dollar verliert, sagt er: ›Hey, das war eine teure Lektion, wo ist mein Bonus?‹ Wenn eine Frau 20 Millionen Dollar verliert, neigt sie dazu, das wie einen Mühlstein um den Hals zu tragen.«

»Wir müssen also einfach loslassen und daraus lernen?«, fragte Sharon.

»Absolut!«, meinte Bos. »Lerne daraus und mache weiter – wenn du davon ausgehen kannst, alles getan zu haben, um es zu korrigieren. Das ist die einzige Art, wie man wieder nach vorne blicken kann. Eines meiner Lieblingsbücher, das mein Leben beeinflusst hat, ist *The Power of Decision* von Dr. Raymond Charles Barker. Darin sagt er: ›Keine Entscheidung zu treffen, kommt der Entscheidung gleich zu scheitern oder im Leben nur Durchschnittliches zu leisten.‹«

Sharon stellte sofort eine weitere Frage: »Inwieweit spielen Anpassungen in deiner Welt eine Rolle? Ich meine, änderst du deine Strategie manchmal?«

»Auf jeden Fall. Das Gleiche gilt für alles im Leben. Ich stelle es mir vor wie einen großen Rubiks Würfel. Du drehst ihn, bis du die gesuchte Kombination erhältst.«

Dankbar für alle ihre Antworten beendete Greg das Gespräch mit einer letzten, tiefgehenden Frage an Genevieve Bos: »Inwiefern spielt Glaube eine Rolle in Ihrem Leben?«

Auf diese Frage kam keine schnelle Antwort und keine lustige Anekdote. Stattdessen erwiderte Bos etwas, das sich in ähnlicher Weise durch all die anderen großartigen Interviews gezogen hatte:

»Glaube ist alles. Das Ausmaß an Glaube oder der Mangel daran diktiert den Unterschied zwischen Erfolg und Fehlschlag. So einfach ist es. Sobald Sie glauben, werden Sie die Stärke finden, alles möglich zu machen.«

In Ihrem Leben wird nichts passieren, wenn nicht Ihre eigene Initiative Sie inspiriert. Kreative Vision ist die Kraft, die diese persönliche Initiative inspiriert.

NAPOLEON HILL

KAPITEL 19

Die Rolodex-Weisheit

Greg schaltete den Fernseher ein, während er seinen Morgenkaffee trank, und lächelte, als die Wettervorhersage ein weiteres perfektes Wochenende versprach. In Südkalifornien die Wetteransage zu machen, war sicher der einfachste Job beim Fernsehen!

»Ein weiterer wunderschöner Tag in Amerikas schönster Stadt: 23 Grad Celsius, kein Regen, keine Wolken, aber in der Nacht kann es kühl werden.« Dann witzelte der Moderator: »Sie müssen vielleicht Socken tragen.«

Als er das Haus verließ, fiel Greg ein, dass er fast seinen Notizblock vergessen hätte, und er rannte wieder hinein, um ihn zu holen.

Das erinnerte ihn an die alte Werbung von American Express: »Verlassen Sie nie das Haus ohne sie.«

Er fragte sich, was David wohl an diesem wunderbaren Tag tat, einem Gottesgeschenk, wie er es inzwischen sah. Wenn David es schaffte, heute nüchtern zu bleiben, und nach dem niederschmetternden Rückfall weiter den Kurs zu halten, um gesund zu werden, dann würde es ein guter Tag werden. So wie es für Greg ein guter Tag war, wenn er etwas Neues lernte, einen weiteren Schritt auf seiner eigenen Reise zur Weisheit – und zum Erfolg machte.

Während der Fahrt zum Flughafen, ein mittlerweile vertrautes Ritual, blätterte Greg durch die Seiten seines Notizblocks, so wie er es schon viele Male zuvor getan hatte. Dieses Mal sah er jedoch etwas aus einer völlig neuen Perspektive.

Als er seine Perlen der Inspiration las, stellte er eine Gemeinsamkeit fest. Jede Person, die er getroffen hatte, verfügte über eine ähnliche Basis. Egal, mit wem sie in Verbindung standen, wer sie waren oder was sie taten, sie operierten anhand derselben Erkenntnisse.

Ihn begeisterte diese Entdeckung und er konnte es kaum erwarten, Sharon davon zu erzählen, wenn er in Virginia ankam.

Die beiden waren von Don Green in den Hauptsitz der Napoleon Hill Foundation eingeladen worden, der sich ein Bild vom Fortschritt des Buches verschaffen wollte, und auch wenn es ein Vergnügen war, sich persönlich zu treffen, war Greg ein wenig zumute, als würde der Schulrektor ihn in sein Büro beordern. Nur steckte er dieses Mal nicht in Schwierigkeiten, sondern hatte gute Neuigkeiten zu verkünden.

»Hi, Leute«, sagte er, als er den Raum betrat, in dem das Brainstorming stattfinden sollte. »Ich muss euch etwas zeigen.«

Sharon war bereits da und warf einen Blick auf einige Artikel von Napoleon Hill, als Greg hereinkam. Sie blickte auf und lächelte. Als er sich setzte, schob er den Notizblock über den Tisch, um auf seine Entdeckung hinzuweisen.

»Was haben Sie da?«, fragte Don Green.

»Sehen Sie sich das an. Mir ist heute aufgefallen, dass es einen Trend gibt, den all diese großartigen amerikanischen Erfolgsgeschichten gemeinsam haben.«

»Ich wette, ich weiß, was das ist«, sagte Green. »Was einen inspiriert und was all diese Menschen dazu brachte, diese Gipfel zu erreichen, ist genau, was Hill immer gesagt hat – sie fanden ihren wichtigsten konkreten Lebenszweck.«

»Genau«, mischte sich Sharon ein und stach mit ihrem Stift Löcher in die Luft. »Jede Person, mit der wir gesprochen und über die wir geschrieben haben, brannte dafür, nicht aufzugeben, weil sie sich auf einer Mission befand, die größer war als sie. Es ging nie um sie selbst; es ging um ihr ›Warum‹.«

»Ihr ›Warum‹?«, fragte Green.

Sharon fuhr fort: »Ja, wir haben es tausend Mal gehört. Es geht nicht um das ›Wie‹, sondern es geht um das ›Warum‹. Wenn der Grund für eine Sache wichtig genug ist, wird sich das ›Wie‹ von selbst finden.«

Green lächelte bei dieser Einsicht und lehnte sich im Stuhl zurück.

Greg meinte: »Das ist genau, was ich auch gefunden habe, als ich meine Notizen durchging. All diese Geschichten hatten diese Message gemeinsam.«

»Sie reicht noch weit tiefer, als was Sie vorher erwähnt haben – sie reicht über Amerika hinaus«, fügte Green hinzu. »Tatsache ist, dass sie weltweit in gleicher Weise zu finden ist.« Er bemerkte den Blick auf Gregs Gesicht und fragte: »Sie glauben mir nicht, oder?«

»Nun …«, brachte Greg zögerlich heraus.

Einen Moment sah Sharon genüsslich zu, wie Greg mit dieser unangenehmen Situation umging. Dann sagte sie: »Wir müssen natürlich dem Buch noch eine internationale Perspektive zufügen. Die Weltwirtschaft ist in Aufruhr und Menschen auf der ganzen Welt wollen lernen, wie man in diesem schwierigen Umfeld erfolgreich sein kann. Wir müssen in der Lage sein, jeden anzusprechen, der nach dem Erfolg strebt.«

Als hätte er es geplant, griff Don Green in seinen Schreibtisch und holte ein altmodisches Rolodex heraus, eine dieser Rollkarteien, in die man Karten mit Namen und Telefonnummern hineinsteckte, um das Gerät dann wie ein Rad zu drehen, damit man die Kontaktinformationen fand.

»Also«, bot er an. »Ich drehe das Ding und bitte Sie beide, je zwei Karten zu ziehen.«

Als Green die Kartei drehte, wechselten sich Greg und Sharon ab, zogen Karten heraus und legten sie auf den Schreibtisch.

»In dieser Rollkartei bewahre ich meine internationalen Kontakte auf. Ich bin keine Spielernatur, aber ich wette, wenn wir jede dieser zufällig ausgewählten Personen anriefen, würden wir dasselbe erfahren: dass sie auf einer Mission waren, die über sie selbst hinausreichte, egal, woher sie stammen.«

Amüsiert und fasziniert bewunderten die beiden Gäste die Zuversicht ihres Gastgebers. Greg sagte: »Aber diese Kontakte sind doch sicher mittlerweile veraltet, da sie immer noch in einem Rolodex stecken. So etwas habe ich ja seit Jahren nicht gesehen. Haben Sie keine aktuellen, die sie in ihrem Computer abspeichern? Vielleicht brauchen wir Erfolgsprinzipien, die etwas mehr up to date sind?«

Green sah seinem Besucher aus Kalifornien in die Augen und sagte: »Greg, wie Sie sich vorstellen können, erhält die Napoleon Hill Foundation Anfragen aus aller Welt – wir verzeichnen mehr als 200.000 Aufrufe auf unserer Website am Tag. Also, ja, ich verwende einen Computer. Ich mag nur einfach diese kleinen Karteikarten und das Rolodex.«

Greg schwieg, während sein Mentor zum Punkt kam:

»Wir erhalten Anfragen von Menschen, die ein Foto mit Autogramm von Napoleon Hill haben wollen, und an ihn adressierte Briefe, obwohl er 1970 im Alter von 87 Jahren gestorben ist. Eines Tages erhielt ich einen Anruf von einem Mann, der sagte, er habe angefangen, *Think and Grow Rich* zu lesen, aber nachdem er entdeckt habe, wann das Buch geschrieben wurde, frage er sich, ob er seine Zeit mit solch veraltetem Material verschwende. Ich fragte den Anrufer: ›Verstehen Sie das Gesetz der Gravitation?‹ Er erwiderte: ›Was meinen Sie?‹

Ich sagte ihm, wenn ein Mann auf einem hohen Gebäude steht und von einem Mauervorsprung tritt, wird er auf dem Boden aufschlagen und tot oder schwer verletzt sein. Es ist egal, ob das vor 100 Jahren oder heute passiert. Manche Sachen ändern sich nicht – und die Prinzipien des Erfolgs haben sich nicht verändert. Zeit ist irrelevant, wenn man über die Geheimnisse des Erfolgs spricht … die übrigens gar nicht geheim sind. Das beliebte Buch *The Secret* ist ein zeitgenössisches Werk über das Gesetz der Anziehung, über das Napoleon Hill ursprünglich 1919 schrieb. Die Erfolgsprinzipien ändern sich nicht, aber sie werden oft in einem neuen Format verfasst, um neue Leser anzuziehen.«

»Okay, ich lasse mich drauf ein«, bot Sharon an. »Ich bezahle das Essen, wenn wir dieselbe Antwort auf das ›Warum‹ erhalten.«

»Abgemacht«, sagte Green zuversichtlich, als wüsste er bereits über das Ergebnis Bescheid.

Sie nahm die Visitenkarte in die Hand, die am nächsten lag, las den Namen und sagte: »Taddy. Wer ist das?«

»Taddy Blecher. Er ist brillant«, erwiderte Don Green. »Er muss der Erste gewesen sein, der eine Universität mithilfe eines Faxgeräts gegründet hat.« Greg und Sharon sahen sich verblüfft an.

Green fuhr fort: »Vor ein paar Jahren begann er in seinem Büro in Johannesburg, Südafrika, damit, Informationen per Post und Einladungen per Fax an Leute zu verschicken, die weiterkommen wollten.

Er wollte diesen jungen Menschen im Land die Chance geben, nicht mehr von der Gesellschaft als Ausgestoßene gebrandmarkt zu werden. Das Problem war, dass es keine Hochschule für sie gab. Er hatte 3500 Bewerbungen für eine Schule, die es noch nicht gab, doch Dr. Blecher und ein paar seiner Kollegen schafften es, ein Gebäude für ihre Universität anzumieten. Von diesem Moment an geschah quasi ein Wunder und die Idee wuchs zum angesehensten College in Südafrika für unterprivilegierte Studenten heran.«

Die Autoren lächelten sich an und wussten, dass Taddy eine tolle Geschichte zu erzählen hätte, wenn sie ihn ans Telefon bekämen.

Green wählte Blechers Nummer und eine fröhliche Stimme antwortete: »Hier ist Taddy.«

»Wie geht es?«, fragte Green mit seinem Südstaatenakzent.

»Na so was, Mr Green, hallo. Wie kann ich Ihnen helfen?«

»Ich habe ein paar Freunde hier bei mir, die Ihnen gerne eine Frage stellen würden.«

»Nur zu«, erwiderte Blecher.

Sharon beugte sich vor zum Lautsprecher des Telefons und sagte: »Hallo, Mr Blecher, ich bin Sharon Lechter und neben mir sitzt Greg Reid. Wir haben gehört, Sie haben eine Universität gegründet, um Leuten zu helfen, die sich normalerweise das Studium nicht leisten konnten. Was hat Sie dazu inspiriert, und vor allem, welche Herausforderungen mussten Sie dafür überwinden?«

Nach einer kurzen Pause sagte Blecher: »Oh, wir mussten gewaltige Herausforderungen überwinden. Ich nehme an, alle großen Träume beginnen mit einer Idee lange bevor andere ebenfalls daran glauben. Wir hatten absolut nichts, als wir angefangen haben, aber wir wollten *unbedingt* beweisen, dass diese jungen Leute, die von der Gesellschaft ausgestoßen worden waren, genauso kreativ wie alle anderen waren.«

Der südafrikanische Pädagoge fuhr fort: »Damals waren fast alle der Meinung, dass diese Kinder bestenfalls körperliche Arbeit verrichten konnten, um Bauern oder Handwerker zu werden – aber wir sagten nein! Wir werden beweisen, dass diese jungen Leute, die aus Lehmhütten und von der Straße kamen, auch zu Richtern, Buchhaltern, Aktienhändlern oder allem werden konnten, was sie wollten.«

Von der Message fasziniert, fragte Greg: »Taddy, was hat Sie weitermachen lassen, als alle anderen Sie für verrückt hielten?«

Taddy kicherte und antwortete geradeheraus: »Indem ich meine Einstellung aufrechterhielt, niemals darüber nachzudenken, wo ich heute stehe, sondern nur darüber, wohin ich gelangen will. Man muss mit Leidenschaft, umfassend und absolut wissen, wie das eigene Ziel aussieht. Selbst wenn es nur ein Gefühl ist, weiß man mit jeder Zelle des eigenen Körpers, dass diese Sache real ist … und vor allem, dass sie größer ist als man selbst. Man tut etwas, das noch weiteren Generationen helfen wird. Sobald man diese Tatsache akzeptiert, werden die Rückschläge und Herausforderungen nicht mehr so wichtig sein.«

»Es hört sich an, als hätten Sie ein ›Warum‹ gehabt, das stark genug war«, meinte Greg.

»Ja, das könnte man auf jeden Fall sagen«, erwiderte die Stimme aus einem anderen Land. »Diese Welt wäre ein viel besserer Ort, wenn mehr Menschen ihre Aufmerksamkeit vom ›ich‹ zum ›wir‹ ändern würden – glauben Sie nicht?«

»Stimmt«, sagte Greg. »Wir wissen es wirklich zu schätzen, dass Sie sich die Zeit genommen haben, mit uns zu reden, und ebenso Ihre großartige Arbeit, die Sie leisten. Sie haben mir, ich meine Sharon und mir, eine Menge zum Nachdenken geliefert. Dankeschön.«

Als sie sich verabschiedeten, dankten Don und Sharon dem Mann ebenfalls. Sharon sah Green an und sagte beeindruckt: »Das ist ein beeindruckendes Rolodex, das Sie da haben.«

Don lachte und sagte: »Das können Sie laut sagen. Napoleon Hills Lehren hatten einen riesigen Einfluss auf Menschen auf der ganzen Welt. Ich habe erst heute Morgen mit Tanaka Taka-aki geredet, dem Gründer der SSI Corporation und unserem Handelspartner in Japan, und ihm zufolge hängt Erfolg von den drei K ab:

Kongruenz: Seien Sie authentisch in Wort und Tat. Mit anderen Worten, tun Sie, was Sie sagen, und sagen Sie, was Sie tun. Andere beobachten Sie, und vor allem bestimmt dies Ihren Charakter.

Klarheit: Sie sollten eine kristallklare Vision dessen verfolgen, was Sie anstreben.

Konfidenz: Sie müssen mit Herz und Seele überzeugt sein, dass das, was Sie tun, einem Zweck dient.

»Aber wir sollten es vielleicht direkt von jemand anderem hören. Rufen wir die nächste Person an und hören, was sie uns zu sagen hat. Welchen Namen haben Sie, Greg?«

»LuAn Mitchell«, meinte Greg.

Sharon warf ein: »Ich habe sie schon überall in den Medien gesehen. Sie war drei Jahre nacheinander die kanadische Unternehmerin des Jahres. Wir rufen Sie an, Don. Ich würde sie so gerne treffen und wenn es nur am Telefon ist.«

Sie wandte sich an ihren Co-Autor und neckte ihn ein wenig, indem sie sagte: »Sehen Sie, Greg, eine weitere erfolgreiche Frau, die Sie interviewen können.«

»Die Frau ist ein echter Knaller, das bestätige ich Ihnen.« Green wählte ihre Büronummer, aber niemand nahm ab.

Er listete Mitchells Leistungen auf: »Zu ihren vielen Preisen gehört eine Ehrung als weltweit führende weibliche Unternehmerin in Madrid, 2001, und 2003 erhielt sie von der McGill University of Montreal, Quebec, den prestigeträchtigen Management Achievement Award. Das American Biographical Institute ernannte sie 2005 zur Frau des Jahres und sie erhielt einen Lifetime Achievement Award.

Außerdem wurde sie drei Jahre nacheinander von den Magazinen *Profit* und *Chatelaine* zu Kanadas Unternehmerin Nummer eins ernannt, wobei sie sich gegen Mitbewerberinnen aus dem ganzen Land durchsetzte. Sie erhalten vermutlich langsam einen Eindruck, denke ich. Sehen wir mal, ob ich noch eine weitere Nummer von ihr habe.«

Er drehte die Karte um und auf der Rückseite stand ihre private Handynummer. Er rief an und es kam sofort eine Antwort: »Hi, Don, was ist los, mein Lieber?«, begrüßte Mitchell ihn herzlich.

»Hi, LuAn, ich habe ein paar Kollegen hier und wir wollten dir kurz eine Frage stellen. Hast du eine Minute?«

»Natürlich, Darling, wer ist denn da?«

Sharon sprach ins Mikrofon: »Mein Name ist Sharon Lechter und neben mir sitzt Greg Reid. Wir arbeiten mit der Foundation an einem neuen Buch und wollten Sie etwas fragen.«

»Okay, schießen Sie los«, erwiderte Mitchell.

»Ich weiß schon ein bisschen was über Sie, weil ich Ihre Geschichte aus der Zeitung kenne. Als Ihr Ehemann starb, haben Sie einen fleischverarbeitenden Betrieb übernommen, der kurz vor der Pleite stand und ihn in nur drei Jahren in die Gewinnzone geführt.«

»Stimmt, aber was man in der Presse nicht liest, ist, was wir dabei durchmachen mussten«, sagte LuAn Mitchell mit einem leisen Seufzen.

Greg durchbrach die einsetzende Stille: »Was meinen Sie?«

»Als mein Ehemann starb, war das Geld so knapp, dass sogar meine Kinder fragten, ob wir noch die Hypothek bezahlen können.

Die Wahrheit ist, ich wusste es nicht. Aber ich war eine Witwe mit drei Kindern ohne Einkommen und hielt Mehrheitsanteile an diesem fleischverarbeitenden Betrieb, der kurz vor der Pleite stand. Ich beschloss, mich ganz darauf zu konzentrieren, dieses Unternehmen wieder in die Gewinnzone zu bringen.«

Greg fragte weiter: »Glaubten die Leute, Sie wären verrückt?«

Sie antwortete mit einem Lachen: »Nein, auf keinen Fall – die waren absolut sicher! Sie waren überzeugt, ich würde schon allein aufgrund meines Mangels an Erfahrung scheitern.«

Die Gruppe im Büro grinste bei der Bemerkung. »Was haben Sie getan?«, fragte Sharon.

»Mein verstorbener Ehemann nannte mich immer die perfekte Konsumentin. Ich hatte drei Kinder und einen Ehemann, der weniger Salz essen sollte, aufgrund seiner angegriffenen Gesundheit. Also konzentrierte ich mich darauf, eine Produktreihe zu entwerfen, die meine eigene demografische Gruppe ansprach, und ich kreierte eine gesündere Reihe von Gourmetprodukten für jedermann.«

»Als Sie diese Inspiration äußerten, wurden Sie von Investoren oder Kreditgebern abgelehnt?«, fragte Sharon.

»Wir sind zu *jedem* Kreditgeber gegangen und sie sagten *alle* das Gleiche: Wenn *Sie* das machen wollen, sind wir raus!«

»Autsch, das muss wehgetan haben«, bemerkte Green mitfühlend.

»Nicht wirklich, Don. Es wurde zu meinem Antrieb«, sagte Mitchell. »Ich glaubte an das, was ich tat, und wusste, ich tat es aus den richtigen Gründen. Und ich glaubte, wir hatten ein Produkt, das der ganzen Welt nützen konnte.«

Greg sagte: »Das klingt überzeugend.«

»So verrückt es sich anhören mag, wie Sie schon gesagt haben, Sharon, schafften wir es, das Unternehmen in kurzer Zeit wieder profitabel zu machen. Wir haben einige tolle Programme für unsere

Angestellten ins Leben gerufen und etwas Magisches erschaffen. Der Kundenansturm war enorm und wir verkauften unsere Produkte weltweit. Es war ein großartiger Erfolg. Die Verkäufe verdoppelten und verdreifachten sich und dann wurde es wirklich aufregend.«

»Das ist fantastisch«, merkte Sharon an.

»Wir haben das Unternehmen bis zu einem Umsatz von einer halben Milliarde Dollar im Jahr gebracht, bevor ich es verkaufte.«

»Haben Sie Milliarde gesagt?«, wollte Greg wissen.

»Ich weiß – verrückt, oder?«, sagte LuAn Mitchell. »Sie haben richtig gehört, eine halbe Milliarde. Nicht schlecht für ein blondes ›Partygirl‹, wie mich manche Leute nannten. Aber das ist nicht so schlimm, wie viele andere Leute mich bezeichneten.«

Alle drei lachten bei diesen Worten.

Don spürte, dass das Gespräch noch Stunden so weitergehen könnte, also dankte er ihr für ihre Einsichten und schlug vor, ihre Kontaktinformationen seinen Besuchern weiterzugeben, damit sie ihr Gespräch später fortführen konnten, und verabschiedete sich.

»Meine Assistentin Annedia wird dir eine E-Mail schicken. Wir sprechen uns bald wieder.«

»Danke, Don«, erwiderte sie. »Bitte ruf mich an, wenn ich dir ansonsten weiterhelfen kann.«

Sharon legte den Hörer auf, sah die beiden anderen an und sagte: »Okay – Dinner geht auf mich, Männer!«

Mr Green lächelte und sagte: »Ich bin euch schon einen Schritt voraus. Annedia hat uns einen Tisch reserviert, bevor sie Feierabend gemacht hat. Uns bleibt noch eine Stunde. Da Sie schon mal hier waren, Greg, werde ich Sharon ein wenig herumführen. Machen Sie es sich bequem und sehen Sie sich ruhig alles an.« Greg blieb allein zurück. Er ließ den Blick durch den Raum schweifen, während er seinen Gedanken nachhing. Bei seinen früheren Besuchen hier war er immer darauf konzentriert gewesen, eine Art Beziehung zur Foundation herzustellen, und nun gehörte er dazu.

Er versuchte, über diese unglaubliche Entwicklung nachzudenken, aber Unsicherheit befiel ihn. Endlich lief alles nach seinen Wünschen, aber er konnte immer noch nicht das Gefühl abschütteln, ein Hochstapler zu sein. Trotz der harten Arbeit und seiner langen Liste an Einsichten verdiente er immer noch kein Geld.

Das Unternehmen, das er verkauft hatte, lief gut, und er wusste die paar Tausender an Cashflow im Monat durch den Verkauf zu schätzen, aber er gab mehr als das Doppelte davon für Reisen aus und der Schuldenberg wurde immer höher. Hier war er nun, umgeben von all dem Wohlstand, aber dennoch erleichtert, dass Sharon angeboten hatte, das Essen zu bezahlen, denn er wusste, seine Kreditkarte würde abgelehnt werden.

Das Geld war so knapp, dass er darüber nachdachte, Insolvenz anzumelden. Er seufzte und fühlte sich deprimiert, während seine innere Stimme sich über ihn lustig machte: »Ich gebe alles für dieses Projekt und habe bisher gar nichts davon. Ich habe nicht mehr als vor einem Jahr. Wieso habe ich geglaubt, ich könnte ein solch prestigeträchtiges Projekt übernehmen? Wie kann ich eigentlich mit diesen unglaublich erfolgreichen Menschen bekannt sein? Vielleicht sollte ich aufhören, mir etwas vorzumachen und mir einen richtigen Job suchen.«

Bevor seine Zweifel ihn völlig überwältigten, versuchte Greg, sich abzulenken, indem er sich im Büro umsah. Er nahm Bücher von den Regalen, stellte sie wieder hinein, aber seine Aufmerksamkeit war mehr auf seine eigenen Zweifel konzentriert als auf die wunderbaren Werke vor seiner Nase.

Er bemerkte einen separat stehenden Aktenschrank nur ein paar Meter vor sich. »Don sagte, ich dürfe mir alles anschauen«, argumentierte er, als er ihn öffnete. »Wow«, keuchte er, als er sah, was darin lag – Reihe um Reihe an persönlichen handgeschriebenen Notizen und Artikeln von Napoleon Hill. Viele sahen aus, als wären sie nie gelesen worden, seitdem sie jemand dort einsortiert hatte. Oben darauf fand Greg eine Schriftrolle, auf der »Widrigkeit und Niederlage« stand. Darauf war geschrieben:

WIDRIGKEIT UND NIEDERLAGE

Jede Widrigkeit, auf die Sie treffen, trägt in sich den Samen eines gleichgroßen oder größeren Nutzens. Machen Sie sich das klar und glauben Sie daran. Schließen Sie die Pforten Ihres Verstands vor allen Fehlschlägen und den Umständen Ihrer Vergangenheit, damit Ihr Verstand mit einer positiven mentalen Einstellung arbeiten kann. Zu jedem Problem gibt es eine Lösung – Sie müssen sie nur finden!

Wenn Sie eine, »Ich glaube nicht an Niederlagen«-Einstellung entwickeln, werden Sie lernen, dass es so etwas wie Versagen nicht gibt – außer Sie akzeptieren es als solches! Wenn Sie sich Probleme als zeitweilige Rückschläge vorstellen und als Sprungbretter zum Erfolg, dann werden Sie irgendwann daran glauben, dass die einzigen Grenzen, die Ihnen gesetzt sind, nur in Ihrem eigenen Verstand existieren.

Denken Sie daran: Jede Niederlage, jede Enttäuschung und jede Widrigkeit trägt in sich den Samen eines gleichgroßen oder größeren Nutzens.

Während er das las, dachte Greg darüber nach, dass seine gegenwärtige Verzweiflung vielleicht seinem Erfolg im Weg stand. Hills Botschaft traf einen Nerv. Er blickte einen Moment auf und dachte über die Worte nach. Er war wieder mit sich im Reinen und erinnerte sich daran, dass dieser Augenblick des Selbstzweifels ein Teil seiner eigenen persönlichen Erfolgsformel war. Ein Teil seiner Reise. Er zwang sich anzuerkennen, wie weit er schon von dem Mann entfernt war, der bereit gewesen war, Mr Bucklands schicke Jacke zu stehlen. Und wie diese Jacke und Mr Bucklands Glauben an ihn ihn auf den jetzigen Weg geführt hatten. Er realisierte, dass er weiter an seine Mission glauben musste, und versprach sich selbst, auf der Basis einer positiven mentalen Einstellung weiterzuarbeiten. Auch wenn die Lage schwierig war, befand er sich auf seinem Sprungbrett zum Erfolg. Er hatte Hills Schriftrolle zum perfekten Zeitpunkt gefunden und lachte, als er sich klarmachte, dass sie die ganze Zeit nur ein paar Meter entfernt gewesen war. Seine Einstellung hatte sich gewandelt und er machte sich auf den Weg, um sich Don und Sharon zum Abendessen anzuschließen.

Menschen übernehmen die Art, die Gewohnheiten und die Gedankenkraft derjenigen, mit denen sie sich in Sympathie und Harmonie umgeben.

NAPOLEON HILL

KAPITEL 20

Ein neuer Start

Als Greg nach Hause kam, erwartete ihn eine Einladung. Die Einladungskarte allein sah spektakulär aus: auf Pergamentpapier mit einem goldenen Rand.

Während Mia noch die Karte bewunderte, wollte Greg nur wissen, um was für einen Event es sich handelte. Er betrachtete die Karte ungeduldig.

»Um Ihre Anwesenheit wird gebeten zur Feier des 75. Geburtstages von Mr Jonathan Buckland«, stand darauf.

Gregs Gedanken überschlugen sich, als er über die Chance nachdachte, sich mit weiteren Freunden seines Mentors zu treffen. Er wusste, die Party würde etwas ganz Besonderes werden und sprach ein schnelles Dankgebet. Mias Fantasie regte es ebenfalls an, als sie sich vorstellte, Mr Buckland und die anderen Berühmtheiten zu treffen, die vielleicht teilnehmen würden.

»Das wird toll!«, rief sie aus.

Am Abend der Feier erhellte der Vollmond den Himmel. Greg und Mia hatten sich für die Party in Schale geworfen. Mia trug ein aufregendes rotes Kleid und eine neue Kurzhaarfrisur, während Greg seinen Notizblock, auf dem er seine Weisheitsschätze notierte, in der Tasche seines Smokings bei sich trug.

»Willkommen an Bord«, sagte die freundliche Stimme eines Mannes mit einer Kapitänsmütze.

In seiner typischen Art hatte Buckland für das Fest keine Mühen gescheut und die spektakulärste Yacht der Stadt gechartert … die normalerweise für Regierungsoffizielle und Würdenträger reserviert war.

»Greg, schön, Sie zu sehen«, rief der Gastgeber vom Heck.

»Alles Gute zum Geburtstag, Mr B.«, erwiderte der dankbare Gast.

»Mia, Sie sehen so wunderschön aus, wie ich es erwartet hatte«, komplimentierte Buckland, während er ihre Hand küsste. Auch wenn er mit ihr schon telefoniert und per E-Mail kommuniziert und sie über den Fortschritt seines Protegés auf dem Laufenden gehalten hatte, hatte er sie noch nie persönlich getroffen.

»Oh, aber nicht doch«, erwiderte sie und errötete leicht.

Dann machten sich Greg und Mia auf den Weg durch die Kabine, um den Tisch mit ihren Namensschildern darauf zu finden. Als sie sich setzten, hätten sie gar nicht aufgeregter sein können, da sie feststellten, dass sie in Hörweite des Ehrengastes saßen.

Einige der angesehensten und bekanntesten Persönlichkeiten der Gesellschaft waren eingeladen. Sie kamen sich völlig fehl am Platze vor. Greg wurde klar, dass Buckland die Sitzordnung genau geplant hatte.

»Es ist eine Ehre, mit Ihnen allen heute zusammen zu sein«, verkündete Mia und hob das Glas.

Bevor Greg den Toast wiederholen konnte, hörte er eine vertraute Stimme.

»Lassen Sie mich hier einstimmen«, verkündete Ron Glosser. Als die Partybesucher ihre Weingläser hoben, fügte er hinzu: »Auf neue Freunde, alte Bekannte und diejenigen, die wir noch treffen werden. Auf dass wir alle in Harmonie leben und das Leben anderer positiv beeinflussen.«

Die Gäste stießen an.

»Ladies und Gentlemen, wir haben jemand Besonderen in unserer Mitte. Das sind Greg und seine Freundin Mia. Greg arbeitet mit der Napoleon Hill Foundation an einem neuen Buch darüber, wie man Hindernisse überwindet. Ich freue mich, dass ich bereits die Gelegenheit hatte, einige weise Worte beizusteuern, und vielleicht können Sie dasselbe tun.«

»Danke, Mr Glossner«, sagte Greg bescheiden. »Was hat Ron Ihnen erzählt?«, fragte ein Tischnachbar.

»Er sagte, niemand sollte jemals an einem Tiefpunkt eine wichtige Entscheidung treffen.«

»Ich sagte, im *finsteren Tal* – Sie müssen mich schon richtig zitieren«, warf Glosser ein. Die anderen Gäste lachten über sein vertrautes Beharren auf Präzision.

Als die heitere Stimmung nachließ, fragte jemand anderes: »Was haben Sie noch gelernt?«

»Es gab so viele Lektionen. Ich weiß gar nicht, wo ich anfangen soll.«

»Erzähl ihnen von PME«, schlug Mia vor.

»Oh ja, die positive mentale Einstellung«, warf Glosser ein. Er deutete nach links und fragte: »Greg, mögen Sie Baseball?«

»Natürlich. Ich bin seit meiner Kindheit ein Fan der San Diego Padres.«

»Dann tut es mir leid, dass wir Ihren Jungs letzte Woche den Hintern versohlen mussten«, bemerkte ein anderer Partygast.

»Das ist Drayton McLane, Besitzer der Houston Astros«, stellte Glosser ihn vor. »Er weiß aus erster Hand, wie wichtig es ist, die richtige Einstellung zu haben und nicht aufzugeben, wenn es mal hart wird.«

Der Baseballteambesitzer merkte an: »Als wir das Franchise kauften, waren die Zeiten tatsächlich hart. Ich musste sogar aus meiner eigenen Tasche zusätzliche Schecks ausstellen, nur um alle bezahlen zu können – wir reden hier von Millionen.«

»Das muss ein schweres Jahr gewesen sein«, sagte Mia.

»Es waren schwere sieben Jahre!«, sagte McLane mit dröhnender Stimme. »Nur Monate, nachdem ich das Team übernommen hatte, traten die Spieler in den längsten Streik der Baseballgeschichte. Und dann dauerte es noch sieben weitere Jahre, bevor wir in der Profitzone waren.«

»Wieso haben Sie nicht aufgegeben und das Team verkauft?«, fragte ein anderer Gast.

»Ich habe noch nie in meinem Leben aufgegeben«, antwortete er rasch. »Ich hatte das Team sowieso nicht gekauft, um damit eine Menge Geld zu verdienen, es war mehr aus Liebe zum Spiel und es stellte sich als der größte Segen überhaupt heraus.« Er schwieg einen Moment und beendete seinen Gedankengang. »Wir haben den Ruhm der Spieler genutzt, um unsere Gemeinde zu überzeugen. Sie haben Schulen und Krankenhäuser besucht und ihr Möglichstes getan, um die Stadt zu einem besseren Ort zu machen. So etwas kann man gar nicht mit einem Preisschild versehen. Abgesehen davon«, schloss McLane, »sind die Umwege und Probleme das, was das Leben interessant und einzigartig macht.«

»Erstaunlich«, flüsterte Greg Mia zu, als er durch seinen vertrauten Notizblock blätterte. »Am besten sollten wir über unsere Rückschläge keine Träne vergießen.«

Als McLane ihn hörte, sagte er: »Um Himmels willen, nein. Sie sollten verstehen ...«

Greg notierte die folgenden Worte:

Manchmal erweisen sich die schlimmsten Situationen als die besten Gelegenheiten.

»Vor allem kommt es auf Führungsstärke an«, fuhr McLane fort. »Sie müssen derjenige sein, der den Diamanten in einem Klumpen Kohle entdeckt. Während die Mehrheit vielleicht nur den Schlamm und Dreck sieht, wird ein Leader eine ganz andere Perspektive einnehmen. Das ist wie die alte Geschichte über die zwei Jungen in der Scheune.«

Greg wandte sich ganz dem Redner zu. Alles war nun anders als das erste Mal, als er Jon Buckland getroffen hatte. Er fühlte sich anders – mehr im Reinen mit sich selbst und mehr imstande anzunehmen, was ihm andere anboten.

»Also – zwei Jungen gehen in eine Scheune. Als der erste Junge den riesigen, eineinhalb Meter hohen Haufen Mist sieht, dreht er um und rennt wieder hinaus.«

Während Drayton die Geschichte weitererzählte, lachte Glosser, weil er wusste, wie es weiterging.

»Der andere Junge sieht es anders. Er springt direkt auf den Riesenhaufen und wirft das Zeug überall herum. Als der Farmer ihn fragt, was er tut, gibt er eine optimistische Antwort: ›Also ich würde sagen, Mister, bei all dem Mist, der hier herumliegt, muss da auch irgendwo ein Pony drin sein.‹«

Die Gäste lachten über die uralte lustige Geschichte. »Was macht Ihrer Meinung nach einen großartigen Leader aus?«, fragte Mia ernsthaft.

Ohne zu zögern erwiderte McLane: »Ich habe mal gehört …«

Greg schrieb gewissenhaft diesen neuen Gedanken auf und dachte einen Moment darüber nach:

Eine wahre Führungsperson wird andere dorthin bringen, wo sie allein nicht hingekommen wären.

»Hört! Hört!«, riefen die anderen wie aus einem Mund, als sie die Gläser erneut hoben und auf Führungsstärke anstießen.

»Das ist eine tolle Story, danke«, sagte Greg anerkennend. Er erinnerte sich daran, dass McLane sein Familienunternehmen von drei Millionen Umsatz im Jahr zu einem Imperium mit 19 Milliarden Umsatz ausgebaut hatte, bevor er es 1990 an Sam Walton verkaufte. Das war erfolgreiche Führungskompetenz!

»Was ist mit Ihnen?«, fragte Mia zwei gut gekleidete Frauen, die breit lächelten.

»Wir lächeln, weil Sharon Lechter gesagt hat, dass wir heute Sie beide im Auge behalten sollen. Sie hatte recht, soweit es Ihren Enthusiasmus und Ihre Energie betrifft. Sie sagte uns, dass Sie sicher unsere Geschichte hören wollen. Aber sie dreht sich eher um die menschliche Natur und nicht ums Geschäft.«

McLane stellte die beiden auf eine Weise vor, die sofort alle Anwesenden aufmerken ließ: »Ladies und Gentlemen, darf ich Ihnen Sara O'Meara und Yvonne Fedderson vorstellen. Sie sind die Gründerinnen einer erfolgreichen Nonprofit-Organisation namens Childhelp, und sie wurden vier Jahre nacheinander für den Friedensnobelpreis nominiert, aufgrund ihrer herausragenden Bemühungen, missbrauchte Kinder auf der ganzen Welt zu retten. Ihre Arbeit findet seit Jahrzehnten Anerkennung und kam geschätzt fünf Millionen jungen Menschen zugute.

Über ihre vielen Preise und Auszeichnungen hinaus wurde ihre Story auch fürs Fernsehen verfilmt.«

Mia stand auf, ging um den Tisch und umarmte die beiden Frauen. Sie sagte: »Wie wunderbar. Sie tun wahrlich Gottes Werk.«

»Das hoffen wir. Er lässt uns auf jeden Fall rund um die Uhr arbeiten«, sagte Fedderson.

»Wie haben Sie damit angefangen?«, fragte Greg.

Sara O'Meara antwortete: »Vor vielen Jahren, es sind mittlerweile über 50, waren Yvonne und ich Entertainer für die USO (united service organization). Als wir in Japan stationiert waren, stießen wir auf diese elf Waisenkinder amerikanisch-asiatischer Eltern, die niemand haben wollte. Wir nahmen sie mit in unser Hotelzimmer, weil wir hofften, ein Zuhause für sie zu finden, aber wir erreichten nichts. Selbst die Militäroffiziere ordneten an, wir müssten sie wieder dorthin zurückbringen, wo wir sie gefunden hatten – auf die Straße.«

»Aber davon wollten wir nichts hören«, sagte Yvonne Fedderson. »Wir haben den Offizieren gesagt, wir wären ihrer Anweisung gefolgt, aber versteckten einfach die Kinder im Hotel, bis wir unsere Shows hinter uns hatten. Endlich stießen wir in der Stadt auf eine Frau, die helfen wollte, aber sie hatte kein Geld und konnte den Kindern nichts bieten, außer Liebe. Wir versprachen, wenn sie sie aufnahm, würden wir mit Kleidung, Essen und Geld zurückkommen, damit sie sich um sie kümmern könnte.«

Die anderen am Tisch lauschten gebannt jedem Wort der Geschichte. »Was ist dann passiert?«, fragte Mia interessiert.

»Wir sind zum Militär gegangen und haben um Hilfe gebeten«, sagte O'Meara. »Wir haben ihnen von diesen Kindern erzählt, was sie durchmachten, und legten ihnen sogar nahe, ihnen zu helfen, weil sie halbe Amerikaner waren und es sich auch um ihre Kinder handeln konnte.«

Fedderson setzte die Erzählung fort, als hätte sie diese schon mehrere Male erzählt: »Und sie haben geholfen! Mittlerweile hat Childhelp über fünf Millionen Kindern geholfen. Wir organisieren Programme in 42 Bundesstaaten und 14 Ländern. Unsere nationale Hotline für Kindesmissbrauch hilft jeden Monat Tausenden von Kindern, wenn sie diese Hilfe am meisten brauchen.«

Jeder am Tisch applaudierte – und zwar nicht aus reiner Höflichkeit.

»Ist es nicht toll für Sie, vielleicht den Friedensnobelpreis zu gewinnen?«, fragte Greg.

»Mehr als der eigentliche Preis begeistert uns, dass Childhelp auf diese Weise viele Menschen erreicht«, erwiderte O'Meara. »Es geht nicht um uns. Es geht um die Tausenden Freiwilligen, die für diese Kinder arbeiten. Sie haben den Preis verdient.«

»Gott sei Dank haben Sie nicht aufgegeben, als Sie mit Herausforderungen konfrontiert waren«, fügte Mia hinzu.

»Als Nonprofit stehen wir stets vor Herausforderungen – wir sind zum Beispiel nicht in der Lage, allen hilfsbedürftigen Kindern zu helfen, und müssen Jahr um Jahr Geld für diejenigen aufbringen, denen wir helfen können. Solange noch Kinder ausgebeutet und missbraucht werden, ist unsere Arbeit noch nicht getan.«

Und mit einem Leuchten in den Augen fügte Fedderson hinzu: »Und wenn Sie uns helfen wollen, würden wir das begrüßen, entweder als freiwillige Helfer oder durch Spenden.«

»24 Stunden am Tag und sieben Tage die Woche. So hart arbeiten diese Damen für unsere Kinder. Sie sind wirklich Engel auf Erden!«, betonte Ron Glosser. »Es heißt ja immer, Aufgeben ist keine Option. Das ist Unsinn; es ist *immer* eine Option. Führungspersonen wissen einfach: Um Erfolg zu erzielen, gilt es, so zu handeln, als wäre man bereits erfolgreich, und man darf nie das Endresultat aus den Augen lassen. Diese Frauen verkörpern beispielhaft diesen Glauben, und auch wenn es wie ein Wortspiel klingen mag, wissen erfolgreiche Menschen, sie müssen immer …«

Greg hielt diese Worte umgehend auf seinem Notizblock fest:

So tun, als ob – und nie an das Wort ›nie‹ glauben.

Greg erinnerte sich lebhaft daran, wie überzeugt er gewesen war, Davids Sucht ließe sich nie überwinden. Er erinnerte sich außerdem, dass David die gleiche Phrase wie Glosser benutzt hatte. Er hatte sie im Entzug gelernt: »Tue so, als ob.« Dies schien ein roter Faden für Erfolgssucher zu sein – egal in welchem Bereich.

In den schlimmsten Momenten während Davids Rückfall, als alles verloren schien, hatte Greg mit dem Gedanken gerungen, dass sein Bruder vielleicht nie wieder gesund würde. Aber wenn er nicht an nie glaubte, würde nie auch nicht eintreten …!

Die nächsten paar Stunden erzählten die Dinnergäste sich Geschichten über Erfolg, Kampf und Sieg. Der Abend erwies sich als ein Fest des Intellekts und der Inspiration und ebenso als kulinarisches Highlight. Dann wandte sich Sara O'Meara an Greg: »Ich habe von Sharon erfahren, dass Sie auch eine beachtliche Reise hinter sich haben, auf der Sie gelernt haben, wie wichtig Durchhaltevermögen ist. Sie haben unsere Geschichten gehört; wir würden gerne Ihre hören.«

Glosser mischte sich ein: »Das stimmt, Greg. Bucky hätte Sie nicht in seinen inneren Kreis eingeweiht, wenn er nicht der Meinung wäre, Sie seien bereit dafür. Dass Sie hier sind, zeigt, dass er glaubt, Sie haben sich dieses Recht verdient!«

Greg hatte das vergangene Jahr damit verbracht, die Welt durch die Augen anderer zu sehen. Er hatte zu Füßen des Meisters, Mr Buckland, gesessen und sich die unbezahlbaren Weisheitsschätze angehört, die er und seine vielen Freunde ihm erzählt hatten. Aber nur eine Woche zuvor, in Don Greens Büro, hatten Unsicherheit und ein Gefühl der Verzweiflung Greg übermannt. Doch Glosser mochte recht haben. Auf seinem Weg hatte Greg durch die Weisheit anderer dazugelernt und für sich selbst daraufhin andere Entscheidungen getroffen. In diesem Moment wurde ihm endlich klar, dass er selbst zu einem Ehrengast geworden war. Schauer liefen ihm den Rücken hinab, als er die volle Bedeutung seines persönlichen Wandels verstand.

Er sagte bedächtig: »Ich denke, es ist das eine, sich guten Rat zu holen und diesen zu notieren, aber es ist etwas ganz anderes, diesen Rat zu beherzigen und danach zu handeln. Jeder von Ihnen hat nicht nur in seinem Leben, sondern auch in den Leben anderer etwas bewirkt. Jeder von Ihnen hat die zu seiner Situation passende Weisheit für sich gewählt, hat sich bemüht, diese zu verinnerlichen, und dann danach gehandelt.«

Glosser lächelte und erwiderte: »Greg, Sie haben das auf jeden Fall genauso getan. Ich weiß, dass Sie Mr Buckland und all seinen Freunden – wir eingeschlossen – das alles zuschreiben, aber es war nicht Buckland, der Ihr Leben verändert hat – Sie waren es! Oder nicht?«

Greg meinte bescheiden: »Ja, ich nehme an, das war ich. Tatsächlich begann meine Reise in den Tiefen der Verzweiflung. Ich hatte Mia verloren und stand vor einem finanziellen Desaster, als ich Mr Buckland das erste Mal traf. Ich bin immer noch dabei, die Scherben meines Lebens wieder zusammenzusetzen, aber nun sehe ich die Zukunft voller Hoffnung, Begeisterung und Erwartung.« Er drückte Mias Hand und fuhr fort: »Heute ist das Wichtigste für mich, im Leben alles zu geben. Daraus, dass ich von Ihnen allen lernte, habe ich meinen Mut gezogen.«

Die Gäste am Tisch lächelten bei Gregs Worten. Glosser holte einen Zettel heraus und notierte:

Ich will im Leben vor allem meinem Leben alles geben.

»Nun, Greg, *Sie* haben *uns allen* gerade einen guten Rat gegeben. Gefällt mir wirklich!« Glosser steckte das Notizpapier wieder in die Tasche. »Sie haben sich das Recht wirklich verdient! Danke, Greg.«

Greg war überwältigt angesichts dessen, was eben passiert war. Ehrlich anderen davon zu erzählen, was wirklich wichtig war, hatte ihn in seinem Leben schon durch viele schwere Zeiten geholfen, besonders während des letzten Jahres.

Sein Gedankengang wurde unterbrochen, als jemand auf das Mikro tippte und verkündete: »Dürfte ich um Ihre Aufmerksamkeit bitten?«

Das gesamte Schiff verstummte, als Jonathan Buckland aufstand und sich an seine Gäste wandte.

»Danke, dass Sie alle zu dieser Feier gekommen sind. Normalerweise braucht es eine Beerdigung, damit sich so viele Menschen zu einer Veranstaltung versammeln. Vielleicht meinen Sie ja, dass ich es kein weiteres Jahr schaffe!«

Alle lachten.

»Eine der wichtigsten Lektionen, die ich in all meinen Jahren auf diesem Planeten gelernt habe, ist die Macht der Assoziation. Es heißt, man wird zum Spiegelbild der Menschen, mit denen man Zeit verbringt. Ich bin gesegnet, geehrt und dankbar, Sie alle in meinem Leben zu haben! Prost!«

Dann kam das Dessert und Greg und Mia standen auf und schlenderten auf das Oberdeck der Yacht, um etwas frische Luft zu schnappen. Am Bug, im Nieselregen der Gischt trafen sie auf einen freundlich aussehenden Gentleman.

»Hallo«, grüßte das Paar.

»Hallo«, erwiderte der Mann. »Ich bin Rudy Ruettiger.« Er hob zum Gruß die Champagnerflöte.

»Angenehm, Sie kennenzulernen«, sagte Mia.

Greg plapperte in seiner typischen Art drauf los: »Der einzige Mann mit dem Namen Rudy, den ich kenne, war aus diesem Film vor einigen Jahren, als der eingewechselte Spieler am Ende des berühmten Spiels der Mannschaft Notre Dame vom Spielfeld getragen wurde.«

Der Passagier der Yacht fügte hinzu: »Sie müssen wissen, bis heute war es das letzte Mal, dass das passiert ist.«

»Haben Sie diesen Rudy je gesehen?«, fragte Greg.

»Jedes Mal, wenn ich in den Spiegel blicke«, lautete die Antwort, begleitet von einem Grinsen.

»Wirklich?« Gregs Augen leuchteten. »Ich habe diesen Film geliebt! Es ist wahrlich ein Vergnügen, Sie kennenzulernen.«

»Danke. Um ehrlich zu sein – er wäre fast nie entstanden.«

Mia fragte: »Wie meinen Sie das?«

»Na ja, das ist eine interessante Geschichte. Ich dachte, die Story würde ein tolles Projekt abgeben, aber das glaubte sonst niemand. Schließlich fand ich einen Drehbuchschreiber in Hollywood, der sich mit mir treffen wollte, um die Ideen durchzugehen. Er schien am Telefon recht begeistert. Ich kratzte etwas Geld zusammen und flog hin, um mich mit ihm zu treffen.«

»Hat er geholfen, es zu schreiben?«, fragte Mia neugierig.

»Es lief folgendermaßen«, entgegnete er. »Ich saß eine halbe Stunde in einer Sitznische im Restaurant und der Typ ist niemals aufgetaucht. Eine Stunde verging und immer noch keine Spur von ihm. Zwei Stunden vergingen und dann drei.«

»Was haben Sie dann gemacht?«, wollte Greg wissen, fasziniert von Ruettigers Erzählung.

»Auch nachdem ich so lange gewartet hatte, hoffte ich immer noch, ob Sie es glauben oder nicht – ich sah immer noch das Potenzial der Geschichte und ich wollte nicht aufgeben. Das ist einfach nicht mein Stil. Ein Freund war dabei, also bat ich ihn, in der Sitznische zu bleiben, während ich nach draußen ging, um etwas frische Luft zu schnappen, nur für den Fall, dass er noch auftauchte. Ich ging nach draußen und …«

»Er war da?«, schlug Mia vor.

»Nein«, antwortete Ruettiger. »Aber ich sah ein freundliches Gesicht – einen Postboten mit dem breitesten Grinsen, das ich je gesehen hatte. Ich sagte zu ihm: ›An einem solchen Tag weiß ich Ihr Lächeln wirklich zu schätzen. Weswegen sind Sie so gut gelaunt?‹ Der Postbote lachte und erwiderte: ›Ich bin gerade von Michigan hierhergezogen; letzte Woche habe ich noch Post im Schnee ausgetragen und jetzt stehe ich hier in Shorts und lasse mich bräunen.‹«

Alle drei lachten bei der Vorstellung des Postboten, der seine Sonnenbrille aufsetzte, um auszusehen wie ein Filmstar.

»Er sagte: ›Schön, dass ich Ihnen den Tag versüße – aber wieso sind Sie hier? Was ist los?‹ Also erzählte ich es ihm. Ich schilderte ihm, dass ich einen Film über meine Erlebnisse drehen wollte. Der Postbote sagte: ›Wissen Sie, ich bekomme in dieser Stadt eine Menge mit, aber Ihre Idee hört sich ziemlich gut an.‹ Dann fragte er: ›Wen hätten Sie denn treffen sollen?‹«

Es gab eine bedeutungsschwangere Pause, während Rudy Ruettiger an seinem Champagner nippte. Sein Zwei-Personen-Publikum war fasziniert von seiner Erzählung.

»Als ich es ihm verriet, wurde er wütend – blieb dabei aber positiv und konstruktiv. Er sagte: ›Ich mag Sie und ich werde Ihnen helfen. Ich kenne tatsächlich den Mann, der Sie versetzt hat. Vor einer halben Stunde habe ich ihm seine Post gebracht. Ich weiß, wo er wohnt, und ich werde es Ihnen verraten.‹ Nun, wie Sie sich vorstellen können, war ich begeistert, bin direkt zu der genannten Adresse gegangen und habe an die Tür geklopft. Der Mann, der mich versetzt hatte, machte auf und fragte: ›Wer sind Sie?‹«

Ruettiger machte eine dramatische Pause. Die Wellen, die gegen die Yacht brandeten, waren das einzige Geräusch, während Greg und Mia den Atem anhielten, um kein Wort zu verpassen.

»Was haben Sie gesagt?«, fragte Greg nach.

»Ich sagte: ›Ich bin Rudy und Sie verpassen Ihre Essensverabredung.‹«

Greg und Mia sahen sich an, als sie erneut eine ähnliche Botschaft wie die hörten, die sie bisher erfahren hatten. Sie erkannten, dass Ruettiger seinen Traum nicht aufgegeben und mutig durchgehalten hatte.

Rudy Ruettiger fuhr fort: »Wissen Sie was? Wenn Sie sich den Abspann ansehen, werden Sie sehen, dass er der Typ war, der tatsächlich das Skript geschrieben hat. Das ist doch toll, oder?«

Greg holte seinen Notizblock heraus und schrieb eine alte Lektion auf, die er soeben neu formuliert gehört hatte:

Gib nicht fünf Minuten,
bevor das Wunder eintritt, auf.

Das Dröhnen des Nebelhorns durchbrach ihren Moment der Ehrfurcht. Die Reise war zu Ende und die Yacht war auf dem Weg zurück zum Hafen.

»Ich verrate Ihnen ein kleines Geheimnis«, fügte Rudy hinzu. »Bucky hat mir erzählt, was Sie tun. Deswegen wollte ich Ihnen diese Geschichte erzählen. Denken Sie daran, es gibt fast nichts, das wirkungsvoller als Durchhaltevermögen ist.«

Als sie davongingen, sagte Greg zu Mia: »Hast du gehört, was er gesagt hat? Er war derjenige, der mit *mir* reden wollte.«

Mia legte die Hand auf seinen Arm. »Das bedeutet, das Blatt hat sich gewendet und du bist am Zug!«

Die Partygäste verließen das Boot einer nach dem anderen. Greg und Mia waren unter den Letzten.

»Alles Gute zum Geburtstag, Mr Buckland«, sagte Mia, als sie ihn zum Abschied umarmte. »Danke für alles, was Sie für uns getan haben.«

»Es war mir ein Vergnügen, Mia.« Er wandte sich an Greg: »Ich weiß, Sie hatten bei Ihrem Projekt einige Herausforderungen zu bewältigen, aber bleiben Sie am Ball. Ich habe gehört, Sie haben Sharon Lechter hinzugezogen – Sie arbeiten mit den richtigen Leuten zusammen. Haben Sie gemerkt, dass Sie nur einen Meter davon entfernt sind, Ihr eigenes Gold zu finden?«

»Ich glaube, das haben wir«, sagte Greg.

»Übrigens, da gibt es noch etwas, das ich Ihnen schon seit einer Weile mitteilen wollte, Greg. Sie haben mir von Ihrem Adoptivbruder und seinem Suchtproblem erzählt. Ich konnte sehen, dass es Sie innerlich zerreißt, selbst während Sie und Mia mit ihren eigenen Problemen zu kämpfen hatten – und Sie selbst Ihre großartige Entdeckungsreise unternommen haben.«

Greg wusste nicht, was er sagen sollte, also hörte er angestrengt zu und hielt Mias Hand.

»Was ich Ihnen noch nicht erzählt habe, ist, dass ich eine Tochter an die Drogen verloren habe. Sie hat den Entzug nicht geschafft. Ich weiß nicht, ob sie es tatsächlich wollte oder sich genug Mühe gab … aber sie hat nie ihr wahres Selbst gefunden. Ihre Mutter und ich haben unser Mädchen verloren, als sie gerade einmal 23 war. So jung. Um ehrlich zu sein, wir waren nie wieder dieselben. Ich habe selbst einige Zeit im Vorstand eines Drogenrehabilitationszentrums gearbeitet. Zufälligerweise in demselben, in dem David war.«

Mia weinte und Greg gab sein Bestes, es ihr nicht gleichzutun. Er konnte nicht ausdrücken, wie sehr Bucklands Worte ihn erstaunten und dankbar machten.

»Ich kenne also Ihren Schmerz und freue mich, dass Sie Grund zur Freude haben. Soweit ich weiß, ist David ebenfalls nur einen Meter vom Gold entfernt – von der größten Erfolgsstory seines Lebens: von seiner Sucht geheilt zu sein. Es ist nicht leicht, aber er ist jetzt am Zug. Und Sie können einer seiner besten Lehrer und Freunde sein. Seien Sie für ihn da. Reden Sie mit ihm. Lernen Sie von ihm, Greg.«

Wenn mehrere Menschen sich im Geist vereint zusammentun und harmonisch zusammenwirken, wird die potenzierte Energie dieser Allianz jedem in der Gruppe dienen.

NAPOLEON HILL

KAPITEL 21

Der Launch

Als sich das letzte Puzzleteil an Ort und Stelle befand – mit Sharon Lechter als Projektleiterin –, schritt das Buchvorhaben schnell voran. Bucklands Yachtparty hatte bestätigt, dass Greg auf dem richtigen Weg war. Das Buch begeisterte ihn noch mehr als zuvor. Es war, als hätte jemand ein Skript für ihn geschrieben.

Sharon verabredete weiter ein Interview nach dem anderen und brachte neue Gesichter mit neuen Botschaften in das Projekt ein, die sie noch weiter anspornten. Vor allem verabredete sie Meetings mit ihren Verlagskontakten. So wie der Schrottsammler sich Expertenrat geholt hatte, der ihm Millionen einbrachte, folgte der aufstrebende Autor dem gleichen Weg dank der Zusammenarbeit mit Sharon.

Plötzlich fielen die Leute, die sie kontaktierten, vor Eifer fast von den Stühlen und waren der Ansicht, es gäbe gar keinen besseren Zeitpunkt für ein Projekt wie dieses. Sie wiesen darauf hin, dass jedes Mal, wenn man irgendwo im Land eine Zeitung aufschlug, folgende Schlagzeilen zu lesen waren:

- Wirtschaftskatastrophe,
- Immobilienblase platzt,
- neuer Insolvenzrekord,
- in eineinhalb Jahren 300 Prozent mehr Konkurse,
- immer mehr Missmanagement in Unternehmen,
- Regierung muss Unternehmen retten,
- weltweite Rezession und kein Ende in Sicht.

Der Aktienmarkt lag am Boden und alle stimmten überein, dass die Welt dieses neue Buch dringend brauche. Es böte Hoffnung und Rat der erfolgreichen Businessleader der Zeit, die bereitwillig berichteten, wie sie trotz aller Widrigkeiten durchhielten und leidenschaftlich weitermachten – wie sie persönliche Wunder vollbrachten, indem sie nicht aufgaben.

Bei einem ihrer wöchentlichen Telefongespräche brachte Sharon Greg und Don auf den neuesten Stand ihrer Arbeit.

»Hi, Greg. Hi, Don«, sagte sie, als sie sich in die Telefonkonferenz einklinkte. »Ich habe gerade mit einem weiteren Verlag telefoniert. Sie finden ebenfalls, dass die Zeit für ein Buch reif ist, das den Leuten hilft, in diesen ökonomisch finsteren Zeiten positiv gestimmt zu bleiben. Auch ohne meinen Hinweis erwähnten sie, dass *Think and Grow Rich* während der Weltwirtschaftskrise veröffentlicht wurde; dass es Millionen hoffen ließ und ermutigte, ihr Selbstvertrauen zu bewahren, um nicht nur die Weltwirtschaftskrise zu überleben, sondern auch bedeutende neue Unternehmen zu gründen, die ihre

Gemeinden wirtschaftlich stabilisierten. Unternehmen, die persönlichen Wohlstand schufen. Ich hoffe, dass unser Buch den Menschen heute genauso Hoffnung und Mut macht.«

»Das wird es!«, rief Greg. »Mir wird immer klarer, dass unsere Weisheitsschätze im Buch mir selbst geholfen haben, schwierige Zeiten zu überstehen.«

Sharon fügte nachdenklich hinzu: »Ich hatte ebenfalls mit einem persönlichen Problem zu kämpfen, als dieses Projekt daherkam. Aber man kann sich kaum noch selbst bemitleiden und sich allein fühlen, wenn man wieder und wieder liest, was diese großartigen Leader selbst durchgemacht haben. Ich dachte, wenn sie durchhalten, schaffe ich das auch. An besonders herausfordernden Tagen habe ich mich auf dieses Projekt konzentriert und den Mut und den Glauben gefunden, um weiterzumachen.«

Sharon fuhr fort: »Tatsächlich ist eine Gemeinsamkeit dieser Experten der enorme Glaube. Sie haben daran geglaubt: Wenn sie ihre Passion fanden, ihr Talent nutzten und in Aktion traten, mithilfe der richtigen Assoziation, würde letztlich daraus Gutes entstehen – genau wie bei dir, Greg. Selbst in deiner dunkelsten Stunde hast du den Glauben gefunden weiterzumachen. Ich finde sogar, wir sollten Glauben zu einem Teil der Erfolgsformel machen. Er verbindet all die anderen Teile. Also würde die Formel dann lauten: ((L +T) x A x A) + G = Erfolg.«

Don sagte: »Dem stimme ich auf jeden Fall zu. Glauben ist ein essenzielles Element, um durchzuhalten, und die Geheimzutat der Erfolgsformel. Ich bin zuversichtlich, dass dieses Buch die Hoffnung, den Glauben und den Mut liefern, die so viele Menschen heute brauchen.«

»Jetzt brauchen wir nur noch einen Verleger, der mit uns an einem Strang zieht und ebenso an das Buch glaubt wie wir«, äußerte Greg hoffnungsvoll.

»Das meine ich auch und es scheint, als würden die verschiedenen Verlage, mit denen ich gesprochen habe, es endlich auch so sehen. Jetzt müssen wir nur herausfinden, wer den Schritt macht und zur Stimme hinter all diesen großartigen Leadern wird«, sagte Sharon.

»Buckland bat uns, ihm und den anderen ein Update zu geben, wenn wir irgendwelche Angebote von den Verlagen erhalten.«

»Okay, setzen wir für nächsten Monat ein Meeting an. Das sollte uns die Zeit geben, etwas von all den Leuten zu hören, mit denen wir uns getroffen haben.«

Die Seiten des Kalenders flogen vorbei, bis das Datum des Meetings herangerückt war. Greg und Sharon trafen sich mit Don Green und dem großartigen Jon Buckland im Vorstandszimmer des World Capital-Gebäudes. Buckland eröffnete das Gespräch:

»Okay, Kinder, last mal hören. Wie ist der Status des Projekts?«

Sharon antwortete: »Tatsache ist, wir haben kein einzelnes Angebot bekommen.«

Die Gäste ließen die Schultern sinken.

»Wir haben *vier* Angebote«, fuhr sie grinsend fort.

Alle jubelten.

»Das ist wunderbar«, freute sich Don Green. »Für wen entscheiden wir uns?«

»Sehr gute Frage«, sagte Greg.

Sharon verteilte eine Liste der Verlage und ihrer jeweiligen Angebote, zusammen mit einer detaillierten Tabelle. Die nächsten drei Stunden argumentierte, diskutierte und debattierte die Gruppe ihre Möglichkeiten, wog jedes Pro und Kontra ab, bis sie sich endlich für ein Unternehmen entschied.

»Das ist er. Das ist der Verlag«, sagte Don und deutete auf die vollgeschriebene Tafel vor ihnen. »Können wir uns alle darauf einigen, dass das unser Verlag wird?«

»Einverstanden«, stimmten alle gemeinsam zu.

»Zeigen wir ihnen unsere Wertschätzung, indem wir das Buch öffentlich breit bewerben«, schlug Buckland vor. »Wir schulden es ihnen, wir schulden es den Leuten, die wir interviewt haben, und wir schulden es den Menschen, die das Buch lesen werden und die Botschaften darin in etwas Wertvolles verwandeln.«

Green fügte hinzu: »Sorgen wir dafür, dass es ein Riesenerfolg wird, Charlie zu Ehren.« Charlie Jones hatte nur Wochen vor ihrem Treffen seinen Kampf gegen den Krebs verloren. Die vier um den Konferenztisch versammelten Personen ließen die Köpfe sinken und alle dachten an Charlie, an den sie sich so positiv erinnerten. Sie beteten schweigend zu seinem Gedächtnis.

Dann fragte Buckland in seiner üblichen, polternden Art mit lauter Stimme: »Nun, wie wollen Sie es nennen?«

Sharon und Greg wussten, dass diese Frage aufkäme, standen auf und traten an den Kopf des Tisches.

»Wie Sie wissen, und wie Mr Buckland mir gegenüber ursprünglich vorgeschlagen hat, habe ich bei jedem Interview Notizen erstellt und nahezu jede Moral jeder Geschichte auf dieser Reise aufgeschrieben«, sagte Greg stolz.

»Angesichts dessen ist der Titel ziemlich offensichtlich«, warf Sharon ein.

Sie nahm den Notizblock und schob ihn schwungvoll über den Tisch, wie einen Bierkrug in einem alten Wildwestsaloon.

Alle lasen die handgeschriebenen Worte auf dem Cover des durch ständigen Gebrauch fleckigen und verknickten Notizblocks. Sie lachten, applaudierten und stimmten zu: »Das ist perfekt!«

Als alle am Ende der Konferenz aufstanden, um sich zu verabschieden, umarmten sie sich und sprachen anerkennende Worte. Buckland kam zu Greg und überreichte ihm etwas, das nur er verstehen würde.

Mit formeller Geste gab Buckland Greg die Jacke, die Greg ihm in sein Büro gebracht hatte, als sie sich das erste Mal getroffen hatten.

»Hier«, flüsterte er. »Ich glaube, die gehört Ihnen.«

Der junge Schüler nahm das Geschenk ohne großes Tamtam entgegen, wohl wissend, was die Geste bedeutete. Der Schüler war zum Lehrer geworden und mit dieser symbolischen Geste begann das nächste Kapitel seines Lebens.

Greg griff über den Konferenztisch und nahm mit einem Lächeln seinen Notizblock an sich. Als er zur Tür ging, sah er zurück und bemerkte dasselbe herzliche Lächeln auf dem Gesicht von Jonathan Buckland.

Er ließ die Finger über die Buchstaben gleiten, die vor so langer Zeit auf das Cover geschrieben worden waren. Sie schienen den gesamten Prozess zusammenzufassen – die jahrelangen Kämpfe, die fehlende Richtung in seinem Leben, das Geschenk, das Bucklands Mentoring bedeutete, die erneuerte Beziehung zu Mia, Davids wundersame Heilung mithilfe einer höheren Macht, die unglaublichen Geschichten von Durchhaltevermögen und Erfolg und die Möglichkeit, sein neugewonnenes Wissen mit anderen zu teilen. Was für eine Reise war das gewesen!

Wer wusste, was die Zukunft noch für ihn und die Menschen in seinem Leben bereithielt? Wer hätte geahnt, dass die Worte, die sein Mentor bei ihrem ersten Treffen geflüstert hatte, seinen Pfad zum Erfolg derart beeinflussen würden?

Greg steckte den Block in seine Manteltasche und lächelte angesichts der Worte, die alles zusammenfassten – und ihn erinnerten, er war stets …

einen Meter vom Gold entfernt!

Denken Sie daran, dass wahrer Wohlstand nicht durch das gemessen wird, was Sie haben, sondern daran, wer Sie sind.

NAPOLEON HILL

EPILOG

Unsere Reise geht weiter

Während Greg dieses Buch schrieb, wandte er die Erfolgsprinzipien an, welche die interviewten Unternehmer ihm vermittelt hatten. Seine Reise ist ein treffendes Beispiel für das Prinzip: Gib niemals auf. Wir hoffen, dass *Einen Meter vom Gold* Ihnen ebenso Mut und Motivation schenkt, an sich selbst zu glauben und Ihre persönliche Erfolgsformel zu finden.

Kombinieren Sie Ihre Leidenschaft und Ihr Talent, treten Sie in Aktion mit der richtigen Assoziation und glauben Sie vor allem daran, auf dem richtigen Weg zu sein.

((L+T) x A x A) + G = Ihre Erfolgsformel

Mögen Sie mit Erfolg gesegnet sein!
Geben Sie nicht auf.
Sie sind nun am Zug!

Mit der Napoleon Hill Foundation und den vielen erfolgreichen Menschen zu arbeiten, die wir kennengelernt haben, war so lohnend, dass wir begeistert die Gelegenheit wahrnehmen, unsere Reise gemeinsam fortzusetzen. Als wir *Einen Meter vom Gold* schrieben, erkannten wir, dass Angst oft das größte Hindernis für den Erfolg ist. Napoleon Hill hat das erkannt. In *Think and Grow Rich* identifizierte Hill sechs Stolpersteine, die er die Geister der Angst nannte.

Wir werden einen genauen Blick auf die Ängste werfen, die Menschen hindern, Ideen und Chancen in die Tat umzusetzen. Ohne Aktion sind Ideen keinen Cent wert. Wir würden gerne herausfinden, wie erfolgreiche Menschen ihre Ängste überwunden haben und ihren Glauben wiederherstellten. Sicher werden diese weisen Einsichten uns und Ihnen bei den Herausforderungen helfen, die sich einstellen, wenn man Risiken eingeht und den eigenen Leidenschaften folgt.

Auf Ihrer Reise hin zu Ihrer eigenen Erfolgsformel werden Sie sich vermutlich ebenfalls mit Angst und Zweifeln konfrontiert sehen. Wie Sie entscheiden, damit umzugehen, wird Ihren Fortschritt bestimmen und letztlich Ihren Erfolg. Wir laden Sie dazu ein, uns bei diesem nächsten Kapitel unserer Reise zu begleiten.

GREG S. REID UND SHARON L. LECHTER

ABSCHLIESSENDE WORTE

Warten Sie darauf, dass der Erfolg zu Ihnen kommt, oder gehen Sie hinaus in die Welt und finden heraus, wo er sich versteckt?

Die Worte des Poeten John Milton »Wer nur herumsteht und wartet, kommt auch dran« sind vielleicht tiefgründig und ehrlich gemeint, aber die wahren Reichtümer des Lebens werden viel eher denjenigen zuteil, die losziehen und danach forschen. Selten marschiert der Erfolg, begleitet von einer Blaskapelle, durch die Tür; diejenigen erzielen ihn, die lange und hart arbeiten.

Goldene Chancen bieten sich an jeder Ecke und warten auf jemanden mit Initiative, der daherkommt und sie entdeckt.

Ergreifen Sie die Initiative, dann werden Sie Ihre eigenen Chancen erschaffen. In Aktion zu treten, unterstützt von einem ausgeklügelten Plan, kann durch nichts ersetzt werden.

NAPOLEON HILL

ANHANG

Definieren Sie Ihre persönliche Erfolgsformel

Sie verfügen bereits über das Talent und die Fähigkeit, in Ihrem Leben zu großem Erfolg zu gelangen. Die Erfolgsformel in *Einen Meter vom Gold entfernt* wird Ihnen zeigen wie.

((L+T) x A x A) + G = Ihre Erfolgsformel

Kombinieren Sie **Leidenschaft** – etwas, das Ihr Herz zum Singen bringt – mit **Talent** – etwas, das Sie gut beherrschen –, multiplizieren Sie es mit der richtigen **Assoziation** – erfolgreiche Menschen oder Unternehmen – und **Aktion** – konkreten Schritten auf Ihr Ziel zu – und fügen Sie dann **Glauben** hinzu – durch unerschütterliches Selbstvertrauen –, und Sie verfügen über Ihre persönliche einzigartige Erfolgsformel.

Wenn Sie nicht bereits Tagebuch führen, besorgen Sie sich eines. Ihre eigene Erfolgsformel kann Ihr erster Eintrag sein.

Leidenschaft

Listen Sie auf einer Seite Ihres Tagebuches zehn Dinge auf, die Sie leidenschaftlich interessieren. Zu Sharons Liste könnte X und Y gehören; auf Gregs Liste mag A und B stehen. Was beinhaltet Ihre Liste? Sie brauchen vielleicht Hilfe von Freunden und Familie (die Sie unterstützen!), um auf Dinge zu kommen, die Sie begeistern, aber für irrelevant halten mögen.

Was weckt Ihre Leidenschaft? Was bringt Ihr Herz zum Singen? Denken Sie an die Momente in Ihrem Leben, als Sie sich wirklich erfüllt gefühlt haben. Was taten Sie da?

Talent

Erstellen Sie nun auf einer weiteren Seite eine Liste mit zehn Dingen, die Sie gut beherrschen. Können Sie hervorragend kommunizieren? Haben Sie ein Talent für Zahlen? Können Sie kochen oder zeichnen?

Worin sind Sie wirklich gut? Was sind Ihre Talente?

Bitten Sie nun einen Freund, von jeder Liste einen Punkt zu streichen, der am wenigsten auf Sie zutrifft.

Wiederholen Sie den Prozess mit mehreren Freunden, entweder als Gruppe oder einzeln, bis auf jeder Liste nur noch ein Punkt steht.

Meine Leidenschaft ist: ______________________________

Mein Talent ist: ______________________________

Assoziation

Assoziation bezieht sich auf die Menschen und Organisationen, mit denen Sie zu tun haben. Denken Sie an die fünf Personen, mit denen Sie am meisten Zeit verbringen. Werden Sie von ihnen unterstützt? Sind sie erfolgreich? Sollten Sie Ihre Assoziationen ändern? Erstellen Sie eine Liste der fünf erfolgreichsten Menschen, die Sie persönlich kennen.

____

____

____

____

____

Beschreiben Sie, was diese Menschen Ihrer Meinung nach zu Gewinnern macht.

Erstellen Sie eine weitere Liste. Welche Assoziationen können Ihnen helfen, Ihr Talent und Ihre Leidenschaft zu nutzen?

Denken Sie an Gemeinschaften, Unternehmen, Altersgruppen, Sportarten, die Sie potenziell unterstützen, Ihre Leidenschaft und Ihr Talent auszuleben.

Recherchieren Sie nun im Internet in Bezug auf Ihre Leidenschaft und Ihr Talent. Was hat Ihre Internetsuche ergeben? Wenn die Suchergebnisse Sie überwältigen, verengen Sie den Fokus, bis Sie etwas finden, das Sie fasziniert. Kommen Ihnen irgendwelche neuen Ideen?

Sehen Sie sich die Liste Ihrer Assoziationen an und wählen Sie eine aus. Prüfen Sie, ob Sie ihr »dienen« könnten. Fragen Sie: »Wie kann ich Sie unterstützen?«

Aktion

Etwas zu verändern, erfordert Aktion. Haben Sie sich wirklich der Idee verschrieben, Ihr Leben zu verändern oder finden Sie diese Möglichkeit nur anziehend?

Sehen Sie in den Spiegel: Wenn sich etwas ändern soll … müssen Sie sich ändern!!!

Glaube

Das ist oft der schwierigste Teil der Formel, den Sie meistern sollten. Glauben zu haben, bedeutet, an sich selbst und die eigene Idee zu glauben, trotz der Hindernisse, auf die Sie vielleicht treffen.

Erinnern – Nehmen Sie sich einen Moment, sich an die Tiefpunkte und Höhepunkte Ihres Lebens zu *erinnern*.

Reflektieren – Wie haben diese Zeiten Sie beeinflusst? Wie haben Sie darauf reagiert? Haben Freunde und Familie Sie unterstützt?

Erkennen – Erkennen Sie, dass fast alle erfolgreichen Menschen Tiefpunkte sowie Erfolge in ihrem Leben erfahren. Sie lernen durchzuhalten und erfolgreich diese Tiefpunkte zu überstehen. Das schaffen Sie auch!

Anerkennen – Erkennen Sie an, dass Sie durchhalten und die richtigen Assoziationen finden können!

So tun, als ob! – Glauben Sie daran, dass Ihre persönliche Erfolgsformel Sie zu großen Erfolgen antreiben wird, und treten Sie jeden Tag in Aktion, um sich ein Stück mehr auf diesen Erfolg zuzubewegen.

Erinnern:

Um einen Erfolgskurs einzuschlagen, hilft es zu wissen, wo Sie stehen und wie Sie dorthin gekommen sind. Es gibt ein Sprichwort: »Das Leben ist die Gesamtsumme aller Entscheidungen, die man trifft.« Werfen wir einen Blick auf Ihre Vergangenheit, um Ihre Zukunft zu erschaffen.

Haben Sie je das Gefühl gehabt, in einer Sackgasse zu stecken?

Wie oft haben Sie das Wort »nein« gehört? Hat das »nein« Sie entmutigt oder motiviert?

Nehmen Sie sich einen Moment und erinnern Sie sich daran:

- Wo waren Sie?
- Wie alt waren Sie?
- Wie haben Sie sich gefühlt?

Erinnern Sie sich an einen Höhepunkt in Ihrem Leben, einen Moment, als Sie sich wie ein Gewinner fühlten.

- Wo waren Sie?
- Wie alt waren Sie?
- Wie haben Sie sich gefühlt?

Reflektieren:

Als Sie an Ihrem tiefsten Punkt waren, wollten Sie da aufgeben?

Haben Sie aufgegeben? Falls ja, wieso haben Sie aufgegeben? Falls nicht, wie haben Sie sich davon erholt? Was haben Sie gelernt?

Nehmen Sie sich einen Moment Zeit, um es aufzuschreiben.

Bewerten Sie nun Ihre Fähigkeit, *bei der Stange zu bleiben*, auf einer Skala von 1 bis 10. Denken Sie erneut über die Momente nach, als Sie aufgegeben haben. Wollten Sie unbedingt das Ziel erreichen oder weckte es nur Ihr Interesse?

Jeder Fehler bietet eine Möglichkeit zu lernen. Sind Sie offen für neue Ideen?

Erkennen:

Schreiben Sie die fünf Weisheitsschätze aus *Einen Meter vom Gold entfernt* auf, die am stärksten auf Sie gewirkt haben. Notieren Sie sich nun, von welchen Experten diese Aussagen stammen … und mit welchen Herausforderungen diese konfrontiert waren. Bewerten Sie deren Fähigkeit, *bei der Stange zu bleiben*, auf einer Skala von 1 bis 10 (kleiner Hinweis – sie liegen alle bei 10).

Anerkennen:

Wissen Sie, was Ihr Lebenszweck ist?

Kennen Sie jemand, der erfolgreich ist, und denselben Lebenszweck hat? Wenn ja, wer ist es?

Sind Sie bereit, Ihren eigenen Weg zu wählen? Sind Sie bereit, die Eigenschaft zu entwickeln, *bei der Stange zu bleiben*?

Sind Sie bereit, zu den 5 Prozent der Erfolgreichen zu gehören?

So tun, als ob:

Fragen Sie sich jeden Tag, ob Sie sich auf Ihre Ziele zubewegen oder sich davon entfernen.

Notieren Sie die unternommenen Schritte in Ihrem Tagebuch.

Glauben Sie an sich und das Ergebnis und machen Sie die ersten Schritte auf Ihr Ziel zu.

Schreiben Sie ein eigenes Mantra auf. Wiederholen Sie es, während Sie in den Spiegel blicken.

Sehen Sie sich selbst im Spiegel an und wiederholen Sie: »Ich kann alles tun, was ich mir aussuche! Und Erfolg haben!« Sagen Sie sich das immer wieder.

Sie haben womöglich gerade Ihren Weg gefunden! Denken Sie daran, es erfordert Zeit, um über Nacht erfolgreich zu sein.

Ihre persönliche Erfolgsformel sieht nun so aus:

((L + T) x A x A) + G = Ihre Erfolgsformel

Meine Leidenschaft ist ______________________________

Mein Talent ist ___________________________________

Meine Assoziation ist ______________________________

Meine Aktionen werden sein __________________________

Ich glaube an meinen Erfolg!

Sie sind nun *einen Meter vom Gold entfernt*!

Gratulation!

Jetzt, wo Sie Ihre persönliche Erfolgsformel geschaffen haben …

Was ist da der nächste Schritt?
Jeder Topathlet verlässt sich auf Profitrainer. Viele der heutigen Spitzenunternehmer verlassen sich auf den Rat und die verantwortliche Haltung eines Business-Coachings. Ist es an der Zeit für Sie, den nächsten Schritt zu tun … und den Coach zu finden, der Ihnen helfen wird, in Aktion zu treten, um Ihre persönliche Erfolgsformel umzusetzen? Eine kürzlich durchgeführte Studie der International Coach Federation ergab, dass Personen, die sich coachen ließen, ihre Arbeitsgewohnheiten positiv veränderten und sich in den folgenden Bereichen verbesserten:

- 62,4 Prozent smartere Zielsetzungen,
- 60,5 Prozent mehr Gleichgewicht im Leben,
- 57,1 Prozent niedrigere Stresspegel,
- 52,4 Prozent mehr Selbstvertrauen,
- 43,3 Prozent Verbesserungen der Lebensqualität,
- 25,7 Prozent mehr Einkommen.

Würden Sie gerne diese Verbesserungen in Ihrem eigenen Leben erfahren?

Ökonomisch schwierige Phasen sind die besten Zeiträume, um sich und sein Unternehmen so vorzubereiten, dass man den größten Nutzen daraus zieht, wenn die Wirtschaft sich wieder erholt. Investieren Sie in sich selbst und erzielen Sie erstaunliche Resultate.

Unser Mastermind-Coaching-Programm ist darauf zugeschnitten, Sie anzuleiten, um:

- Ihre persönliche Erfolgsformel zu entwickeln.
- Ihre persönliche Erfolgsformel umzusetzen.
- zu planen, wohin Sie wollen und was Sie tun müssen, um dorthin zu gelangen.
- von vielen Topprofis zu lernen, die sich zusammengetan haben, um dieses Mastermind-Coaching-Programm zu erstellen.
- alle Hindernisse und Blockaden zu beseitigen, die Ihnen im Weg stehen.
- zu feiern, wenn Sie am Ziel sind!

Für weitere Informationen besuchen Sie bitte:
www.naphill.org.

ACTION GUIDE FÜR DIE JUBILÄUMSAUSGABE

Ihr konkreter wichtigster Lebenszweck

Siehe Seiten 1-48, 187-199, 203-206

Sich über seinen konkreten wichtigsten Lebenszweck im Klaren zu sein, ist der Startpunkt für alles, was Sie erreichen wollen – dies schafft den Rahmen für Ihren Erfolgsweg. Sobald Sie Ihren konkreten wichtigsten Lebenszweck definiert haben, werden Sie all Ihre anderen Aktivitäten daran orientieren können.

Ihr konkreter wichtigster Lebenszweck bezeichnet das Warum Ihres Lebens – den Grund für Ihre Existenz. Er wird zum Kontext Ihres Lebens. Indem Sie sich die Zeit nehmen, Ihren konkreten wichtigsten Lebenszweck festzulegen, zeigen Sie sich selbst, der Welt und dem Universum, dass Sie sich mit nichts weniger zufrieden geben werden als dem, was Sie von Herzen anstreben.

Die drei K

Laut Tanaka Taka-aki, dem Gründer der SSI Corporation in Japan, hängt Erfolg von den drei K ab – Kongruenz, Klarheit und Konfidenz. Kongruenz bedeutet in diesem Fall, in Worten und Taten authentisch zu agieren. Mit anderen Worten, tun Sie das, was Sie sagen, und sagen Sie das, was Sie tun. Klarheit meint, eine kristallklare Vision dessen zu verfolgen, was Sie anstreben. Konfidenz, also Sicherheit zu haben, bedeutet, mit Herzen und Seele zu wissen, dass Ihr Handeln einem Zweck dient.

Die drei K geben Ihnen eine Richtschnur vor, um Ihren konkreten wichtigsten Lebenszweck festzulegen. Wenn Sie Ihrem konkreten wichtigsten Lebenszweck folgen, verfügen Sie über die Kongruenz, Klarheit und Konfidenz, um schwerwiegende Entscheidungen zu treffen und die Hindernisse auf Ihrem Weg zu überwinden.

Der Acht-Schritte-Plan zum Erfolg

Schauen wir darauf, wie Sie Ihren konkreten wichtigsten Lebenszweck in Handlungsschritte übertragen. Nachfolgend lesen Sie einen Acht-Schritte-Plan, um dieses Prinzip so erfoglreich wie möglich umzusetzen:

1. Vision – Ihre persönliche Erfolgsformel definieren

Ihre Vision ist das, was Sie sich für Ihr Umfeld, Ihre Community, Ihre Familie und sich selbst wünschen. Mit einer Vision sind Sie imstande, Ihren konkreten wichtigsten Lebenszweck in Ihrer Vorstellung durchzuspielen, bevor Sie ihn in die Tat umsetzen. Durch eine

Vision erleben Sie, wie es ist, Ihre Ziele erreicht zu haben, bevor Sie sich überhaupt auf die Reise begeben.

Wie Sie in diesem Buch gelesen haben, verfügen Sie bereits über das Talent und die Fähigkeit, in Ihrem Leben durchschlagenden Erfolg zu erlangen. Die persönliche Erfolgsformel führt Sie durch diesen Prozess:

((L + T) x A x A) + G = Ihre Erfolgsformel

Mit anderen Worten, Sie kombinieren Leidenschaft (L), also eine Herzensangelegenheit, mit Talent (T), einem Bereich, in dem Sie Großes leisten können. Dann multiplizieren Sie diese Summe mit der richtigen Assoziation (A), erfolgreichen Menschen oder Organisationen/Unternehmen, und Aktion (A), konkreten Schritten, die Sie unternehmen, um Ihr Ziel zu erreichen. Fügen Sie Glauben (G) hinzu, das unerschütterliche Vertrauen in sich selbst, und Sie erhalten Ihre einzigartige Erfolgsformel.

2. Ihren konkreten wichtigsten Lebenszweck definieren

Ihr konkreter wichtigster Lebenszweck ist eine klare, prägnante, schriftliche Zusammenfassung, die Ihre Mission im Leben beschreibt. Dabei sollten Sie die meisten, wenn nicht alle, der folgenden Fragen beantworten:

- Wieso existiere ich?
- Wohin gehe ich?
- Wem diene ich und warum?
- Was biete ich?
- Welche Ergebnisse erziele ich gegenwärtig und künftig?

3. Ziele setzen

Es ist möglich, Ziele zu formulieren, ohne einen konkreten wichtigsten Lebenszweck zu verfolgen, aber Ihre Ziele werden Ihr Leben nicht in dem Maße beeinflussen wie Ziele, die Ihrem Lebenszweck angepasst sind. Ihre Zielaussagen sollten die Frage beantworten: »Was muss ich im Leben erreichen, um meinen Lebenszweck zu erfüllen?« Diese Aussagen sollten folgendermaßen beschaffen sein:

- spezifisch,
- messbar,
- herausfordernd,
- positiv,
- ehrlich.

4. Meilensteine identifizieren

Ein Meilenstein ist ein messbarer Schritt auf dem Weg, Ihre Ziele zu erreichen. Manche Menschen bezeichnen Meilensteine als kurzfristige Ziele, Aufgaben oder kleine Schritte auf dem Weg. Ihre Meilensteine aufzulisten, ist hilfreich, um ein Ziel in Teile zu zerlegen, mit denen Sie besser zurechtkommen.

Es ist denkbar, dass ein Ziel nur einen Meilenstein mit sich bringt, aber vermutlich sind es mehrere. Je mehr Meilensteine Sie Ihrem Ziel hinzufügen, desto erreichbarer wird es aussehen, und das Gefühl, überfordert zu sein, wird verschwinden. Setzen Sie jedem Meilenstein zeitliche Limits, um fokussiert und motiviert zu bleiben.

5. Die Kosten festlegen

Es ist wichtig, genau zu beschreiben, was Sie zu geben bereit sind, um Ihren konkreten wichtigsten Lebenszweck zu realisieren. Im Leben wird einem nichts geschenkt. Sie sollten in der Lage sein, den Preis zu ermitteln und zu bezahlen, um das zu erhalten, was Sie begehren.

6. Verantwortlich handeln

Ohne Verantwortlichkeit ist es schwierig, Pläne umzusetzen. Die vorrangige Person, der gegenüber Sie verantwortlich handeln müssen, sind Sie selbst. Akzeptieren Sie keine lahmen Ausreden von sich selbst, wieso Sie die Deadline eines Meilensteins nicht einhalten. Lernen Sie aus Ihren Fehlschlägen, passen Sie Ihren Plan an und setzen Sie Ihren Weg zum Erfolg fort.

7. Ein Bewertungssystem erstellen

Der nächste Schritt besteht darin, ein Datum in der Zukunft zu setzen, um Ihren Fortschritt zu bewerten. Das kann vierteljährlich, halbjährlich oder jährlich sein. Dieser Prozess erfordert es, zu sich selbst ehrlich zu sein – aber ohne innere negative Kritik oder sich selbst schwächende Urteile. Diese Bewertung dient nicht dazu, sich selbst niederzumachen, sondern nach Optionen zu suchen, Ihren Erfolgsplan zu verbessern.

8. Eine Revisionsmethode entwickeln

Zu diesem Schritt gehört, Ihren Fortschritt auf jedes Ziel hin zu bewerten und Ihren Plan entsprechend anzupassen. Nehmen Sie keine

Anpassungen vor, weil Sie eine Deadline nicht einhalten, sondern aufgrund von Umständen, die außerhalb Ihrer Kontrolle liegen, oder aufgrund einer Veränderung Ihres konkreten wichtigsten Lebenszwecks. Überprüfen Sie Ihre persönliche Erfolgsformel. Waren Sie wirklich ehrlich mit sich selbst, als Sie diese formuliert haben?

Der Plan, der zu Ihrem Lebenszweck führt, mag sich häufig ändern. Erfahrung und Intuition enthüllen Ihnen vielleicht einen weit besseren Plan. Seien Sie offen für Inspiration und Anleitung, neue Einsichten und konstruktive Kritik aus vertrauenswürdigen Quellen sowie für »Aha«-Momente, die durch Erfahrung und Intuition entstehen.

Gleich und gleich gesellt sich gern

95 Prozent der Menschen auf der Welt treiben ziellos durchs Leben, ohne die leiseste Vorstellung ihres konkreten wichtigsten Lebenszwecks. Ihr konkretes Hauptziel gilt es sorgfältig auszuwählen und danach sollten Sie es aufschreiben und an einer Stelle platzieren, an der Sie es mindestens einmal am Tag sehen. Das Unterbewusstsein ist wie ein Magnet und wenn Sie es erst einmal mit einem konkreten Lebenszweck gefüttert haben, neigt es in hohem Maße dazu, alles anzuziehen, was für die Erfüllung dieses Zwecks nötig ist. Gleich und gleich gesellt sich gern. Millionen von Menschen konzentrieren sich täglich auf ARMUT und VERSAGEN und erhalten beides im Überfluss.

Ein konkreter wichtigster Lebenszweck ist etwas, das Sie für sich selbst erschaffen sollten. Niemand wird ihn für Sie gestalten und er wird sich nicht von selbst einstellen. Was werden Sie dafür unternehmen? Und wann? Und wie? Beginnen Sie jetzt, indem Sie analysieren, was Sie aufrichtig anstreben und sich wünschen. Treffen Sie dann eine bewusste Entscheidung, das Gewünschte zu erlangen.

Falls es Ihnen schwerfällt, diesen Prozess anzustoßen, versuchen Sie Folgendes:

- Listen Sie die Informationen oder das Wissen auf, das Sie sich aneignen wollen.
- Schreiben Sie auf, welche Arbeit Sie gerne tun würden.
- Listen Sie auf, welche Persönlichkeit Sie gerne wären.
- Schreiben Sie auf, wie viel Sie im Jahr gerne verdienen oder einnehmen würden.
- Listen Sie die Orte auf, die Sie gerne besuchen und sehen wollen.
- Listen Sie die Fertigkeiten, Kunstrichtungen, Gewerke und Wissenschaftsbereiche auf, in denen Sie weiterkommen wollen.

Wenn Ihnen dies Probleme bereitet, versuchen Sie, Ihren Erfolg in den folgenden entscheidenden Bereichen zu visualisieren:

- Berufung,
- persönliches Wachstum,
- Gesundheit,
- Zuhause und Familienleben,
- Spiritualität,
- soziales Engagement.

Mastermind-Allianzen und Assoziationen

Siehe Seiten 104-130, 159-170

Greg lernt von Jonathan Buckland und Charlie »Tremendous« Jones: »Sie sind heute derselbe, der Sie in fünf Jahren sein werden, abgesehen von zwei Dingen … den Menschen, die Sie treffen, und den Büchern, die Sie lesen … Wir sind die Gesamtsumme des Wissens, das wir besitzen, und der Menschen, mit denen wir uns umgeben.«

Das ist die Basis von Napoleon Hills ursprünglichem Konzept, das als Mastermind bekannt ist. Es ist ein Prinzip, das es jedem ermöglicht, alles zu übertreffen, was er jemals für möglich hielt, um das ultimative Dream-Team für den Erfolg zu versammeln.

Es gibt zwei allgemeine Typen von Mastermind-Allianzen. Erstens das Mastermind, das man rein aus sozialen oder persönlichen Gründen bildet. Dazu gehören Ihre Verwandten, Freunde und religiösen Bezugspersonen und dieses Mastermind erlaubt, mit anderen solidarisch zu sein – dass Sie sich persönlich mit Menschen verbunden fühlen, die Ihnen wichtig sind.

Der zweite Typ besteht aus den Allianzen, die man im Beruf, Business und auf kreativer Ebene eingeht. Diese Allianzen bilden Sie mit anderen Menschen aus einem materiellen oder finanziellen Motiv heraus. Man kann dies als eine ökonomische Allianz betrachten – die Ihnen ermöglicht, Dienstleistungen, Skills und Fertigkeiten gegen Geld anzubieten, oder Ihnen zu unternehmerischem Erfolg verhilft.

Wie Sie bereits wissen, funktioniert das Mastermind-Prinzip am besten, wenn man fünf kompetente Denker zusammenbringt – die gemeinsam mehr erschaffen als die Summe der Teile. Diese vier anderen Personen bilden Ihre Achse der Stärke.

Wenn Sie planen, eine Mastermind-Allianz aufzustellen, denken Sie daran, dass es voraussetzt, sich selbst gut zu kennen. Was sind Ihre Stärken? Was sind Ihre Schwächen? Wenn Sie zum Schluss kommen, dass ein potenzielles Mitglied des Masterminds dieselben Stärken und Schwächen aufweist, empfehlen wir, einen anderen Kandidaten zu suchen. Wieso? Weil ein solches Mitglied redundant wäre.

Eine Mastermind-Allianz erlaubt Ihnen, die Bildung, Erfahrung, den Einfluss und das Kapital anderer Menschen sozusagen anzuzapfen und zu nutzen. So erreichen Sie in einem Jahr mehr, als es in einem ganzen Leben möglich wäre. Wenn Ihr Lebenszweck den anderen Mitgliedern der Allianz dient, ergibt dies Ihre Erfolgsgarantie.

Mastermind-Gesetze

Ein Mastermind funktioniert am besten nach diesen fünf Regeln:

1. Jedes Mitglied sollte Erfahrung, Berufsausbildung, Bildung, Spezialwissen und angeborene Intelligenz der anderen in der Gruppe als die eigenen betrachten.
2. Wenn zwei oder mehr geistig hoch aktive Personen eine harmonische Allianz bilden, um ein gemeinsames Ziel zu erreichen, sti-

muliert dies jeden beteiligten Verstand zu außergewöhnlichem Mut – was den Weg hin zum Geisteszustand des Glaubens ebnet.
3. Wenn man eine Mastermind-Allianz richtig angeht, stimuliert sie den Verstand jedes Beteiligten, begeistert, mit persönlicher Initiative und Vorstellungskraft zu handeln. Die Interaktion beschleunigt die Fähigkeiten und das Potenzial jedes Verstands.
4. Eine Mastermind-Allianz ermöglicht es, das Unterbewusstsein der Mitglieder miteinander zu verbinden, und gibt damit jedem vollen Zugang zu den geistigen Kräften aller anderen Mitglieder.
5. Menschen erreichen überdurchschnittliche Erfolge dank einer Mastermind-Allianz.

Eine Mastermind-Allianz bilden und erhalten

Es gilt, mehrere Punkte zu beachten, wenn Sie eine Mastermind-Allianz aufbauen und erhalten möchten.

1. Sie sollten Ihren konkreten wichtigsten Lebenszweck schriftlich formulieren.
2. Schreiben Sie Ihre Ziele und Meilensteine auf. Bevor Sie andere mit an Bord holen, müssen Sie wissen, wohin Sie gehen wollen.
3. Sie sollten sich grundlegend vorstellen können, was Ihre Mastermind-Allianz erreichen soll, aber dabei sollten Sie offen für Diskussionen bleiben. Indem Sie mit Ihren Mitstreitern Brainstormings durchführen, diskutieren und Entscheidungen treffen, welche Richtung die Gruppe einschlagen soll, schaffen Sie eine Win-win-Situation für alle.

4. Wählen Sie Mitglieder aus, die im nötigen Ausmaß über Bildung, Erfahrung und Einfluss verfügen, um Ihre Ziele zu erreichen. Wählen Sie Personen nicht nur deswegen aus, weil Sie sie kennen und mögen. Auch wenn es harsch und kalt erscheinen mag, sollten Sie Kandidaten für Ihre Mastermind-Allianz auswählen oder ausschließen, bis Sie die richtigen gefunden haben.
5. Analysieren Sie Ihre Ziele sorgfältig und listen Sie auf, was Sie benötigen, um diese zu erreichen. Dann können Sie die Lücken füllen zwischen dem Punkt, an dem Sie sich jetzt befinden, und dem, den Sie anvisieren.
6. Legen Sie fest, wie jedes Mitglied von seiner Mitarbeit in der Allianz profitieren sollte. Bei einer ökonomischen Mastermind-Allianz lautet das Motiv vermutlich materieller Wohlstand oder Profit. Wenn Sie Gewinn machen, müssen Sie bereit sein, ihn mit Ihren Unterstützern zu teilen. Seien Sie fair und großzügig gegenüber den Mitgliedern Ihrer Allianz. Je großzügiger Sie sind, desto mehr werden die anderen Ihnen helfen.
7. Legen Sie konkrete Termine und einen konkreten Ort für die Treffen Ihrer Allianz fest. Sie sollten die Agenda vorbereiten und bereit sein, die Pläne der Gruppe zu diskutieren. Agieren Sie flexibel, denn Sie müssen Ihren ursprünglichen Plan vielleicht anpassen, wenn Sie ihn mit Ihren Teammitgliedern diskutieren. Häufiger und regelmäßiger Kontakt zwischen den Mitgliedern ist wichtig, sonst besteht die Gefahr, dass die Gruppe auseinandergeht. Als Kopf der Allianz ist es Ihre Aufgabe, die Harmonie zwischen allen Mitgliedern zu erhalten und sicherzustellen, dass alle dauerhaft auf die Ziele der Gruppe hinarbeiten. Am besten definieren Sie eine persönliche Erfolgsformel für Ihre Allianz.

Angewandter Glaube

Siehe Seiten 130-144

Napoleon Hill nannte den Glauben den »Chefchemiker des Verstands, das ›äußerliche Elixier‹, das den Gedankenimpulsen Leben, Wirkung und Aktion verleiht!«. Er sagte außerdem, der Glaube sei die Grundlage aller »Wunder und aller Mysterien, die nicht durch die Regeln der Wissenschaft analysiert werden können«.

Sie erinnern sich sicher, wie Greg auf die Fidschiinseln flog und sich mit John Bryant traf. Eine der ersten Aussagen von Greg lautete: »Versagen scheint mein zweiter Vorname zu sein.« Johns Antwort war: »Meiner ist Hoffnung.« Glaube führt sehr wirkungsvoll zu Hoffnung. Glaube ist das einzig bekannte Gegenmittel gegen Versagen.

Glaube ist diese vertrauensvolle Sicherheit, dass das, worauf wir hoffen, auf uns wartet, auch wenn wir es nicht sehen. Er erlaubt uns, an unseren Erwartungen festzuhalten. Es ist ein aktiver Geisteszustand, in dem Menschen sich selbst finden und eine funktionierende Verbindung zur Unendlichen Intelligenz herstellen, dem Göttlichen Geist, der unser natürliches oder externes Universum regiert. Wir verfügen von Geburt an über die Fähigkeit, eine konkrete, positive Beziehung mit dieser unendlichen Macht einzugehen und sie um Hilfe zu bitten, damit wir unsere Ziele errichen. Diese Beziehung bilden wir durch angewandten Glauben.

Angewandter Glaube befähigt uns, unsere Pläne in die Tat umzusetzen. Er ist der Geisteszustand, in dem Sie zeitweilig die eigene Vernunft und Willenskraft hintanstellen und Ihren Geist völlig für die Macht der Unendlichen Intelligenz öffnen. Wir sind imstande, diese Macht zu nutzen, um die Umstände unseres Lebens zu leiten und zu bestimmen. Aber wir sollten wie eine Leitung für diese Energie sein und sie gemäß unseres konkreten wichtigsten Lebenszwecks nutzen.

Glaube ist ein Geisteszustand, den Sie sich nur mit der richtigen mentalen Einstellung aneignen. Das Universum nimmt Ihre Gedanken als Anstoß, egal ob Sie wissen, dass Sie diese denken oder nicht. Die Energie, die Sie durch Ihre unbewussten Gedanken aussenden, hat so viel Kraft, Ihre Zukunft zu bestimmen, wie durch Ihre bewussten. Sie sind nicht in der Lage, die Macht des Glaubens anzuwenden, wenn Angst oder Sorge in Ihrem Verstand herrschen. Der erste Schritt, um Ihren Verstand für den Glauben zu konditionieren, besteht daher darin, sich Ihrer angstauslösenden Gedanken zu entledigen. Besonders zwei Ängste drohen, Ihre Bemühungen um persönliche Entwicklung zu untergraben – die Angst vor Armut und die Angst vor Kritik.

Den Geisteszustand des Glaubens erreichen

Nachdem Sie Ihren Geist von diesen negativen Gedanken befreit haben, bieten sich ein paar einfache Schritte an, um den Geisteszustand des Glaubens zu erreichen:

1. Entwickeln Sie ein brennendes Verlangen, Ihren konkreten wichtigsten Lebenszweck zu erreichen, und stellen Sie ihn in Bezie-

hung zu einem oder mehreren der zehn grundlegenden Motive: das Verlangen nach Selbsterhalt, das Gefühl der Liebe, das Gefühl der Angst, das Gefühl sexueller Anziehung, das Verlangen nach einem Leben nach dem Tod, das Verlangen nach der Freiheit von Körper und Geist, das Verlangen nach Rache, das Gefühl des Hasses, das Verlangen nach Selbstausdruck und Anerkennung und das Verlangen nach materiellem Gewinn.

2. Handeln Sie so, als wären Sie bereits physisch im Besitz dessen, was Sie anstreben. Können Sie sich vorstellen, wie es aktuell für Sie wäre, eine Million Dollar auf der Bank zu haben? Haben Sie eine Ahnung, wie es sich auf Ihren Mut auswirken würde?
3. Sobald Sie Ihr Verlangen ausdrücken, müssen Sie an das Ergebnis glauben. Sie werden nichts erreichen, wenn Sie ein Verlangen ausdrücken und sich dann ständig Sorgen darüber machen, dass Sie den gesuchten Job nicht finden; oder dass Ihnen das Geld fehlt, um Ihre Rechnungen zu bezahlen; oder dass ein anderes Übel Ihnen zustößt, das eine positive Wendung für Sie verhindert.
4. Erstellen Sie eine Liste all der Vorteile, die daraus resultieren, dass Sie Ihren konkreten wichtigsten Lebenszweck ausfüllen, und rufen Sie sich diese häufig ins Gedächtnis. Die Macht der Selbstsuggestion wird dafür sorgen, dass Sie ein Bewusstsein für den Erfolg entwickeln.
5. Gewöhnen Sie sich an, mit Menschen zusammen zu sein, die Sie und Ihren konkreten wichtigsten Lebenszweck unterstützen. Umgeben Sie sich außerdem mit Büchern, Bildern, Sprüchen an der Wand und anderen suggestiven Hinweisen auf Erfolg und Selbstvertrauen, die andere Menschen kreiert haben. Sorgen Sie für eine Atmosphäre der Leistung und des Erfolgs für sich.
6. Erstellen Sie einen konkreten und spezifischen Plan, um Ihr brennendes Verlangen zu verwirklichen.

7. Beginnen Sie sofort damit, Ihren Plan umzusetzen, und richten Sie alles, was Sie bewusst tun, darauf aus. Lassen Sie keinen einzigen Tag vergehen, ohne wenigstens einen bewussten Schritt hin zu Ihren Zielen gemacht zu haben.

Think and Grow Rich

Napoleon Hill sagte: »Es wurde schon mehr Gold im Verstand des Menschen geschürft, als jemals aus der Erde geholt wurde.« Bevor der große Erfolg sich einstellt, werden Sie sicherlich zeitweilig mit Niederlagen zu kämpfen haben.

Auch wenn R. U. Darby es versäumte, durch Gold reich zu werden, ist er dank seiner Ideen zu Reichtum gelangt. Er machte sein Vermögen durch Versicherungen. Sein Beispiel lehrt uns, dass ein Unterschied dazwischen besteht, zu *graben* und reich zu werden und zu *denken* und reich zu werden. Mit anderen Worten, Darby schürfte in seinem Geist nach goldenen Ideen und traf auf Gold. Er ließ sich nicht durch eine zeitweilige Niederlage aus der Fassung bringen. Das sollte Ihnen als die größte Inspiration dienen.

Mehr als verlangt tun

Siehe Seiten 144-151, 171-176

Mit den Worten von Debbi Fields, der Unternehmerin, die Mrs Fields Cookies aus dem Nichts aufgebaut hat: »Gut genug ist niemals gut genug.« Wie Sie sich bestimmt erinnern, erzählt sie Greg, dass sie von Beginn an sich selbst versprochen hatte, nur die besten Zutaten zu verwenden und sich nie mit weniger als Perfektion zufriedenzugeben.

Ihre Geschichte ist wohl eines der besten Beispiele dafür, mehr als verlangt zu tun. Sicher, sie hätte weniger gute Zutaten als Füllmaterial verwenden können, um ihre Marge zu erhöhen. Sie hätte leicht Kompromisse machen können, um etwas zu erschaffen, was die Allgemeinheit einen guten Keks genannt hätte. Aber statt sich diesen betriebswirtschaftlichen Zwängen zu beugen, baute sie ein Keksimperium auf und gab sich mit nichts weniger als dem Besten zufrieden.

Das Gesetz der Kompensation

Das Prinzip, mehr als verlangt zu tun, ist nicht neu. Es ist so alt wie die Hügel, die R. U. Darby nach seiner kurzlebigen Goldsuche hinter sich gelassen hat. Die großen Transzendentalisten des 19. Jahrhunderts beschrieben es als ein ewiges Gesetz. Ralph Waldo Emerson formulierte einige seiner Effekte in einem Essay über das Gesetz der Kompensation, wie er es nannte:

> ***Für jede Vergünstigung, die man vom Staat erhält, wird eine Steuer erhoben. Groß ist, wer die meisten Vergünstigungen erhält. Er ist niedrig genug – und das ist das eine, wahrlich Niedrige im Universum –, um Gefallen zu erhalten, aber keinen zu geben … Nimm dich in Acht vor zu viel Gutem, das in deiner Hand verweilt. Es verdirbt schnell und der Wurm frisst es. Zahl es schnell auf irgendeine Weise weiter …***
>
> ***Liebe und du sollst geliebt werden. Liebe ist stets mathematisch gerecht wie die zwei Seiten einer algebraischen Gleichung. Der gute Mann hat das absolut Gute, das wie Feuer alles andere in seine eigene Natur verwandelt, sodass du ihm nicht schaden kannst.***

Greg lernt von Debbi Fields, dass man durch Widrigkeiten zu den Gipfeln des Erfolgs gelangen kann. Er erfährt auch – durch seine persönliche Erfahrung mit Verlagen –, dass man nicht mit der höchsten Kompensation rechnen sollte. Indem er nicht auf der höchsten Kompensation beharrt, sondern härter arbeitet, als wofür er bezahlt wurde, eröffnet er sich zahlreiche Chancen.

Das Gesetz des steigenden Ertrags

Bei seiner Recherche erkannte Napoleon Hill: Indem man mehr als verlangt tut, löst man das Gesetz des steigenden Ertrags aus. Das bedeutet, dass die Qualität und Quantität der eigenen Leistungen mehrfach potenziert zu einem zurückkommen. Der steigende Ertrag wird einem nicht immer in Dollar zuteil – und es geschieht vielleicht auch nicht sofort. Er mag die Form einer neuen und besseren Gelegenheit annehmen, einer Beförderung, eines neuen Freundes, gesteigerter Selbstachtung oder noch subtiler erscheinen.

Das Gesetz des steigenden Ertrags hat ein Gegenteil – das Gesetz des sinkenden Ertrags. Wenn Sie etwas über die Bezahlung hinaus leisten – und es unwillig oder mit einer negativen Einstellung tun – werden Sie die starken Effekte dieses gegensätzlichen Gesetzes spüren. Sie werden weniger zurückerhalten als den Wert Ihres Aufwandes. Tatsächlich bekommen Sie vielleicht gar nichts zurück, oder was Sie erhalten, trägt ein unerwartet teures Preisschild.

Die Natur agiert effizient. Die Natur wird nicht zulassen, dass Sie oder irgendeine andere lebende Kreatur etwas umsonst bekommen. Die gute Nachricht lautet, dass dieses natürliche Gesetz garantiert, dass Ihre Belohnung Ihre Hoffnungen übersteigen wird, wenn Sie mehr als verlangt tun.

Eine angenehme Persönlichkeit

Siehe Seiten 1-59, 194-199

Sie erinnern sich sicher, dass Greg erfuhr, wie seine Persönlichkeit seinen Erfolg beeinflusste. Sein Egozentrismus stieß seine Freundin Mia ab. Sein Mangel an Integrität war sogar dem Taxifahrer zuwider. Er hatte sich so darauf konzentriert, wie er auf Menschen wirkte, dass er vergessen hatte, dass Anziehungskraft aus dem Inneren kommt. All seine Mühen, erfolgreiche Menschen anzuziehen, scheiterten, weil er verzweifelt versuchte, sich wichtiger zu geben, als er wirklich war – statt tatsächlich für andere Menschen wichtig zu sein.

Im Leben ziehen wir Menschen entweder an oder stoßen sie ab. Eine der wirkungsvollsten Methoden, sich weiterzuentwickeln, besteht darin, die eigene Fähigkeit zu nutzen, sich in andere Menschen hineinzuversetzen. Sie erzeugen Anziehungskraft, indem Sie sich auf herzliche – empathische Weise – für das Leben der Menschen um Sie herum interessieren.

Ihre Persönlichkeit ist die Summe der mentalen, emotionalen, spirituellen und physischen Eigenschaften, die Sie von allen anderen unterscheidet. Ihre Persönlichkeit hängt größtenteils von Ihrem Selbstwertgefühl ab. Ihr Selbstwertgefühl ist die Summe aus Selbstvertrauen und Selbstrespekt. Mit einem gesunden Selbstwertgefühl werden Sie sich stark, fähig und würdig fühlen. Auf der anderen Seite werden Sie sich unsicher und unwürdig fühlen, wenn Ihr Selbstwertgefühl niedrig ist – was Sie häufig zu verschleiern versuchen werden.

Die meisten negativen Bestandteile unserer Persönlichkeiten entstammen unseren Ängsten und Unsicherheiten. Wenn wir einen genauen Blick auf die Wurzel dessen werfen, was uns gemein und unangenehm macht, entdecken wir im Allgemeinen eine tiefsitzende Angst.

Um Ihr Selbstwertgefühl aufzubauen, sollten Sie:

- sich nicht mit anderen vergleichen.
- sich nicht selbst niedermachen – gestatten Sie keine negativen Selbstgespräche.
- lernen, Komplimente mit einem einfachen »Dankeschön« anzunehmen.
- mehrmals am Tag positive Affirmationen anwenden.
- Chancen nutzen, an sich selbst zu arbeiten.
- sich Freunde und Verbündete sorgfältig aussuchen. Umgeben Sie sich mit positiven Menschen, die Sie unterstützen.
- eine Liste Ihrer vergangenen Erfolge erstellen.
- Ihre positiven Qualitäten auflisten.
- versuchen, anderen mehr zu geben.
- sich an Arbeit und Aktivitäten beteiligen, die Sie genießen.
- sich selbst treubleiben.
- sofort mit positiven Aktionen beginnen.

Unsere goldenen Persönlichkeiten

In unserem Innersten verfügen wir alle über einen reichen Goldschatz – funkelnde Persönlichkeiten, die nur eine Gelegenheit brauchen, um zu glänzen. Aber das Gold in unseren Persönlichkeiten ist manchmal unter dem Schutt und den Ablagerungen unseres Alltags begraben. Napoleon Hill identifizierte 29 Aspekte einer angenehmen Persönlichkeit:

1. *Eine positive mentale Einstellung* – Das bedeutet, stets eine optimistische Einstellung beizubehalten, unabhängig von den Umständen.
2. *Geistige Flexibilität* – Das heißt, gegenüber neuen Möglichkeiten und Ideen offen zu sein. Es bedeutet, mit konstruktivem Feedback umgehen zu können und in der Lage zu sein, den Rat von Mentoren oder Mitgliedern seines Masterminds anzunehmen.
3. *Ein aufrichtiger Lebenszweck* – Das bedeutet, aufrichtig mit sich selbst, seiner Familie, seinen Mitstreitern, Freunden und Bekannten sowie mit der höheren Macht zu sein, an die man glaubt.
4. *Sich schnell entscheiden* – Wenn Ihnen Ihr konkreter wichtigster *Lebenszweck* immer klarer wird, werden Sie sich schneller entscheiden, was Sie für andere anziehender macht, denn es vermittelt Selbstvertrauen, Zielgerichtetheit, Intelligenz, Stärke und Glauben.
5. *Stets höflich sein* – Jeder in Ihrem Leben verdient Ihre Höflichkeit, von einem Obdachlosen auf der Straße bis zu der Person, mit der Sie sich im Büro nur ungern unterhalten.
6. *Takt* – Das bedeutet, die Wahrheit so auszusprechen, dass es die Gefühle Ihres Gesprächspartners respektiert.

7. *Eine angenehme Stimme* – Jedes Wort, das Sie sagen, kann mehrere Bedeutungen haben, abhängig vom Tonfall, den Sie nutzen. Sich einen angenehmen Tonfall anzugewöhnen, kann Ihre zwischenmenschlichen Beziehungen verbessern und Sie für andere anziehend machen.
8. *Gesichtsausdruck* – Manchmal tragen wir ein finsteres Gesicht zur Schau und bemerken es nicht einmal. Nur allzu oft werden Menschen von unserer Miene angezogen oder abgestoßen.
9. *Toleranz* – Das bedeutet, andere Meinungen zu akzeptieren, ohne sich bedroht oder konfrontiert zu fühlen.
10. *Direkt sein in Verhalten und Sprache* – Dazu gehört, so schnell wie möglich zum Punkt zu kommen und die volle Wahrheit zu sagen, statt die Wahrheit durch Auslassung auszudrücken.
11. *Sinn für Humor* – Lachen ist wahrlich die beste Medizin und ermöglicht anderen, sich in unserer Umgebung wohlzufühlen.
12. *Glaube an die Unendliche Intelligenz* – Wenn wir uns an eine höhere Macht oder das Universum im Ganzen wenden, erweitern wir unsere Vision, unser Potenzial und unsere Fertigkeiten.
13. *Ein ausgeprägter Gerechtigkeitssinn* – Fairness wirkt auf jeden anziehend.
14. *Angemessenes Vokabular* – Welche Wörter Sie wählen, verrät eine Menge über Ihre Bildung, Persönlichkeit und Erziehung. Versuchen Sie stets, die richtigen Wörter zur richtigen Zeit zu verwenden.
15. *Effektive Sprache* – Sie geht Hand in Hand mit den angemessenen Wörtern. Wie man eine Präsentation erstellt oder einen Fremden anspricht, wirkt sich gewaltig auf das Ergebnis aus.
16. *Emotionale Kontrolle* – Wenn Sie die schwierigsten Situationen mit einem Lächeln und gefasst angehen, werden Sie ganz natürlich andere anziehen und dafür sorgen, dass diese Sie unterstützen.

17. *Aufmerksames Interesse* – Gute Zuhörer ziehen Menschen an, denn sie zeigen ein ehrliches Interesse an der Geschichte einer Person, ihren Gefühlen und Träumen.
18. *Vielseitigkeit* – Menschen, die verschiedenste Aufgaben gut erledigen, erregen unsere Aufmerksamkeit.
19. *Begeisterung für andere* – Wenn Sie sich gute Kontakte wünschen, sollten Sie verschiedene Altersgruppen, Persönlichkeiten und Charakteristika wohlwollend betrachten.
20. *Kontrolle der eigenen Stimmung* – Wenn man die Geduld verliert, wird man kaum gute Entscheidungen treffen und auf andere abstoßend wirken.
21. *Hoffnung und Ambition* – Hoffnung und Ambition als Teil einer positiven mentalen Einstellung helfen uns dabei, persönliche Initiative zu ergreifen.
22. *Mäßigung* – Es wirkt attraktiv, wenn man diszipliniert genug ist, etwas moderat zu konsumieren, sein Gleichgewicht beizubehalten und das Universum für das Geschenk seiner Ressourcen zu respektieren.
23. *Geduld* – Je geduldiger Sie mit anderen Menschen sind, desto geduldiger werden sie mit Ihnen sein.
24. *Ein demütiges Herz* – Menschen fühlen sich von denen angezogen, die Großes leisten, und dabei dem Universum und den Menschen gegenüber dankbar bleiben, die ihnen auf dem Weg geholfen haben.
25. *Angemessene Kleidung* – Um in dieser Welt erfolgreich zu sein, sollten Sie wissen, wie man sich zu verschiedenen Gelegenheiten kleidet.
26. *Die passende Show* – Ein gutes Gespür für Auftreten und Timing zu haben, wenn wir scherzen, eine Präsentation halten oder eine Idee verkaufen, kann darüber entscheiden, ob wir Menschen

überzeugen, sich unserem Lebenszweck anzuschließen oder unsere Vision zu teilen.

27. *Fairplay* – Wir sollten alle gute Verlierer und angenehme Gewinner sein, wenn wir nicht unsere Freunde vergraulen wollen.
28. *Die Fähigkeit, Hände zu schütteln* – Anderen in die Augen zu sehen und ihnen die Hand zu schütteln, ist der Schlüssel für einen guten ersten Eindruck.
29. *Persönliche Anziehungskraft* – Sie lässt sich erreichen, wenn Sie sich mental und emotional in andere hineinversetzen.

Das Glaubensbekenntnis des Philosophen

Sich dieses wirkungsvolle »Glaubensbekenntnis des Philosophen« anzueignen, kann mehr dazu beitragen, Ihre Persönlichkeit weiterzuentwickeln, als jede andere Handlung:

> ***Lass mich allen Dingen gegenüber offen sein, sodass ich mental und spirituell wachse. Möge die Zeit nie kommen, in der ich glaube, zu gut zu sein, um von der bescheidensten Person zu lernen. Lass mich nie vergessen, dass ein verschlossener Geist zu Engstirnigkeit führt. Möge ich nie Meinungen über irgendein Thema zum Besten geben, wenn sie nicht auf ausreichend gesichertem Wissen beruhen. Bewahre mich davor, je jemanden zu verurteilen, weil er nicht mit mir übereinstimmt. Möge ich stets gesunden Respekt gegenüber denjenigen zeigen, mit denen ich nicht übereinstimme. Lass mir stets die Tatsache bewusst sein, dass all mein Wissen nichts ist, wenn***

man es mit dem vergleicht, was noch zu lernen ist. Gib mir den Mut, meine Unwissenheit zuzugeben, wenn man mich nach etwas fragt, über das ich wenig oder gar nichts weiß. Möge ich mein Wissen, so ich es besitze, stets mit anderen teilen, wenn es ihnen helfen kann. Lass mich nie vergessen, dass Demut des Herzens mehr Freunde anziehen wird als alle Weisheit der Menschheit. Lass mich stets ein Schüler auf der Suche nach Wahrheit sein und nie so tun, als wäre ich ein vollendeter Gelehrter in irgendeinem Thema.[2]

2 Napoleon Hill, *PMA Science of Success Course*, Bildungsausgabe, S. 176

Persönliche Initiative

Siehe Seiten 74-104

Persönliche Initiative bedeutet, das Richtige zu tun, ohne dass jemand einen belehrt. Es ist eine extrem seltene Eigenschaft, die einen Menschen das tun lässt, was getan werden muss, ohne dazu aufgefordert zu werden. Dabei handelt es sich um eine Entscheidung aus eigenem Antrieb, die zu Aktion und dazu führt, seine Bemühungen auf den konkreten wichtigsten Lebenszweck zu konzentrieren.

Jonathan Buckland erzählt Greg bei einem ihrer ersten Treffen: »Wir sind immer entweder auf dem Weg zu einem selbst gewählten Ziel oder wir driften in die andere Richtung. Jeden Tag ist es an uns, die Richtung zu wählen.«

Diese Richtung zu wählen und in Aktion zu treten – darum geht es bei persönlicher Initiative. Wenn Sie sich an Ihre persönliche Erfolgsgleichung erinnern, ist Aktion einer der wichtigsten Teile der Gleichung. Kombiniert mit Glauben, haben diese beiden Teile der Erfolgsformel die Macht, die Resultate exponentiell zu beeinflussen:

((L + T) x A x A) + G = Ihre Erfolgsformel

In der Erfolgsformel ist jedoch die Qualität einer Aktion genauso wichtig wie die Quantität. Mit anderen Worten, die Art, wie man agiert, ist beinahe wichtiger, als einfach nur besonders aktiv zu sein.

Persönliche Initiative und mehr als verlangt zu tun, gehen Hand in Hand. Ohne den ersten Teil würde man den zweiten nie angehen.

Wenn Sie die Initiative ergreifen, belohnt Sie das Universum. Das ist eines der natürlichen Gesetze des Erfolgs. Persönliche Initiative ist Ihre Qualität, die zu Aktion führt. Wie Jonathan Buckland zu Greg sagt: »Ein Traum ist nur ein Traum, bis er aufgeschrieben wird. Erst dann wird er zum Ziel.« Persönliche Initiative befördert einen Traum aus der übernatürlichen Sphäre auf ein Blatt Papier.

Persönliche Initiative steigern

Per Definition entstammt die persönliche Initiative Ihrer Leidenschaft. Wenn Sie mit einem niedrigen Pegel an persönlicher Initiative ausgestattet sind, sollten Sie Ihre persönliche Erfolgsformel erneut prüfen. Nehmen Sie sich etwas Zeit, Ihre Talente, Passionen und Assoziationen neu zu bewerten, und überlegen Sie, ob Ihre Erfolgsformel sich verändert hat.

Überlegen Sie als Nächstes, ob es »Geister der Angst« gibt, die Sie noch nicht besiegt haben. Wenn Ihre Initiative nachlässt, mag es daran liegen, dass Sie von Angst überwältigt wurden – alter oder neuer Angst. Nehmen Sie sich die Zeit, Ihr eigenes Mindset genauer zu betrachten. Machen sich negative oder ängstliche Gedanken oder einschränkende Glaubenssätze breit, besonders solche, die in die folgenden Kategorien fallen?

- Angst vor Armut
- Angst vor Krankheit
- Angst vor Kritik
- Angst vor dem Verlust der Liebe

- Angst vor dem Alter
- Angst vor dem Tod

Wenn Ihre persönliche Initiative auf einem niedrigen Stand ist, sollten Sie sich vielleicht neuen Ideen öffnen. Gibt es irgendwelche Ideen, die Sie in der Vergangenheit nicht beachtet haben? Haben Sie irgendwelche Träume beiseitegeschoben, weil sie nicht mit Ihrem konkreten wichtigsten Lebenszweck übereinzustimmen schienen? Wenn ja, welche waren das?

Eine weitere effektive Methode, um Ihre persönliche Initiative zu steigern, besteht darin, Ihren konkreten wichtigsten Lebenszweck in drei Teile zu zerlegen: Ziele, Meilensteine und Aufgaben. Nehmen Sie sich Zeit, Ihren konkreten wichtigsten Lebenszweck aufzuschreiben, dann Ihre drei wichtigsten, damit zusammenhängenden Meilensteine, Ihre drei wichtigsten Ziele für jeden Meilenstein und schließlich die wichtigsten drei Aufgaben für jedes Ziel. Wiederholen Sie diese Übung für Ihren gesamten konkreten wichtigsten Lebenszweck, den konkreten wichtigsten Lebenszweck der nächsten zehn Jahre und den konkreten wichtigsten Lebenszweck für das nächste Jahr.

Eine positive mentale Einstellung

Siehe Seiten 130-144, 147-148, 152-159

Eine positive mentale Einstellung setzt sich aus den positiven Charakteristika zusammen, die wir alle in anderen Menschen bewundern – wie Glaube, Integrität, Hoffnung, Optimismus, Mut, Initiative, Großzügigkeit, Toleranz, Taktgefühl, Freundlichkeit und einen robusten gesunden Menschenverstand. Das ist kein Ziel, es ist eher eine Reise. Es ist ein Geisteszustand voller Selbstvertrauen, außerdem konstruktiv, sicher, praktisch und nach vorne gewandt, den Sie unabhängig von den Umständen beibehalten. Erinnern Sie sich an den Ratschlag der Witwe von Norman Vincent Peale – Ruth Stafford Peale – in einem Brief an Greg, den Charlie »Tremendous« Jones ihm gab. Sie riet ihm, »neuen Mut [zu] fassen, wenn Sie kurz davor sind aufzugeben«.

Ihr Verstand ist immer in Bewegung. Sie steuern Ihre Gedanken entweder in eine positive Richtung oder Sie steuern sie in eine negative Richtung. So etwas wie einen neutralen Gedanken gibt es gar nicht. Eine positive mentale Einstellung – PME – beizubehalten, ist eine bewusste Wahl, nur auf die beste Weise zu denken. Negatives Denken bringt mentale, physische, emotionale und spirituelle Kosten mit sich. Positives Denken zeitigt bedeutende Dividenden. Sie sollten sich auf die gewünschten positiven Dinge konzentrieren, denn Gedanken sind wie Magneten. Negative Gedanken ziehen negative Umstände und Resultate an. Und die Kehrseite ist, dass positive Gedanken positive Resultate anziehen.

Die Sucht des Negativen

Wenn Sie zulassen, wieder und wieder negativ zu denken, wird dies schnell zur Gewohnheit. Eine Gewohnheit kann schnell zur Sucht werden. Zuzulassen, dass negative Gedanken oder eine negative Einstellung zur Sucht wird, kann Sie in eine Abwärtsspirale reißen und verhindern, dass Sie Ihre Ziele erreichen.

Der erste Schritt, um mit negativen Gedanken aufzuhören, besteht nicht darin, jemand anderen für Ihre Denkweise verantwortlich zu machen. Stattdessen sollten Sie sich darauf konzentrieren, positiv und erfolgreich zu denken, sodass es Ihnen den Erfolg und die Chancen bringt, die Sie anstreben. Dazu lesen Sie nun einige Strategien:

1. Verbringen Sie mehr Zeit damit, sich auf die positiven Aspekte Ihres Lebens zu konzentrieren. Seien Sie dankbar für die positiven Dinge in Ihrem Leben und zögern Sie nicht, sich selbst zu Ihren Erfolgen zu gratulieren.
2. Verbringen Sie weniger Zeit mit negativem Denken. Befehlen Sie sich selbst aufzuhören, wenn ein negativer Gedanke sich in Ihren Verstand schleicht, und bemühen Sie sich bewusst, diesen Gedanken durch einen positiven zu ersetzen. Jedes Mal, wenn Sie erfolgreich einen negativen Gedanken in einen positiven verwandelt haben, sind Sie einen Schritt näher dran, sich PME anzugewöhnen.

3. Seien Sie geduldig mit sich selbst. Sie sind nicht über Nacht zum negativen Denker geworden, und Sie können nicht davon ausgehen, über Nacht zu einem positiven Denker zu werden. Geben Sie sich selbst Zeit und lassen Sie jeden kleinen Sieg zu einem wirkungsvollen PME-Lebensstil beitragen.
4. Regelmäßige Übung führt zu Selbstdisziplin. Es wird so viel Selbstdisziplin erfordern, wie Sie aufbringen, um negatives Denken in positives zu verwandeln.
5. Vergeben Sie sich selbst für negative Gedanken. Auch gute Menschen denken manchmal negativ. Verurteilen Sie sich nicht, wenn das gelegentlich passiert. Erkennen Sie einfach, dass es der Fall ist, und tun Sie Ihr Bestes, diese Gedanken sofort zu ändern.
6. Wann immer möglich sollten Sie Menschen mit einer negativen mentalen Einstellung aus dem Weg gehen. Versuchen Sie stattdessen, sich mit den positivsten, fürsorglichsten Menschen zu umgeben, die Sie finden. Erschaffen Sie eine Mastermind-Allianz, die Sie auf Ihrem Weg unterstützt. Heißen Sie die konstruktive Kritik dieser Leute willkommen und genießen Sie die Stärke, die aus der Gemeinschaft mit diesen Menschen entsteht.
7. Lernen Sie, sich selbst zu lieben. Sie sind eine fantastische, wertvolle, wichtige Person mit enormem Potenzial. Jeden Tag werden Sie bezüglich Ihres konkreten wichtigsten Lebenswecks und Ihrer Ziele weiterkommen. Denken Sie daran, die einzige Person, die Ihrem Erfolg Grenzen setzt, sind Sie selbst. Den Fokus Ihrer negativen Gedanken und Ihrer mentalen Einstellung zu ändern, ist ein Sieg in Ihrem Leben, der nur darauf wartet, sich einzustellen.

Wie man sich PME aneignet und Fülle anzieht

Eine der besten Methoden, sich eine positive mentale Einstellung anzueignen, kann mit der Abkürzung TSEFJ bezeichnet werden. Merken Sie sich diese Buchstaben, sie stehen für; »Tue schnell etwas für jemanden!«.

Wenn Sie gestresst und negativ eingestellt sind, dann liegt es daran, dass Sie zu sehr um sich selbst kreisen oder egozentrisch werden. Dieser nach innen gerichtete Fokus führt zu einer Einstellung des Mangels, die wiederum Nachteile und Scheitern anzieht. Indem Sie Ihre Gedanken nach außen richten, um selbstlos für andere da zu sein, vergessen Sie Ihren Stress. Sie kreisen nicht mehr um das Negative, sondern entwickeln Glaubenssätze über all die Fülle, die Sie erwartet. Die folgenden Glaubenssätze werden Ihnen helfen, sich auf die Fülle zu konzentrieren und Erfolg anzuziehen:

1. Glauben Sie daran, dass es eine Quelle der Unendlichen Intelligenz im Universum gibt, in die Sie sich einklinken können, um persönliche Stärke und Macht daraus zu ziehen.
2. Glauben Sie daran, dass Sie wahrlich frei und selbstbestimmt sind; dass Ihnen dieses Geschenk vom Universum oder einer höheren Macht zuteilwurde; und dass Sie dafür verantwortlich sind, diese Macht auszuüben.
3. Glauben Sie an die Macht der Assoziation – dass diejenigen, mit denen Sie sich in jedem Bereich Ihres Lebens umgeben, positive Menschen sein sollten, die auf positive Weise etwas zu Ihrem konkreten wichtigsten Lebenszweck beitragen.

Die herausragenden Führungspersonen in allen Bereichen kennen die Macht ihres Verstands, nutzen sie – und wenden sie auf jedes Ziel an, das sie sich aussuchen. Der einzige Wesenszug, der sie vom Rest der Bevölkerung, der letztlich sein Scheitern akzeptiert, unterscheidet, besteht darin, dies zu erkennen und ihren bewussten Verstand zu nutzen, um die gewünschten Umstände und Dinge zu erlangen.

Enthusiasmus

Siehe Seiten 151-169

Sie erinnern sich sicher, wie Greg während seiner Geschichte mit einiger Frustration zu kämpfen hat, aber am meisten zu Beginn. Das liegt nicht daran, dass seine größten Rückschläge am Anfang auftraten, sondern er entwickelt erst später die Leidenschaft und den Enthusiasmus, die er braucht, um die Barrieren zu durchbrechen und Rückschläge zu überwinden.

Als er seine Erfolgsformel und seinen konkreten wichtigsten Lebenszweck entdeckt – zu sammeln, was er in den Treffen mit den großartigen Mentoren lernt, und es an andere weiterzugeben –, scheinen die Rückschläge und Hindernisse nicht mehr so groß. Als das Licht auf seinem Flug mit Julie Krone und Richard Cohn durch die Wolken bricht, findet er endlich den wahren Quell seines Enthusiasmus. Er hört, wie das Universum ihm etwas sagt, das er tief im Inneren immer gewusst hat.

Enthusiasmus ist die Lebenskraft, mit der Sie die Batterien Ihres Körpers wiederaufladen und eine dynamische Persönlichkeit entwickeln. Er unterscheidet sich von bloßem »Eifer«, denn dieser kann schnell aufkommen und genauso schnell wieder verschwinden. Enthusiasmus hingegen ist ein anhaltender Energieimpuls und eine Motivation in Ihrem Leben. Sie können ihn nicht willentlich ein- und ausschalten, aber kontrollieren. Manche Menschen sind mit natürlichem Enthusiasmus gesegnet, während andere ihn sich aneignen müssen.

Es gibt ein altes japanisches Sprichwort, das übersetzt besagt: »Falle siebenmal, stehe achtmal wieder auf.« Das ähnelt dem Rat, den Greg von John Bryant erhielt: »Erfolg resultiert einfach daraus, dass man von Fehlschlag zu Fehlschlag eilt, ohne dabei den Enthusiasmus zu verlieren.«

Enthusiasmus besteht in Ihrem Innersten. Sie verfügen stets über das Potenzial, ihn hervorzulocken, aber manchmal liegt er unter meterweise Geröll begraben. Sie können nach dem Enthusiasmus »bohren«, indem Sie der Arbeit nachgehen oder die Leistung erbringen, die Sie lieben und genießen.

Sobald Sie die wahre Quelle Ihres Enthusiasmus anzapfen, kann er für immer anhalten – wenn Sie es zulassen. Der Schlüssel ist, die »Pipeline« offen zu halten, indem Sie stets Ihren konkreten wichtigsten Lebenszweck im Auge behalten.

Es wird Zeiten in Ihrem Leben geben, in denen Sie meinen, Ihren Enthusiasmus verloren zu haben. Das ist natürlich. Es gibt tatsächlich mehrere Einflüsse, die Enthusiasmus bei vielen Menschen verhindern – oder gar zerstören –, wie Armut, körperliche Krankheit, Scheitern eines Unternehmens, Verlust von Liebe, Familienstreit, Mangel an Bildung, harsche Kritik, Alter, Sorge, Zweifel, Angst und Umgang mit negativen Menschen. Wenn Sie einen dieser Einflüsse in Ihrem Leben bemerken, nehmen Sie sich die Zeit, sich wieder mit Ihrem konkreten wichtigsten Lebenszweck zu verbinden. Solange Sie mit Ihrem konkreten wichtigsten Lebenszweck in Einklang bleiben, wird die Quelle Ihres Enthusiasmus niemals versiegen.

Selbstdisziplin

Siehe Seiten 200-231

Greg lernt von Rudy Ruettiger, dass man nicht fünf Minuten vor dem Eintreten des Wunders aufgeben sollte. Was hält Sie davon ab aufzugeben? Die Antwort ist schlicht und einfach – Selbstdisziplin.

Keine andere Voraussetzung für den Erfolg ist so wichtig wie Selbstdisziplin, wozu auch gehört, die Schlüsselaspekte des eigenen Lebens zu kontrollieren:

- Ihre Emotionen,
- Ihren Körper,
- Ihre mentale Einstellung,
- Ihre Zeit,
- Ihren konkreten wichtigsten Lebenszweck.

Eine disziplinierte Person balanciert all diese Aspekte der Selbstdisziplin, um ihren konkreten wichtigsten Lebenszweck zu erfüllen.

Selbstdisziplin: Geist und Emotion

Sie haben vielleicht gehört, dass der östlichen Philosophie zufolge der Geist »ein wilder Affe ist, außer Kontrolle, der von einem Ding zum anderen springt«. Wenn er undiszipliniert ist, bewegt sich Ihr

Geist, wohin er will, und beschäftigt sich mit wahllosen Gedanken, die ihm kommen.

Ihr Verstand ist, wie man sagen könnte, »eingeloggt« in das Massenbewusstsein, oder, wie Émile Durkheim es nannte, das »kollektive Bewusstsein«. Ihr Verstand ist sowohl eine Sende- als auch Empfangsstation und überträgt und empfängt Gedanken ähnlich der Radiowellen oder Energie, wenn Sie Fernsehen schauen, eine Zeitung lesen oder einer Unterhaltung zuhören.

Selbstdisziplin beginnt damit, die eigenen Gedanken und Emotionen zu meistern. Wenn Sie Ihre Gedanken nicht kontrollieren, können Sie Ihre Aktionen nicht kontrollieren. Daher sorgt Selbstdisziplin in ihrer einfachsten Form dafür, dass Sie zuerst denken und dann handeln. Die Herausforderung besteht darin, dass es in der menschlichen Natur liegt, genau das Gegenteil zu tun.

Der Schlüssel, um Ihre Gedanken und Emotionen zu kontrollieren, besteht darin, eine Balance zu finden zwischen ihren negativen und positiven Emotionen.

Napoleon Hill identifizierte die sieben primären *negativen* Emotionen:

1. Angst,
2. Neid,
3. Hass,
4. Rache,
5. Gier,
6. Zorn,
7. Aberglaube.

Er benannte auch die sieben primären *positiven* Emotionen:

1. Liebe,
2. Sex,
3. Hoffnung,
4. Glaube,
5. Enthusiasmus,
6. Verlangen,
7. Loyalität.

Nehmen Sie sich die Zeit zu analysieren, wie jede Emotion Ihre Aktionen antreibt. Wenn Sie Ihre Energie von den negativen Emotionen weg und auf die positiven zu kanalisieren, werden Sie erfolgreicher sein.

Selbstdisziplin: Ihr physischer Körper

Unsere physischen Körper beeinflussen unsere Stimmungen und umgekehrt. Wir kommen mit Stress und Arbeitsbelastung klar, wenn wir genug geschlafen, uns sportlich betätigt und gesunde Nahrung zu uns genommen haben. Die Disziplin, die Sie für Ihren physischen Körper aufbringen, wird Ihre Gedanken und Emotionen reiner machen – das bedeutet, sie werden realen Ereignissen, realen Beobachtungen und realer Objektivität entstammen. Letztlich werden physische Leiden, Schmerzen und Ablenkungen ihre Emotionen und Gedanken nicht mehr verdunkeln.

Selbstdisziplin: Ihre mentale Einstellung

Denken Sie daran, Ihre Gedanken ziehen ähnliche Ergebnisse an. Wenn Sie eine positive mentale Einstellung beibehalten und Menschen in einem positiven Licht sehen, werden Sie diese Welt als freundlichen Ort erleben. Wenn Sie andere bewegen wollen, Ihre Ansichten zu teilen oder mit Ihnen zu kooperieren, sollten Sie zuerst Ihren Teil tun, indem Sie sich in den richtigen, anziehenden Geisteszustand versetzen. Sie werden überrascht sein, wie schnell sie ihre Einstellung zu Ihnen ändern werden.

Selbstdisziplin: Ihre Zeit

Es ist essenziell für Sie, Ihre Zeit zu kontrollieren. Auch wenn die persönliche Erfolgsformel den Faktor Zeit nicht erwähnt, bedeutet das nicht, dass sie nicht impliziert ist. Stellen Sie sich vor, dass jede Variable in der Formel mit Zeit in Verbindung steht – der Moment, in dem Sie »in Aktion treten«, die Zeit, die Sie nutzen, um die »richtige Assoziation« herzustellen, und die Zeit, die Sie sparen, indem Sie »Ihr wahres Talent mit Ihrer Leidenschaft kombinieren«.

Denken Sie daran, Zeit ist eng verknüpft mit Geld und ebenso mit Erfolg. Die Zeit, die sie damit verbringen, Ihre Effektivität zu steigern und auf Ihren konkreten wichtigsten Lebenszweck hinzuarbeiten, wird sich am meisten auf Ihre Ergebnisse auswirken.

Selbstdisziplin: Ihr konkreter wichtigster Lebenszweck

Selbstdisziplin ist in diesem Fall aus zwei Gründen wichtig: Nummer eins – die Zeit, die Sie in Ihrem Tagesablauf einplanen, wird bestimmen, wie oft Sie auf Ihren konkreten wichtigsten Lebenszweck hinarbeiten können; und Nummer zwei – Ihre Selbstdisziplin in Bezug auf Ihren konkreten wichtigsten Lebenszweck legt fest, wie gut Sie auf die Aktivitäten konzentriert bleiben, die den größten Nutzen bringen – und den größten Einfluss auf Ihren Erfolg haben.

Akkurates Denken

Siehe Seiten 39-51, 67-86, 106-118

Was bedeutet es, etwas zu wissen? Es ist ein großer Unterschied, an etwas zu glauben oder es zu wissen. Greg unterhält sich mit Richard Cohn, dem Herausgeber von *The Secret*, und Cohn erzählt ihm, dass es das Wissen war, was ihn in harten Zeiten durchhalten ließ. Cohn sagt: »Was wäre zum Beispiel wirkungsvoller: zu glauben, dass man eines Tages die wahre Liebe finden wird, oder zu wissen, dass jemand auf einen wartet und man sich nur auf diese Person zubewegen muss, bis man sie trifft?«

Beim akkuraten Denken geht es darum, auf die richtigen Quellen zu hören. Es geht darum, Informationen herzunehmen und in die richtige Perspektive zu bringen – sie genau unter die Lupe zu nehmen und ihren Wahrheitsgehalt zu bewerten. Wenn Sie akkurat denken, beschäftigen Sie sich nur mit den Fakten, egal, wie diese Ihre eigenen Interessen beeinflussen könnten. Das kommt daher, weil Sie wissen, dass diese Strategie Sie letztlich nach vorne bringen wird, weil Sie sie auf Ihren konkreten wichtigsten Lebenszweck hin katapultiert. Sie sollten lernen, Rückschläge zu akzeptieren und sich Herausforderungen stellen, die Ihr Denken und Ihre Meinungen direkt infrage stellen. Sie sollten es auch akzeptieren, wenn Sie unrecht haben.

Schritte zum akkuraten Denken

1. Wählen Sie aus, wie Sie schlussfolgern – induktiv oder deduktiv.
2. Sammeln Sie Informationen aus mindestens drei Quellen.
3. Trennen Sie Fakt von Fiktion – oder Hörensagen, Information, die Sie aus zweiter oder dritter Hand erhalten.
4. Teilen Sie die Fakten auf in wichtige und unwichtige. Eine wichtige Tatsache ist eine, die Sie nutzen können, um Ihren konkreten wichtigsten Lebenszweck zu leben und Ihre Ziele zu erreichen. Alle anderen sind relativ unwichtig.
5. Analysieren Sie, bewerten Sie und gestalten Sie.
6. Ziehen Sie Schlussfolgerungen und sammeln Sie Meinungen Ihres Masterminds und/oder persönlichen Mentors. Akkurate Denker umgeben sich mit einer Mastermind-Allianz oder mindestens vier verschiedenen Typen von Talenten: einem spirituellen Berater, einem Finanzberater, einem Gesundheitsberater und einem persönlichen Berater.
7. Treffen Sie finanzielle Entscheidungen oder machen Sie Pläne, wie diese Schlussfolgerungen und/oder Meinungen die Richtung Ihres konkreten wichtigsten Lebenszwecks oder Ihre Chancen beeinflussen, diesen zu verwirklichen.

Logisch schlussfolgern

Es gibt zwei Arten zu schlussfolgern, wenn wir logisch denken – Induktion und Deduktion. Induktion ist der Prozess, universelle Schlussfolgerungen aus spezifischen Situationen zu ziehen.

Zum Beispiel:

- Alle Fische, die ich je gesehen habe, hatten Schuppen.
- Daher haben alle Fische Schuppen.

Deduktion ist der Prozess, bei dem man Schlussfolgerungen aus universellen Gesetzen zieht und sie auf spezifische Situationen anwendet. Normalerweise gibt es eine universelle Prämisse und dann eine Konsequenz. Zum Beispiel:

- Alle Menschen sind sterblich.
- Gina ist ein Mensch.
- Daher ist Gina sterblich.

Beide Arten zu schlussfolgern, haben ihre Grenzen. Beim deduktiven Schlussfolgern kann die Prämisse falsch sein, sodass die Konsequenzen, die daraus folgen, und die Schlussfolgerungen, die Sie ziehen, generell falsch wären. Bei der induktiven Beweisführung ist es nicht nur unfair, eine Generalisation aufgrund Ihrer begrenzten Erfahrung zu treffen, sondern es kann auch falsch sein.

Meinungen

Akzeptieren Sie niemals Meinungen als Fakten! Obwohl Greg die Weisheiten anderer niederschrieb, war er stets bereit, die Wahrheit zu bewerten, statt sie einfach als Fakt zu akzeptieren.

Wahrlich akkurate Denker halten sich mit einer Meinung zurück, bis sie spüren, über ausreichend viele stützende Belege zu verfügen. Aber die meisten Menschen denken nicht so. Stattdessen sind sie allzu schnell bereit, ihre wenig untermauerten Meinungen anderen als Wahrheit mitzuteilen. Viele dieser Ansichten können gefährlich und destruktiv sein, wenn sie mit persönlicher Initiative einhergehen, denn wenn sie auf Verzerrungen, Vorurteilen, Intoleranz, Vermutungen oder Hörensagen beruhen, sind sie fehlerhaft.

Der akkurate Denker handelt daher nie aufgrund von Ratschlägen, ohne diese genau zu analysieren. Akkurate Denker lassen nicht zu, dass jemand anderes ihnen das Denken abnimmt. Sie sammeln ihre eigenen Fakten, Informationen und Ratschläge von anderen, aber behalten sich das Privileg vor, solchen Rat im Ganzen oder teilweise zu akzeptieren oder abzulehnen.

Kontrollierte Aufmerksamkeit

Siehe Seiten 86-118

Dave Liniger, Gründer von RE/MAX, sagt zu Greg: »Beweisen Sie sich selbst, dass Sie recht haben.« Man braucht einen gewissen abgeklärten Mut, wenn man belegen will, dass man recht hat – und nicht, dass alle anderen unrecht haben. Tatsächlich erfordert es Ihre kontrollierte Aufmerksamkeit.

Kontrollierte Aufmerksamkeit bedeutet, alle geistigen Kapazitäten zu nutzen und ihre geballte Macht auf ein bestimmtes Ziel hin auszurichten. Dazu gehört die Konzentration darauf, Ihrem konkreten wichtigsten Lebenszweck zu folgen, was ein deutliches Bild dieses Zwecks in Ihrem Bewusstsein verankert und es dort fixiert, bis es vom Unterbewusstsein übernommen und umgesetzt wird.

Kontrollierte Aufmerksamkeit lässt sich nur durch die strikteste Selbstdisziplin erreichen. Aufmerksamkeit, die Sie nicht kontrollieren und steuern, gleicht eher zielloser Neugier. Das Wort *Kontrolle* ist der Schlüssel, um die Kraft der Gedanken zu entfesseln.

Zwei Gesetze sind von Bedeutung, wenn Sie bereit sind, die volle Kontrolle über Ihre Aufmerksamkeit zu erlangen – wenn Sie bereit sind, Ihren Verstand auf etwas Bestimmtes zu konzentrieren, nach dem Sie streben. Das eine ist das Gesetz der Autosuggestion und das andere das Gesetz der Gewohnheit. Diese beiden Gesetze wenden Sie jeden Tag ein wenig durch Ihr Verhalten an. Diese kleinen Übungen sind die Taktiken des Igels, um den Hasen im Rennen zu schlagen.

Autosuggestion und Gewohnheiten

Autosuggestion äußerst sich in Selbstgesprächen. Sie ist die Gesamtsumme der Botschaften, die Sie Ihrem Bewusstsein und Unterbewusstsein präsentieren – die subtilen Suggestionen, die Sie sich selbst geben, entweder bewusst oder unbewusst. Autosuggestion verankert jeden Ihrer Gedanken in Ihrer Erinnerung und macht ihn zum Teil Ihres Charakters, egal ob der Gedanke positiv oder negativ ist.

Wenn Sie häufig über Armut oder die physischen Merkmale der Armut nachdenken, werden diese Gedanken Ihr Unterbewusstsein durch Autosuggestion beeinflussen. Wenn Sie sich angewöhnen, sich auf Armut zu konzentrieren, werden Sie unwillentlich Ihren Verstand darauf konditionieren, Armut als unvermeidlichen Umstand hinzunehmen, und Sie werden letztlich ein Armutsbewusstsein entwickeln. So verdammen sich Millionen von Menschen selbst zu einem Leben in Armut.

Die Kehrseite ist, dasselbe Prinzip der Autosuggestion funktioniert auch, um Ihre Gedanken auf Fülle und ökonomische Sicherheit zu richten. Wenn Sie sich angewöhnen, Ihre Aufmerksamkeit zu kontrollieren, werden Sie damit Gelegenheiten anziehen. Sie können diese Chancen nutzen und Lösungen entwickeln.

Wenn Sie Ihre Aufmerksamkeit in positiver Weise auf einen konkreten wichtigsten Lebenszweck lenken und Ihren Verstand durch tägliche Gedankengewohnheit dazu bringen, bei diesem Thema zu verweilen, werden Sie Ihr Unterbewusstsein darauf konzentrieren, diesem Lebenszweck gemäß zu leben. Denken Sie daran, das Unterbewusstsein handelt zuerst aufgrund der dominierenden Gedanken, die ihm jeden Tag vorgesetzt werden, egal ob diese positiv oder negativ sind, und es geht dazu über, diese Gedanken umzusetzen.

Autosuggestion ist das Werkzeug, das Sie nutzen können, um in Ihrem Gehirn einen mentalen Pfad anzulegen. Kontrollierte Aufmerksamkeit ist die Hand, die dieses Werkzeug hält. Gewohnheit ist die Landkarte oder der Grundriss, dem der mentale Pfad folgt. Um eine Idee oder einen Wunsch in Aktion umzuwandeln, muss es im Unterbewusstsein gehalten werden, bis die Gewohnheit ihm eine permanente Form gibt. Von dort aus erledigt die Autosuggestion den Rest, indem sie dieses Muster an Ihr Bewusstsein überträgt. Wenn diese Gedanken langsam in Ihren bewussten Geist aufsteigen, finden Sie die nötigen Mittel, um Erfolg zu haben.

Schritte um kontrollierte Aufmerksamkeit zu üben

1. Setzen Sie sich einen konkreten wichtigsten Lebenszweck – der Startpunkt jeden Erfolgs.
2. Kultivieren Sie Ihre Vorstellungskraft, um Ihr Ziel zu verdeutlichen und so klar zu visualisieren, dass es prägnant heraussticht und eindeutig ist.
3. Steigern Sie Ihr Verlangen, bis es zu einem brennenden Verlangen wird, das nicht wieder verschwindet.
4. Gehen Sie mit angewandtem Glauben daran, letztlich Ihre Ziele zu erreichen, und sehen Sie vor Ihrem inneren Auge, wie Sie Ih-

ren konkreten wichtigsten Lebenszweck erfüllen – mit anderen Worten, tun Sie so, als ob.
5. Wenden Sie kontinuierlich all die Willenskraft an, die Sie aufbringen können.
6. Erlernen Sie die Kunst, Ihr Unterbewusstsein einzusetzen.

Kontrollierte Aufmerksamkeit einzuüben, wird Sie auf den richtigen Pfad führen, um die Geisteskraft zu erlangen und einzusetzen, mit der Sie all Ihre Vorhaben meistern. Evander Holyfield sagt zu Greg: »Auf den Zehenspitzen und beweglich bleiben. Sich auf die Aufgabe konzentrieren, die vor Ihnen liegt.«

Teamwork

Siehe Seiten 86-94, 159-170

Richard Cohn erklärt Greg: »Zusammenarbeit ist essenziell, um Wunder zu erschaffen.« Die Macht echten Teamworks lässt sich nicht besser zusammenfassen. Kooperation ist das Fundament erfolgreichen Managements. Truett Cathy rät Greg, er solle sich, »mehr auf die Menschen als auf die Profite konzentrieren«, und er schreibt den enormen Erfolg von Chick-fil-A dieser Praxis zu. Wer versteht, wie man Teamwork einsetzt, und den Geist der Kooperation nutzt, wird auch die schwersten Herausforderungen überstehen, die gewaltigsten Widrigkeiten überwinden und zu den höchsten Gipfeln emporsteigen.

Der Geist der Kooperation

Kooperation, ähnlich wie Liebe und Freundschaft, erlangt man, indem man selbst etwas gibt. Der Geist der Kooperation ist ein Geschenk an andere Menschen. Auf der Straße zum persönlichen Erfolg treffen wir viele Mitreisende. Sie werden ihre Kooperation brauchen und die anderen benötigen Ihre. Ihr gegenwärtiger und künftiger Erfolg hängt davon ab, ob Sie imstande sind, anderen die Hand zu reichen und mit ihnen an einem Strang zu ziehen.

Konsens und Wechselseitigkeit

Zwei wichtige Begriffe, die mit Teamwork und dem kooperativen Geist zusammenhängen, sind Konsens und Wechselseitigkeit.

Konsens bedeutet, einen Punkt der Übereinstimmung zu erreichen. Das bezieht sich offensichtlich auf Gruppen. In einer guten Brainstorming-Session besteht der nächste Schritt für die Gruppe darin, die diskutierten Ideen zu kategorisieren und ihnen Prioritäten zuzuweisen. Dies erfordert einen Gruppenkonsens. Die Gruppe muss als Gruppe entscheiden, denn dadurch fallen die Entscheidungen stets besser und angemessener aus, als wenn ein Einzelner die Rolle des Diktators einnimmt und allein entscheidet, was die Gruppe unternehmen sollte.

Das Begriff der Wechselseitigkeit bezieht sich auf die einzigartige Kapazität jedes Menschen, innerhalb einer Gruppe etwas zu geben und zu erhalten. Wechselseitigkeit kann als der Prozess des »Gebens und Nehmens« beschrieben werden. Im Zentrum dieses Konzepts steht der Glaube, dass jedes Gruppenmitglied eine bestimmte Gabe hat. Diese Gabe kann ein Talent sein, eine tiefgehende Einsicht, ein Übermaß an Energie, oder Willensstärke, die der gesamten Gruppe hilft und sie stärkt. Ebenso kann jeder in der Gruppe die Gaben anderer empfangen und durch den Einfluss der anderen Mitglieder gestärkt werden. Der Rahmen für ein solches Geben und Nehmen ist Teil der Struktur einer organisierten Gruppe – die kooperativ eingestellt ist und durch gemeinsame Ziele und Interessen gebunden ist.

Teamwork und die Magie des Momentums

Momentum ist eine vorwärts gerichtete Bewegung. Ein auf den Sieg gerichteter Impuls, hervorgerufen und entfesselt durch den Geist der Zusammenarbeit, bekannt als Teamwork. Die drei folgenden Eigenschaften sind für ein Momentum oder ein siegreiches Bemühen notwendig:

1. Es muss ein Wendepunkt erreicht werden. Das Team muss so tun, als ob, dann eine Chance erkennen und sie sofort ergreifen.
2. Ein ansteckender Enthusiasmus muss vorhanden sein. Jeder zieht dabei mit an einem Strang und arbeitet auf den Sieg hin, denn dieser erfordert letztlich, dass das gesamte Team sich anstrengt. Alle Teammitglieder müssen von einem Enthusiasmus angesteckt werden, der sie weitermachen lässt, selbst wenn die Chancen gegen sie stehen.
3. Alle müssen an den Sieg glauben. Das Team sollte eine Vision des Sieges verfolgen. Es gilt, die Vorstellung »wir können gewinnen« fallen zu lassen und zu betonen: »Wir gewinnen«, um dann so zu tun, als ob: »Wir haben gewonnen!«

Herrscht Einheit und volle Kooperation, gelingt ein Momentum. Dieses Momentum wird eine Gruppe, ein Team oder ein Unternehmen durch Fehlschläge bis zum Sieg tragen.

Aus Widrigkeiten und Niederlagen lernen

Siehe Seiten 50-59, 130-144

Genevieve Bos sagt zu Greg und Sharon: »[Man sollte] niemals von den eigenen Fehlern definieren lassen, wer man ist.« Debbi Fields meinte ihnen gegenüber: »Lasse niemals zu, dass andere dir im Weg stehen. Verwandle Widrigkeiten in Vorteile – mache ihre Zweifel zu deinem Katalysator.« Laut den Gesetzen des Universums ist Erfolg die Belohnung für Rückschläge. Wenn Sie sich weigern aufzugeben, und trotz Angst handeln, werden Rückschläge stets nur temporär sein. Wie Evander Holyfield geäußert hat: »Man spürt nie die Schläge oder erinnert sich an sie. Man genießt nur den Sieg.«

Erfolg vs. Fehlschlag

Jeder erleidet zeitweilige Niederlagen, aber Niederlagen sind nicht dasselbe wie Versagen, außer man akzeptiert sie als solche. Was ist also der Unterschied zwischen Menschen, die einen Meter vom Gold entfernt aufgeben, und denjenigen, die weitergraben, bis sie es finden? Die Antwort lautet: Ein konkreter wichtigster Lebenszweck, angewandter Glauben, eine Mastermind-Allianz und die Bereitschaft, mehr als verlangt zu tun. Das repräsentiert die wichtigsten vier Punkte der 17 Prinzipien des individuellen Erfolgs.

Im Universum gibt es eine große Waage, die alles ausbalanciert. Auf der einen Seite sind unsere Erfolge, auf der anderen Seite unsere Niederlagen. Damit die Waagschalen sich ausgleichen, gewährt uns das Universum einen Erfolg, der unseren Fehlschlägen ebenbürtig ist – vorausgesetzt, wir geben nie auf. Unsere Perioden des größten Wachstums gründen auf unseren Perioden der größten Fehlschläge. Mit einer positiven mentalen Einstellung sind wir in der Lage, aus dieser Phase der Fehlschläge Vorteile zu ziehen, um maximal erfolgreiche Resultate zu erzielen. Oft sehen wir erst viel später im Leben, dass es eine Lernerfahrung war. Erst wenn wir nach ausreichend langer Zeit auf diese Ereignisse zurückblicken und die Wunden verheilt sind, sehen wir, wie der Fehlschlag uns geholfen hat, im Leben voranzukommen.

Wichtigste Ursachen persönlicher Fehlschläge

1. Die Gewohnheit, sich ohne konkreten wichtigsten Lebenszweck treiben zu lassen.
2. Übermäßige Neugier für die Angelegenheiten anderer Menschen.
3. Mangel an angemessener Bildung.
4. Mangel an Selbstdisziplin – unkontrolliert essen, trinken, Geld ausgeben und Zeit verschwenden.

5. Gleichgültigkeit gegenüber Chancen, an sich selbst zu arbeiten.
6. Mangel an Ehrgeiz, sich über den Durchschnitt zu erheben.
7. Schlechte Gesundheit – oft durch Vernachlässigung.
8. Sich selbst als Opfer negativer Umwelteinflüsse in der frühen Kindheit zu sehen.
9. Mangel an Ausdauer, um Sachen zu Ende zu bringen.
10. Eine negative mentale Einstellung.
11. Mangel an emotionaler Kontrolle.
12. Das Verlangen, etwas umsonst zu erhalten.
13. Das Versäumnis, prompte, konkrete Entscheidungen zu treffen, wenn die notwendigen Fakten vorliegen.
14. Eine oder mehrere der sieben grundlegenden Ängste: Angst vor Armut, Kritik, Krankheit, dem Verlust von Liebe oder Freiheit, Alter oder Tod.
15. Eine überstürzte Entscheidung zu treffen – in Bezug auf Ehe, Hauskauf, eine Stelle, einen Beruf oder ein Projekt.
16. Übervorsicht im Business und in beruflichen Beziehungen oder im Gegensatz dazu, ein Mangel an Vorsicht.
17. Mangel an Selbstkontrolle, wenn man etwas im Vertrauen gesagt hat, oder wenn man redet, bevor man nachgedacht hat.
18. Intoleranz oder Engstirnigkeit, besonders, wenn sie auf Unwissen oder Vorurteil in Hinsicht auf religiöse, politische oder wirtschaftliche Themen beruht, zusammen mit der Gewohnheit, seine Meinungen nicht auf Grundlage von Fakten zu bilden und zu äußern.
19. Die Weigerung, harmonisch mit anderen zusammenzuarbeiten, wenn die Kooperation essenziell für den Erfolg ist.
20. Mangel an Loyalität, wenn Loyalität essenziell ist.
21. Mangel an Vision und Vorstellungskraft.
22. Egoismus und Eitelkeit, die man nicht im Griff hat.

23. Das Verlangen nach Rache für reale oder eingebildete Kränkungen.
24. Mangelnde Bereitschaft, mehr als verlangt zu tun.

Sollte ein Fehlschlag Sie überrumpeln, verschwenden Sie keine Zeit damit, sich Sorgen zu machen, sondern widmen Sie Ihre Zeit der Aufgabe, nach der Saat eines gleichgroßen Vorteils zu suchen, um dann diesen Samen zu düngen und zu pflegen, sodass er wachsen kann. Wenn Sie eine Niederlage als Inspiration begreifen, um es noch einmal mit frischem Selbstvertrauen und Zielstrebigkeit zu versuchen, wird der Erfolg nur eine Frage der Zeit sein.

Kreative Vision

Siehe Seiten 200-215

Als Greg mit James Amos redet, erfährt er: »Jedem, der zu Wohlstand kommt, sind zwei Dinge kristallklar: eine Vision und eine Mission … Due Diligence geschieht immer in der Rückschau, es geht stets um die Vergangenheit. Aber alle Entscheidungsfindung dreht sich um die Zukunft. Vision stammt von Menschen, die aufgrund dieser Ahnung eine Entscheidung treffen und dabei prophetisch sind.«

Die erfolgreichsten Menschen auf der Welt sehen nicht nur Chancen, sondern sind auch in der Lage, diese Chancen zu kreieren – als würden sie diese aus dem Nichts erschaffen. Der Grund dafür ist kreative Vorstellungskraft. Bob Proctor sagt zu Greg: »Wenn du willst, dass sich etwas ändert, dann ändere deine Perspektive darauf.«

Kreative Visionskraft ist die Kapazität, sich neue Möglichkeiten vorzustellen, neue Träume zu träumen und die gewaltigen Kräfte des Universums anzuzapfen, die es einem gestatten, ein neues Morgen aufzubauen, während man nach seinem konkreten wichtigsten Lebenszweck strebt. Tief in Ihrem Geist verschlossen liegt ein gewaltiger Schatz an kreativen Fertigkeiten und intuitiven Einsichten, die nur darauf warten, freigesetzt zu werden. Kreative Vision hilft Ihnen, diese inneren Ressourcen anzuzapfen, um Ihr vorhandenes wunderbares kreatives Potenzial freizusetzen.

Gute kreative Leader lassen nicht zu, dass sie zum Opfer der Umstände werden oder in »Analyse-Paralyse« stecken bleiben. Sie weigern sich, von den folgenden Überlegungen ausgebremst zu werden:

- Das haben wir schon versucht.
- Das Timing stimmt überhaupt nicht.
- Es gibt nur eine richtige Antwort.
- So haben wir das noch nie gemacht.
- Das widerspricht der Unternehmenspolitik.
- Dafür sind wir nicht bereit.
- Das ist unmöglich.
- Es könnte zu viel kosten.

Synthetische Vorstellungskraft und kreative Vorstellungskraft

Es gibt zwei Arten von Vorstellungskraft: synthetische und kreative. Synthetische Vorstellungskraft kombiniert Dinge, die bereits existieren, anerkannte Ideen, Konzepte, Pläne oder Fakten, die man auf neue Weise arrangiert oder einsetzt. Kreative Vorstellungskraft ist der Teil des Verstands, der als Medium dient, durch das neue Fakten oder Ideen mithilfe aller Sinne gewonnen werden. Die Menschen, die in der Lage sind, diese Ressource anzuzapfen, sind bereit, ein Problem immer wieder aus verschiedenen Perspektiven zu betrachten.

Die eigene Kreativität nutzen

Wenn Sie kreativ sein wollen, verbringen Sie genügend Zeit damit, Ideen zu sammeln. Spielen – arbeiten ist hier nicht gemeint – Sie damit, neue Ideen zu generieren. Schreiben Sie die guten Ideen in

Ihr Tagebuch. Suchen Sie nicht angestrengt nach Ideen, denn diese Anspannung wird Ihren kreativen Prozess blockieren.

Wenn nichts passiert, gehen Sie spazieren, meditieren Sie, machen Sie ein Nickerchen oder beschäftigen Sie sich mit etwas anderem, um sich abzulenken. Erzählen Sie Ihrer Mastermind-Allianz von Ihren Ideen und wenn die Mitglieder sagen: »Wieso hat da noch niemand vorher dran gedacht?«, wissen Sie, dass Sie eine gute Idee vor sich haben.

Wenn Sie bereit sind, die kreative Vorstellungskraft vollumfänglich zu nutzen, überlegen Sie sich Folgendes: Die kombinierte kreative Vorstellungskraft mehrerer Personen, die sich harmonsich auf einen konkreten wichtigsten Lebenszweck ausrichtet, ist der Kern des Prinzips der Mastermind-Allianz. Diese Art kreativer Vision ist eine enorme Quelle der Macht. Wenn Sie nicht wissen, wo Sie anfangen sollen, wenden Sie sich an Ihre Mastermind-Allianz. Nichts kann begabte, kreative Menschen aufhalten, die ihre Ideen stets mit Gleichgesinnten austauschen.

Gesund bleiben

Siehe Seiten 40-41, 95-96, 130, 136-137, 188

Einige grundlegende Faktoren können Sie in Bezug auf Ihre Gesundheit kontrollieren. Anderes liegt völlig außerhalb Ihrer Kontrolle. Sie können nicht kontrollieren, wer Ihre Eltern oder wie Ihre Gene zusammengesetzt sind, aber Sie sind imstande, viele Verhaltensweisen zu kontrollieren, die Ihre Gesundheit beeinflussen – physisch, emotional und zwischenmenschlich.

Die gesundheitsbezogenen Informationen unten basieren auf Forschungsergebnissen des US Department of Health and Human Services (HHS) und der US Preventive Services Task Force (USPSTF). Bedenken Sie, dass das hier präsentierte Material Sie nur informieren soll. Es ersetzt weder professionellen medizinischen Rat noch Diagnosen oder Behandlungen. Bei Krankheiten oder medizinischen Beschwerden sollten Sie stets den Rat eines Arztes oder professionellen Mitarbeiters des Gesundheitswesens einholen. Ziehen Sie einen Gesundheitsexperten hinzu, bevor Sie irgendeinen Vorschlag dieses Programms umsetzen oder darauf basierende Verhaltensweisen übernehmen.

Robuste Gesundheit

Zu den wichtigsten Maßnahmen, um körperlich gesund zu bleiben, gehört:

- die empfohlenen Vorsorgeuntersuchungen durchführen zu lassen.
- nicht zu rauchen.
- körperlich aktiv zu sein.
- sich gesund zu ernähren.
- ein gesundes Gewicht zu halten.
- bei Bedarf vorbeugende Medikation zu befolgen.

Robuste geistige Gesundheit

Zu den wichtigsten Maßnahmen für Ihre mentale und emotionale Gesundheit gehören:

- Nachts genug zu schlafen (für Erwachsene zwischen sieben bis acht Stunden).
- regelmäßig Sport zu treiben.
- sich gesund zu ernähren.
- den Stress zu begrenzen.
- sich in Dankbarkeit zu üben.
- kognitive Dissonanz zu beseitigen, indem Sie etwas unternehmen, das von Ihrem konkreten wichtigsten Lebenzweck abweicht.
- mit einem Therapeuten zu sprechen, wenn Sie einen brauchen.
- verschriebene Medikamente einzunehmen, wenn Sie diese brauchen.

Vorsorgeuntersuchungen

Durch Vorsorgeuntersuchungen ist es möglich, Krankheiten frühzeitig zu diagnostizieren, wenn sie noch vergleichsweise einfach zu behandeln sind. Es gibt auf wissenschaftlichen Erkenntnissen beruhende Empfehlungen von Gesundheitsexperten der US Preventive Services Task Force für Tests für Männer und Frauen in Bezug auf verschiedene Krankheiten. Sprechen Sie mit einem Arzt darüber, welche Sie betreffen und wann und wie oft Sie sich testen lassen sollten.

Familiengeschichte

Ihre Familiengeschichte liefert Gesundheitsinformationen über Sie und Ihre nächsten Verwandten. Sie verweist auf wichtige Risikofaktoren für Probleme wie Herzkrankheiten, Schlaganfall, Diabetes und Krebs. Ein Risikofaktor ist alles, was Ihre Anfälligkeit für eine bestimmte Krankheit erhöht. Die Familiengeschichte hilft, Gesundheitsrisiken vorherzusagen, weil Familien gemeinsame Gene haben und andere Faktoren teilen, die die Gesundheit beeinflussen, wie die Umgebung, den Lebensstil und Gewohnheiten.

Weil die Familiengeschichte so wirkungsvoll der Vorhersage dient, hat der Surgeon General ein neues, computergestütztes Tool entwickelt, das es jedem unterhaltsam und einfach erlaubt, ein detailliertes Porträt der Gesundheit der eigenen Familie zu entwerfen. Besuchen Sie die Website https://familyhistory.hhs.gov/ und rufen sie »My Family Health Portrait« auf.

Budgetieren Sie Zeit und Geld

Siehe Seiten 144-152, 160-161, 172-173

Greg erfährt von Bob Proctor: »Deine ersten fünf Minuten bestimmen deinen Tag.« Wenn Sie das im Hinterkopf behalten, denken Sie darüber nach, welch großen Einfluss fünf Minuten auf Ihre Resultate haben können. Es mag etwas zu vereinfacht klingen – und gleichzeitig bedeutend –, aber jeder Moment Ihres Tages beeinflusst Ihre Resultate. Zeitmanagement ist eine der wichtigsten Gewohnheiten, die bestimmt, ob Sie im Mittelmaß verharren oder es bis an die Spitze schaffen.

Prokrastination und Zeitverschwendung

Prokrastination raubt Ihnen Gelegenheiten. Zeit ist ein Meister, der alle Fehler in Kapital verwandelt, aber nur diejenigen bevorzugt, die der Prokrastination widerstehen und in Aktion treten, wenn sie sich entscheiden müssen. Alle Chancen – besonders die herausragenden – besitzen ein Zeitlimit. Es gibt nur ein kleines Fenster, die Vorteile der aktuell herrschenden Bedingungen zu nutzen. Wie Joe Dudley zu Greg sagt: »Finde und nutze deinen Vorteil oder jemand anderes wird ihn dir wegnehmen.«

Das einzige echte Kapital ist Zeit, aber sie ist nur Kapital, wenn man sie nutzt. Verschwendet kann sie buchstäblich zu Ihren Schulden werden. Manchmal wird sie zum Kapital von jemand anderem. Überlegen Sie, auf welche Weise Sie Geld verschwenden. Sobald das Geld ausgegeben ist, brauchen Sie mehr Geld. Wie kommen Sie an Geld? Im Allgemeinen, indem Sie für jemand anderen arbeiten, um sich Ihren Lebensunterhalt zu verdienen. Wenn dem so ist, vermehren Sie jedes Mal, wenn Sie Geld ausgeben, das Kapital Ihres Arbeitgebers. Sie verschulden sich beim Universum und der einzige Weg aus dieser Schuldenfalle ist zu arbeiten – in vielen Fällen für jemand anderen.

Zwei Fragen an uns selbst, damit jedes Jahr profitabler wird als das davor, lauten:

1. Wie viel Zeit habe ich mit unprofitablen Mühen verschwendet, die ich für etwas Vorteilhafteres hätte nutzen können?
2. Wie kann ich meine Zeit neu budgetieren und meine Gewohnheiten ändern, sodass ich im kommenden Jahr profitabler arbeite?

Budgetieren Sie Ihre Zeit

Das Erste, was Sie tun sollten, um Ihre Zeit zu kontrollieren, ist, ein Zeitbudget aufzusetzen. Stellen Sie sich jede Minute Ihres Tages als wertvolle Währung vor. So wie die meisten von uns einen begrenzten Betrag an Geld haben, den wir ausgeben können, haben wir auch nur einen begrenzten Betrag an Zeit. Erstellen Sie eine Tabelle und budgetieren Sie Ihre Zeit an jedem Tag einer Woche. Vergeben Sie auch Prioritäten für die Aktivitäten – *niedrig, mittel-niedrig, mittel,*

mittel-hoch, hoch. Listen Sie auf, wer daran beteiligt ist und welchen Aspekt Ihres Lebens die Aktivität betrifft (z. B. Familie, Gesundheit, Arbeit, Freizeit etc.).

Es gibt mehrere Fragen, die Sie sich selbst stellen können, wenn Sie meinen, Ihre Zeit sei nicht gut genutzt. Die folgenden Fragen werden Ihnen helfen, Ihre Aufgaben zu priorisieren:

1. Ist es wirklich wichtig – muss es wirklich erledigt werden?
2. Wenn ja, muss ich es wirklich selbst tun?
3. Wenn ja, kann es bis zu einem anderen Zeitpunkt warten?
4. Wenn nein, kann es in kleinere Schritte aufgeteilt werden?
5. Wenn ja, wie sehen diese Schritte aus und wann kann ich sie erledigen?

Sobald Sie ein Zeitbudget aufgestellt haben, müssen Sie es auch einhalten, damit es Ihnen nützt. Außerdem wird es immer Spielraum für Verbesserungen geben. Nehmen Sie sich einen Moment, um Ihr Zeitbudget zu überprüfen. Listen Sie fünf Aktivitäten pro Tag auf, die Sie potenziell völlig aus Ihrem Leben eliminieren können. Wie würde sich das anfühlen? Wie viel Zeit würden Sie dadurch zurückgewinnen? Wie könnten Sie diese Zeit nutzen, um Ihren konkreten wichtigsten Lebenszweck zu verfolgen.

Budgetieren Sie Ihr Geld

Zeit ist Geld und in vielerlei Weise stimmt das auch umgekehrt. Die besten finanziellen Resultate erzielt der, der weiß, wie er sein Geld am besten budgetiert und managt. Die reichsten Menschen der Welt sind es nicht deswegen, weil sie viel Geld ausgegeben haben.

Sie mussten zuerst lernen, ihr Geld zu managen. Erarbeiten Sie ein Budget, das ihre persönlichen Umstände berücksichtigt.

Es gibt mehrere Fragen, die Sie sich stellen können, wenn Sie manchmal zu viel ausgeben. Die folgende Liste wird Ihnen helfen zu bewerten, wie wichtig jede Ausgabe ist:

1. Ist es wirklich wichtig – kann ich ein paar Wochen ohne es leben?
2. Falls ich nicht ohne es leben kann, muss ich wirklich so viel dafür ausgeben?
3. Wenn nein, kann ich das gleiche Produkt oder die gleiche Dienstleistung für weniger bekommen?
4. Falls nicht, kann ich die Ausgaben für das Produkt oder die Dienstleistung reduzieren (quantitativ oder qualitativ)?
5. Wenn ja, auf welche Weise(n) kann ich das schaffen?

Werfen Sie erneut einen Blick auf Ihr finanzielles Budget. Listen Sie fünf Ausgaben auf, die Sie potenziell völlig aus Ihrem Leben eliminieren können. Wie würde sich das anfühlen? Wie viel Geld stünde Ihnen dann zur Verfügung, um Ihren konkreten wichtigsten Lebenszweck zu verfolgen?

Die kosmische Macht der Gewohnheit

Siehe Seiten 86-94, 159-170

Genevieve Bos zitiert Dr. Raymond Charles Barker, der sagte: »Keine Entscheidung zu treffen, kommt der Entscheidung gleich zu scheitern oder im Leben nur Durchschnittliches zu leisten.« Der Grund ist: Selbst wenn wir keine Kontrolle übernehmen und keine Entscheidungen treffen, ist das wiederum eine Entscheidung. Wenn das Laufband startet und Sie beschließen, stehen zu bleiben, werden Sie hinten herunterfallen.

So ist es auch mit unseren Assoziationen. Menschen gleichen sich denen an, mit denen sie sich in Sympathie und Harmonie zusammentun. Sie werden sich ihrer Natur und mentalen Stärke nach immer ähnlicher. Wir können so stark werden, wie die Menschen, mit denen wir uns umgeben, oder genauso schwach. Manchmal übt man sich am besten darin, Selbstdisziplin und Gewohnheiten zu entwickeln, indem man mit Menschen zusammen ist, die hohe Selbstdisziplin und gute Gewohnheiten aufweisen.

Die Quelle der Gewohnheiten

Eine Gewohnheit resultiert aus dem persönlichen Umfeld – indem man immer wieder das Gleiche tut – und aus Wiederholung – indem man immer wieder die gleichen Gedanken denkt. Einmal geformt, ähnelt sie einem Zementblock, der in der Gussform hart geworden ist – es scheint nahezu unmöglich sein, diesen zu zerbrechen.

Unsere Gedanken brauchen im übertragenen Sinne Nahrung, um zu überleben. Die Nahrung und Materialien für unsere Gedanken stammen größtenteils aus unserem Umfeld. Sobald diese Gedanken ein kritisches Maß an Wiederholung erreicht haben, werden sie zu Gewohnheiten – und Gewohnheiten kristallisieren sich zu etwas Dauerhaftem.

Geben Sie Ihren Gewohnheiten Bedeutung

Letztlich bestimmen Ihre Gewohnheiten, wo und was Sie sind – ob Sie es bewusst geplant haben oder nicht.

Eine der besten Gewohnheiten, die Sie sich im Leben aneignen können, ist die, Ihr Leben zu analysieren und Gelegenheiten zu finden, bessere Gewohnheiten auszubilden. Weil Gewohnheiten Zeit brauchen, um sich zu bilden, und eine Messlatte für Ihre Zeitnutzung sind, können sie sich mit der Zeit weiterentwickeln und verändern. Sie sollten den Mut haben, sie nach Ihrem Wunsch weiterzuentwickeln – unabhängig davon, wie schwierig oder holprig das wirken mag.

Stellen Sie sich Ihr Leben wie eine Reise zu einem entfernten Stern vor – zu dem man bei Lichtgeschwindigkeit hundert Jahre braucht. Stellen Sie sich nun vor, dass Sie im Lauf dieser hundert Jahre und bei diesem Tempo das Navigationssystem nur um einen winzigen Bruchteil ändern. Bei dieser Schnelligkeit und über diese lange Zeit wird eine solche kleine Abweichung Sie zur falschen Seite der Galaxis bringen.

Durch kleine, unmerkliche Veränderungen – die konsistent angewandt werden – sind wir zu großen Erfolgen fähig. Der Unterschied zwischen Ihrem heutigen Ich und Ihrem idealen Ich der Zukunft ist eine Reihe winziger Veränderungen, die Sie konsistent mit der Zeit durchführen.

Die Biografien unserer Mastermind-Mentoren

James Amos

Chairman Emeritus, Mail Boxes Etc.

Amos ist der frühere Vorsitzende und CEO von Mail Boxes Etc. (heute UPS Stores), eines der weltweit größten und am schnellsten wachsenden Franchiseunternehmen für Einzelhandel, Kommunikation und Versanddienstleistungen. Während seiner Zeit im Unternehmen gehörten zum MBE-Netzwerk fast 4500 Filialen weltweit mit Lizenzverträgen in mehr als 80 Ländern. Amos ist außerdem der ehemalige Vorsitzende der International Franchise Association und aktuell Vorsitzender und Chief Executive der Tasti D-Lite Corporation. Er absolvierte die University of Missouri, wurde 1998 als Scholar-in-Residence und 2000 sowie 2003 mit dem Distinguished Alumnus Award ausgezeichnet. Er ist dekorierter Vietnamveteran. (Seiten 114-115, 119, 299)

Bill Bartmann

Gründer von Bill Bartmann Enterprises

Bill Bartmann war der ultimative Underdog, der seine persönlichen Umstände und Tragödien überwand und sich an die Spitze der amerikanischen Wirtschaft hocharbeitete. Im Alter von 14 war er obdachlos, Mitglied einer Straßengang und hatte die Highschool abgebrochen. Er gewann die Kontrolle über sein Leben zurück, indem er das GED-Examen, das College und ein Jurastudium absolvierte. Auf Anfrage einer Bank übernahm er ein Rohrwerk für Ölleitungen, das Konkurs angemeldet hatte, und verwandelte es in ein Unternehmen mit 1 Million Dollar Umsatz im Monat, bis die OPEC die Ölpreise senkte, Bartmann sein Geschäft verlor und mit 1 Million Dollar Schulden dastand. Er weigerte sich aufzugeben, und lieh sich gemeinsam mit seiner Frau und Geschäftspartnerin Kathy 13.000 Dollar, um eine neue Branche zu gründen – Schuldenausgleich für bankrotte Unternehmen. Drei Jahre später hatte er seine Schulden zurückgezahlt. In den nächsten 13 Jahren vergrößerten sie das Unternehmen auf 3900 Angestellte, mit Umsätzen jenseits 1 Milliarde Dollar und Gewinnen von über 182 Millionen Dollar. (Seiten 8, 11, 58)

Adam Paul »Taddy« Blecher
Menschenrechtsaktivist
Taddy Blecher ist Co-Gründer der ersten Hochschulinstitution in Südafrika, die finanziell schlecht gestellten Menschen zu einem Abschluss verhilft. Er wurde als einer von 100 jungen Leadern unter 37 für seinen außergewöhnlichen Beitrag, die Welt »besser zu machen« geehrt. Taddy Blecher ist vermutlich die erste Person, die eine Universität mithilfe eines Faxgeräts gründete. Von seinem Büro in Johannesburg, Südafrika, aus sandte er an 350 Schulen Einladungsschreiben, ohne überhaupt ein Gebäude, Kurse oder Belegschaft zu haben. Nachdem er mehr als 3500 Bewerbungen für eine bisher nicht existierende Schule gesammelt hatte, waren Dr. Blecher und eine Handvoll seiner Kollegen in der Lage, ein Gebäude für die Universität zu nutzen, die zum bedeutendsten College für Studenten aus unterprivilegierten Verhältnissen in Südafrika wurde. Dank dieser Hochschule waren Studenten in der Lage, mehr als nur Bauern und Arbeiter zu werden. (Seiten 200-202)

Genevieve Bos

Besitzerin und Gründerin/Verlegerin des Pink *Magazine*

Als Co-Gründerin und Verlegerin von *Pink*, dem einzigen Magazin, der einzigen Website und Eventfirma, die sich exklusiv an Frauen in der Wirtschaft wandte, leitete Genevieve Bos die Abteilung ihres Unternehmens für internationale Verkäufe und Marketing. Durch Interviews in den Medien und Vorträge in Unternehmen wie Cisco Systems, Dell, GE, KPMG, Coca-Cola und an der Harvard Business School inspiriert sie weiterhin Frauen, die beruflichen Erfolg anstreben, ohne ihre authentische und feminine Identität aufzugeben. Bevor sie *Pink* gründete, war Bos 17 Jahre als Unternehmerin im Technologiebereich tätig, wobei sie mehrere Unternehmen gründete und verkaufte. Sie ging strategische Allianzen mit Unternehmen wie Microsoft, Intel und Universal Studios ein; entwickelte und managte hochprofitable Verkaufsteams und veröffentlichte ein preisgekröntes Magazin für die digitale Druck- und Verlagsbranche, *Digital Output*. Genevieve hat außerdem ein bekanntes Magazin im Bundesstaat Georgia, *Business to Business*, herausgegeben. (Seiten 190-195, 295, 309)

John Hope Bryant

Gründer, Vorsitzender und CEO von Operation Hope

Vizevorsitzender des President's Advisory Council on Financial Literacy

2008 wurde Bryant von President George W. Bush zum Vizevorsitzenden des Council on Financial Literacy ernannt. Er ist der Gründer, Vorsitzende und Chief Executive von Operation Hope, der ersten US-amerikanischen Nonprofit-Social-Investment-Bank, die heute in 51 US-Gemeinden und in Südafrika operiert und mehr als 400 Millionen Dollar aus dem privaten Sektor aufbrachte, um armen Menschen mehr wirtschaftliche Teilhabe zu ermöglichen. Er wuchs in Compton und South Central Los Angeles in Kalifornien auf und war mit

18 ein halbes Jahr lang obdachlos. John Hope Bryant ist heute Unternehmensführer und Philanthrop, der unermüdlich die gesamte Welt bereist hat, um unterprivilegierten Menschen Hoffnung, Selbstwert, Würde und Chancen zu vermitteln. (Seiten 124-127, 166, 255, 278)

Truett Cathy
Gründer und Vorsitzender von Chick-fil-A Inc.
Samuel Truett Cathy war der Gründer von Chick-fil-A, einer Fastfoodkette. Er machte aus einem kleinen Restaurant in Atlanta namens Dwarf Grill das zweitgrößte Hühnchen-Fastfood-Imperium, mit über 2,64 Milliarden Dollar an verkauften Gerichten im Jahr 2007 und aktuell mehr als 1380 Filialen. Sein enormer Geschäftserfolg gestattete es Truett, anderen Passionen nachzugehen – vor allem seinem Interesse, jungen Menschen Ausbildungsmöglichkeiten zu geben. Aufgrund seiner persönlichen Überzeugungen sind alle Lokale des Unternehmens am Sonntag geschlossen – was in der Restaurantbranche unüblich ist –, um den Angestellten den Kirchbesuch und Zeit für die Familie zu ermöglichen. Cathy wurde mehrfach geehrt, darunter mit dem Norman Vincent and Ruth Stafford Peale Humanitarian Award, dem Horatio Alger Award und dem Boy Scouts of America Silver Buffalo Award. (Seiten 11, 88, 90, 93-96, 107, 115, 292)

Richard Cohn
Co-Gründer von Beyond Words Publishing
Cohn ist Co-Gründer von Beyond Words Publishing, das aktuell jedes Jahr 15 neue Titel im Bereich New-Age/Esoterik herausbringt, in Partnerschaft mit Atria Books, einem Imprint von Simon & Schuster. Darüber hinaus fungiert Beyond Words Publishing als Großhändler für internationale Buchhändler und Einzelhändler, unter anderem Costco, Indigo Books in Kanada und Cygnus Books im Vereinigten

Königreich, sowie für 3000 unabhängige Buchläden, Geschenkläden und Fachhändler auf der ganzen Welt. Cohn ist weithin als Herausgeber des Bestsellers *The Secret* von Rhonda Byrne bekannt und betrachtet sich selbst als jemanden, der 23 Jahre brauchte, um »über Nacht Erfolg zu haben«. (Seiten 82-85, 117, 277, 284, 292)

David Corbin
Autor, Redner, Erfinder
David M. Corbin inspiriert und lehrt Menschen seit mehr als 20 Jahren. Er wurde als »Robin Williams mit einem Wirtschaftsdoktortitel« bezeichnet, aufgrund seines schlagfertigen Stils, gepaart mit soliden, fundierten Geschäftstaktiken und ergebnisorientierten Strategien. Seine Botschaften als Redner und Autor haben sich in der Praxis bewährt, denn er war tätig als CEO und Präsident von privaten und Unternehmen im öffentlichen Sektor sowie als Berater für Vorstände und leitende Angestellte von AT&T, Hallmark, Domino's Pizza, sowie für Kabinettmitglieder, Direktoren von Berufsverbänden, Krankenhausleiter, Verwaltungen von Hochschulen und Universitäten sowie vielen anderen. (Seiten 162-163)

Joe Louis Dudley Sr.
Präsident und CEO von Dudley Products Inc.
1957 investierte Dudley 10 Dollar in ein Verkaufsset von Fuller Products und hausierte in afroamerikanischen Vierteln mit Haarpflegeprodukten. Als es 1969 einen Engpass an Fuller-Produkten gab, begannen er und seine Frau, ihre eigene Produktlinie unter dem Label Dudley Products zu vertreiben. Anders als viele andere Hersteller von Haar- und Hautpflegeprodukten verkaufte Dudley seine Produktlinie direkt an Salons und nicht an den Handel. 2003 hatte das Unternehmen 400 Haar- und Hautpflegeprodukte im Angebot und

machte einen jährlichen Umsatz von 30 Millionen Dollar. Es betreibt auch die Dudley Cosmetology University, mit Standorten in North Carolina und zwei Schulen in Zimbabwe. (Seiten 152-155, 157, 305)

Yvonne Fedderson und Sara O'Meara
Gründerinnen von Childhelp
Für den Nobelpreis nominiert
Viermal für den Friedensnobelpreis nominiert worden zu sein, ist nicht der Antrieb von Yvonne Fedderson und Sara O'Meara. Sie sehen derartige Anerkennung einfach als Vehikel, um Childhelp bekannt zu machen – eine Nonprofit-Organisation, die sie vor über 50 Jahren gegründet haben. Sie sind weiter aktiv an der Entwicklung und Leitung dieser weltweit führenden Organisation beteiligt, die sich der Aufgabe verschrieben hat, Opfern von Kindesmissbrauch und Vernachlässigung zu helfen. Childhelp konzentriert sich auf Prävention, Intervention und Behandlung. Die Organisation hat national das Thema Kindesmissbrauch in Amerika ins Rampenlicht gestellt und Lösungen mithilfe modernster Technologie entwickelt. Ihre Dienstleistungen haben geschätzt fünf Millionen gefährdeten Kindern geholfen. Über die vielen Preise und Ehrungen hinaus wurde ihre Geschichte für Lifetime TV verfilmt. (Seiten 215-217)

Debbi Fields
Gründerin und Sprecherin für Mrs Fields Cookies
Debbi Fields ist die Gründerin und ehemalige Leiterin von Mrs Fields Cookies, einem Unternehmen mit einem Wert von 500 Millionen Dollar. Mit 20 Jahren und ohne jede Geschäftserfahrung überzeugte Fields eine Bank, ein Unternehmen zu finanzieren, das sich weder am Markt bewährt hatte noch über große Erfolgschancen zu verfügen schien. Am 16. August 1977 öffnete Mrs Fields Chocolate Chippery

in Palo Alto, Kalifornien, seine Türen für die Öffentlichkeit. Mit den Jahren weitete sich Fields' Rolle aus und sie managte nicht nur einen Laden, sondern überwachte den gesamten Betrieb und verantwortete das Brand-Management, Public Relations und die Produktentwicklung der über 900 unternehmenseigenen und der Franchise-Geschäfte des Unternehmens in den Vereinigten Staaten und in elf anderen Ländern. (Seiten 171-179, 259-260, 295)

Ed Foreman
Kongresssprecher und der Erste, der in zwei verschiedenen Bundesstaaten zum Kongressabgeordneten gewählt wurde
Vom Farmjungen zum Selfmade-Millionär im Alter von 26, wurde Foreman in zwei verschiedenen Bundesstaaten, Texas und New Mexico, zum Kongressabgeordneten gewählt. Er war Gast bei *60 Minutes* auf CBS News und wurde mit dem Council of Peers Award for Excellence geehrt, der höchsten Ehrung der National Speakers Association (mit der weniger als 199 Menschen weltweit ausgezeichnet wurden). Foreman ist einer von nur acht Menschen, die den Distinguished Faculty Award des Institute for Management Studies erhielten. Über ihn wurde in Hunderten Magazin- und Zeitungsartikeln berichtet und er reist über 320.000 Kilometer im Jahr, um Unternehmern in aller Welt seine berühmte Botschaft des »erfolgreichen Alltagslebens« näherzubringen. (Seiten 138-139)

Ronald D. Glosser
CEO im Ruhestand von Hershey Trust und der M.S. Hershey Foundation
Ronald D. Glosser wurde in Conesville, Ohio, geboren. Er erhielt seinen Bachelor in Betriebswirtschaftslehre an der Ohio Wesleyan University. Darüber hinaus machte Mr Glosser einen Abschluss an der Stonier Graduate School of Banking der Rutgers University und

erhielt später die Ehrendoktorwürde in Jura vom Lindsay Wilson College. Glosser begann seine Bankkarriere bei Cleveland Trust, wo er von 1957 bis 1968 arbeitete, bevor er eine leitende Position bei der Goodyear Bank in Akron, Ohio, einnahm. Er wurde 1973 Präsident der Goodyear Bank und blieb bis 1982 in dieser Position, als die Bank von der National City Corporation aufgekauft wurde. Seine Präsidentschaft setzte er bei der National City Bank in Akron bis ins Jahr 1989 fort. Danach wurde Glosser Präsident und CEO des Hershey Trust und der M.S. Hershey Foundation bis zu seinem Ruhestand im Dezember 1995. (Seiten 11, 55-57, 85, 172, 212-214, 217-220)

Ruben Gonzalez
Olympiaathlet, »The Luge Man«
Ruben Gonzalez ist international bekannter Motivationsredner, Autor und dreimaliger Olympiateilnehmer. Er widmete sich seinem olympischen Traum erst spät im Leben. Die meisten Athleten beginnen etwa mit zehn Jahren zu trainieren, er fing jedoch erst mit 21 an, nachdem er im Fernsehen gesehen hatte, wie Scott Hamilton eine Goldmedaille gewann. Er dachte: Wenn Hamilton das kann, kann ich es auch. Er merkte, dass er nicht der geborene Athlet war, also fasste er einen einfachen Plan: Er würde einen Sport finden, in dem es viele Knochenbrüche und Aussteiger gab, und er würde weitermachen, komme, was da wolle. Er wählte Rennrodeln. (Seite 132)

Don Green
CEO der Napoleon Hill Foundation
Don Green hat die einmalige Ehre, die prestigeträchtige Napoleon Hill Foundation zu leiten. Er wird als einer der großen Leader im Bereich der persönlichen Weiterentwicklung betrachtet und widmet seine Zeit, Energie und professionelle Beratung der Selbstoptimie-

rung anderer Menschen. Zu seinen persönlichen Aufgaben gehört die Arbeit in mehreren Vorständen, um Kindern aus Städten Hoffnung und ein Bewusstsein für die eigenen Fähigkeiten zu vermitteln, sowie jedem Hoffnung zu geben, der dank der Botschaft von Napoleon Hill daran glaubt, dass alles möglich ist. Er wird als der Urheber der Modernisierung der Marke »Think and Grow Rich« gesehen. Greens direkter Input ermöglichte den Text, den Sie gerade lesen. (Seiten 8, 37-38, 40-41, 46-47, 50, 52, 57, 83, 97, 99-103, 110, 130, 132, 143-146, 150-153, 165-167, 179, 197-209, 227-229)

Erin Gruwell
Autorin und Lehrerin
Nichts hätte Erin Gruwell auf ihren ersten Tag als Lehrerin an der Wilson High School in Long Beach, Kalifornien, vorbereiten können. Sie hatte erst kürzlich das College abgeschlossen und ihren ersten Job in Room 203 gefunden, nur um festzustellen, dass ihre Schüler mit dem Bildungssystem abgeschlossen hatten und als »unbelehrbar« galten. Als Teenager in einer ethnisch zersplitterten städtischen Gemeinde waren sie bereits abgehärtet durch ihre Erfahrung mit Bandengewalt, Jugendarrest und Drogen. Durch Gruwells nie nachlassende Unterstützung ließen die Schüler die Stereotype hinter sich, um zu kritischen Denkern, aufstrebenden College-Studenten und Bürgern zu werden, die etwas bewirken wollten. Sie nannten sich selbst die »Freedom Writers« als Hommage an die Bürgerrechtsaktivisten. Gruwell veröffentlichte das Buch *Freedom Writers*, das zu einem internationalen Bestseller wurde und auf dem der Film mit dem gleichen Titel basiert. (Seiten 62-63)

Dr. Tom Haggai

Präsident und CEO von IGA

Tom Haggai begann seine Karriere als Pfarrer im jungen Alter von 13 und verließ die Kanzel Jahre später, im Jahr 1963, um Wirtschaftsführer zu erreichen. Auf dem Höhepunkt seiner Karriere hielt Haggai im Durchschnitt 250 Reden im Jahr, davon viele im Ausland. 1986 gelang ihm ein Karrieresprung und er wurde Vorsitzender und CEO von IGA, dem weltweit größten, freiwilligen Netzwerk von Supermärkten mit einem weltweiten Handelsvolumen von mehr als 21 Milliarden Dollar jährlich. Mit mehr als 4000 Supermärkten unter dem Banner Hometown Proud gehört die IGA zu den Top Ten der Supermarktketten weltweit. Das Unternehmen betreibt Geschäfte in 48 Bundesstaaten der Vereinigten Staaten und in 40 anderen Ländern, Staatenbünden und Regionen auf der ganzen Welt. Haggai ist Vorstandsmitglied der Horatio Alger Association of Distinghuished Americans Inc. (Seiten 114, 118-119)

Mark Victor Hansen

Co-Gründer von Chicken Soup for the Soul®

Bekannt als »amerikanischer Botschafter der Möglichkeiten« und Co-Gründer von Chicken Soup for the Soul, das inspirierende Produkte verkauft. So gelangte er ins weltweite Rampenlicht als gesuchter Keynote-Redner, wurde Bestsellerautor und Marketingexperte. Er ist der Gründer der MEGA Book Marketing University und des Vortragsimperiums Building Your MEGA. Hansen ist Autor von *The Richest Kids in America* und Co-Autor von *Cracking the Millionaire Code*, *The One Minute Millionaire* und *Cash in a Flash*. Er ist leidenschaftlicher Philanthrop. 2000 ehrte ihn die Horatio Alger Association of Distinguished Americans mit ihrem prestigeträchtigen Preis. (Seiten 9, 21)

Mike Helton
Vizevorsitzender von NASCAR
Als Kind in Bristol, Tennessee, liebte Mike Helton es, die Rennen auf dem Bristol Motor Speedway anzusehen. Er hatte sich damals nicht vorgestellt, eines Tages Präsident der NASCAR zu werden. Er besuchte das King College in seiner Heimatstadt Bristol, um einen Abschluss in Buchhaltung zu machen, und arbeitete für eine örtliche Radiostation, während er noch auf die Schule ging. Als Moderator einer Samstagmorgen-Talkshow war Heltons Lieblingsthema der Rennsport. Er wurde später zum PR-Direktor des Atlanta Motor Speedway und arbeitete sich durch die Ränge nach oben, wobei er auch in Daytona und Talladega tätig war. 1999 wurde er zum Senior Vice President und COO von NASCAR. Im Jahr 2000 wurde Helton zur ersten Person außerhalb der französischen Gründerfamilie, die als Präsident der NASCAR fungierte. (Seiten 114, 119-121)

Evander Holyfield
Viermaliger Boxweltmeister
Evander Holyfield, Profiboxer und Weltmeister im Cruisergewicht und Schwergewicht, der sich damit den Spitznamen »The Real Deal« verdiente, ist der einzige Mensch, der den Weltmeistertitel viermal gewann. Als bekennender Christ trägt er T-Shirts mit dem Aufdruck »Pray«. Er ist international bekannt und hat viele Produkte im Fernsehen beworben, inklusive Coca-Cola und Diet Coke. Er brachte auch ein Videospiel für Sega Genesis und Sega Game Gear heraus: *Evander Holyfield's Real Deal Boxing*. Er ist im Fernsehen und in bekannten Filmen aufgetreten. (Seiten 105-108, 175, 291, 295)

Charlie »Tremendous« Jones
Gründer von Executive Books
Charlie Jones war Gründer und Schöpfer der Marke Executives Books sowie internationaler Staatsmann, Humorist und Bestsellerautor, dessen Unternehmen weltweit mehr als 50 Millionen Bücher verkauft hat. Er ist am besten bekannt für seine inspirierende Botschaft: »Sie sind heute derselbe, der Sie in fünf Jahren sein werden, abgesehen von zwei Dingen: den Menschen, die Sie treffen, und den Büchern, die Sie lesen.« Jones widmete seine Karriere der Aufgabe, das Leben anderer durch Lesen und großartige Assoziationen zu verbessern. Er wurde für sein Lebenswerk mit sechs Ehrendoktorwürden ausgezeichnet, aber vor allem war er stolz darauf, dass vier Büchereien zu seinen Ehren nach ihm benannt wurden. Er verstarb, während dieses Buch geschrieben wurde, und man wird sich stets wegen seiner Unterstützung und Ermutigung anderer Menschen an ihn erinnern,. (Seiten 11, 33, 40, 54, 81, 137-144, 163, 230, 251, 272)

Julie Krone
Jockey
Julie Krone wurde zum ersten siegreichen weiblichen Jockey in einem Triple Crown Rennen, als sie auf Colonial Affair das Belmont Stakes gewann. Darüber hinaus wurde sie als erster weiblicher Jockey in das National Museum of Racing und in die Hall of Fame aufgenommen. Sie war auf dem Cover von *Sports Illustrated*, wurde als eine der stärksten Athletinnen auf der Liste von *USA Today* geführt und von ESPN zur weiblichen Sportlerin des Jahres gewählt. Ihr gewinnendes Lächeln und ihre bewundernswerte Einstellung haben sie zum Liebling der Fans gemacht. Sie wird stets als ein inspirierendes Beispiel für das Streben von Frauen nach Gleichberechtigung gelten. (Seiten 78-85, 277)

Michael Laine

Gründer von LiftPort Inc., Erbauer des »Weltraumaufzugs«

Als Präsident und Gründer von LiftPort Inc., dem Unternehmen, das sich der kommerziellen Entwicklung eines Weltallaufzugs verschrieben hat, hat Michael Laine sein lebenslanges Interesse am Weltraum zu seinem Beruf gemacht. Laine bringt seine mehr als 25 Jahre Erfahrung in Unternehmensmanagement und Entwicklung in die Technologie-, Finanzdienstleistungs- und Militärbranche ein, die letzten 14 Jahre davon widmetet er der Weltraumtechnologie und Entwicklung. Vor seiner Arbeit für LiftPort war Laine Co-Gründer und Präsident von HighLift Systems, einem Unternehmen in Seattle, das Gelder des Institute for Advanced Concepts der NASA für Forschungen an einem Weltraumaufzug erhielt. (Seiten 168-171)

Jahja Ling

Symphonieorchesterdirigent

Jahja Ling stammt ursprünglich aus China, ist jedoch heute amerikanischer Staatsbürger. Er begann im Alter von vier Jahren mit dem Klavierspiel und studierte an der Yayasan Penidikan Musikschule. Im Alter von 17 Jahren gewann er die Jakarta Piano Competiton und ein Jahr später erhielt er ein Rockefeller-Stipendium, um auf die Juilliard School zu gehen. Dort machte er seinen Master und studierte Piano unter Mieczyslaw Munz und Dirigieren unter John Nelson. Danach studierte er Orchesterdirigieren an der Yale School of Music unter Otto-Werner Mueller und erhielt einen Doktor der Musik. Er wurde Conducting Fellow am Los Angeles Philharmonic Institute. Aktuell dirigiert Jahja Ling das Symphonieorchester von San Diego. (Seiten 84, 117)

Dave Liniger

Co-Gründer und Vorstandsvorsitzender von RE/MAX International Inc.

Als Co-Gründer und Vorstandsvorsitzender von RE/MAX International Inc. gilt Dave Liniger als jemand, der wie kaum ein Zweiter dafür gesorgt hat, die Arbeitsumgebung und das Verdienstpotenzial von Immobilienverkäufern zu verbessern. Er wird als führender Prognostiker von Branchentrends gesehen und wurde in die Hall of Leaders des Council of Real Estate Brokerage Managers aufgenommen sowie in die REBAC Hall of Fame. Liniger ist landesweit anerkannter Experte für Zeitmanagement, Verkaufstraining, Recruiting und Motivation. Über ihn wurde in Artikeln in *Entrepreneur*, *Forbes*, *Fortune* und *SUCCESS* sowie anderen führenden Publikationen berichtet und er ist regelmäßiger Gast in Fernseh- und Radiosendungen in ganz Nordamerika. (Seiten 110-113, 288)

Frank Maguire

Redner

Frank Maguire ist Redner, Motivationstrainer, Innovator und Geschichtenerzähler. Er gilt als einer der berühmtesten Businessgurus unserer Zeit. Er hat zig Tausenden Zuhörern seine wertvollen Lektionen in den Bereichen Leadership, Unternehmensstrategie und Erfolgstraining sowie die einfachen, faszinierenden Geheimnisse der Wirtschaftsgrößen vermittelt. Maguire war eines der Gründungsmitglieder von FedEx Worldwide und arbeitete als Vice President und Programmchef bei ABC Radio Networks. Zudem war er Berater der Präsidenten John F. Kennedy und Lyndon B. Johnson, rechte Hand von KFC-Gründer und Ikone der Popkultur, Colonel Harlan Sanders, und eines der ursprünglichen Mitglieder der Taskforce, die die Special Olympics und Project Head Start ins Leben rief. (Seiten 178-184)

Jack Mates

CEO im Ruhestand von Velcro USA

Jack Mates, ein Pionier der Befestigungsmittelindustrie, war einer derjenigen, die 1959 für Verkauf und Marketing bei Velcro verantwortlich waren, als die Firma aus der Schweiz nach Nordamerika kam. Er war Präsident und CEO von Velcro USA von 1980 bis zu seiner Pensionierung 1986. Auch wenn er sich selbst nicht als Helden sah, verlieh man Jack das prestigeträchtige Distinguished Flying Cross. Er wurde zum Chair Emeritus der Distinguished Flying Cross Society ernannt und hat seit ihrer Gründung 1994 in sämtlichen Positionen im Vorstand der Gesellschaft gearbeitet. (Seiten 8, 57, 67-74, 77)

Drayton McLane Jr.

Besitzer des Houston Astros Franchise

Drayton McLane ist amerikanischer Unternehmer und Vorsitzender der McLane Group sowie Vorsitzender und CEO des Major League Baseballteams Houston Astros. 2006 wurde er auf Nummer 322 der Forbes-Liste der 400 reichsten Amerikaner geführt. Er widmet einen Großteil seiner Zeit der Mitarbeit in zivilen und Wohlstandskomitees. Drayton ist gegenwärtig Mitglied des Vorstands der Boy Scouts of America, Vorstand des Board of Trustees des Scott and White Memorial Hospital, ein Mitglied des National Board of Governors des Cooper Institute of Aerobics Research, ein Direktor der Bush School of Government and Public Service an der Texas A&M University, Mitglied des Greater Houston Partnership, und Mitglied des United Way of the Texas Gulf Coasts. (Seiten 213-215)

LuAn Mitchell

Ehemalige Vorsitzende von Mitchell's Gourmet Foods

LuAn Mitchell ist nicht nur Mutter von vier Kindern, sondern hat auch langjährige Erfahrung als erfolgreiche, preisgekrönte Unternehmerin. Ihre Position als Vorsitzende von Mitchell's Gourmet Foods verschaffte ihr tiefe Einblicke in den Wettbewerb und den globalen Druck der heutigen Wirtschaftswelt. Sie wurde 2001 in Madrid, Spanien, zum Leading Woman Entrepreneur of the World ernannt und erhielt 2003 den prestigeträchtigen Management Achievement Award der McGill University. Das American Biographical Institute ernannte sie 2005 zur Frau des Jahres und sie erhielt ebenfalls den Lifetime Achievement Award. Mitchell wurde drei Jahre in Folge in einer landesweiten Ausscheidung von den Magazinen *Profit* und *Chatelaine* zur kanadischen Nummer eins der weiblichen Unternehmerinnen ernannt. (Seiten 203-206)

Lauren Nelson

Miss America 2007

Lauren Nelson war 2004 Miss Teen Oklahoma und hat in dieser Rolle beim Miss-America-Schönheitswettbewerb 2005 teilgenommen. Nachdem Sie beim Miss Oklahoma State Fair gewonnen hatte, holte sie 2006 ebenfalls den Titel der Miss Oklahoma. 2007 gewann sie mit 19 den Miss-America-Titel. Sie war damit die jüngste Teilnehmerin, die ihren Bundesstaat beim Miss-America-Wettbewerb vertrat. Heute engagiert sie sich dafür, die Internetsicherheit von Kindern zu verbessern. (Seiten 62-65, 86)

James L. Oleson

Präsident der Napoleon Hill Foundation

James Oleson stammt aus Iowa, wo er geboren, aufgewachsen und zur Schule gegangen ist. Nach seinem Dienst in der US Army startete er eine Karriere als Aktienhändler. Er setzte sich nach 25 Jahren als Vice President für Investments bei Merrill Lynch zur Ruhe. Dann schloss er sich A.G. Edwards & Sons als Senior Vice President für Investments an. 1968 besuchte er ein Erfolgsseminar in Chicago, das W. Clement Stone leitete, Vorstandsvorsitzender von Combined Insurance und vor allem Präsident der Napoleon Hill Foundation. *Think and Grow Rich* von Napoleon Hill befeuerte Olesons Erfolg. Er wurde zum Treuhänder der Foundation und nach Stones Tod 2002 wurde Oleson zum Präsidenten der Napoleon Hill Foundation gewählt, ein Titel, den er heute immer noch mit Stolz führt. (Seiten 146-148)

Bob Proctor

Gründer von Life Success

Bob Proctor wird weithin als einer der Meister und größten Lehrer des Gesetzes der Anziehung betrachtet und hat über 40 Jahre in dem Bereich gearbeitet, der sich dem geistigen Potenzial des Menschen widmet. Er ist der Bestsellerautor von *You Were Born Rich* und hat das Leben von Millionen von Menschen durch seine Bücher, Seminare, Kurse und sein persönliches Coaching positiv beeinflusst. Bob Proctor ist eine direkte Verbindungsfigur zur modernen Wissenschaft des Erfolgs, die bis zu Andrew Carnegie, dem großen Financier und Philanthropen, zurückreicht. Carnegies Geheimnisse inspirierten Napoleon Hill, dessen Buch *Think and Grow Rich* wiederum ein ganzes Genre an Büchern über Erfolgsphilosophie inspirierte. Proctor führt immer noch die Arbeit von Hill fort. Sein Unternehmen LifeSuccess Productions hat seinen Hauptsitz in Phoenix, Arizona, und operiert weltweit. (Seiten 159, 299, 305)

Rudy Ruettiger
Entgegen jeder Wahrscheinlichkeit verewigte sich Daniel »Rudy« Ruettiger auf einem Spielfeld in South Bend, Indiana, in den Geschichtsbüchern als der vielleicht berühmteste Absolvent der University of Notre Dame. Ruettiger war Sohn eines Ölraffineriearbeiters und das dritte von 14 Kindern. Er erreichte den Gipfel des Erfolgs als einer der beliebtesten Motivationsredner in den Vereinigten Staaten. Es erforderte Jahre an felsenfester Entschlossenheit, aber er konnte seinen größten Traum verwirklichen – auf die Notre Dame zu gehen und Football für die Fighting Irish zu spielen. Während die Fans »Ru-dy, Ru-dy« skandierten, riss er in den letzten 27 Sekunden seines einzigen Spielzugs im einzigen Spiel seiner College-Football-Karriere den Quarterback hinter der Line of Scrimage zu Boden. Er ist der einzige Spieler in der Geschichte des College, der auf den Schultern seiner Teamkameraden vom Feld getragen wurde. 1993 wurde seine Lebensgeschichte im Blockbuster *Rudy* verfilmt. (Seiten 20-223, 279)

John Schwarz
Co-Schöpfer der »Super String Theory«
John Schwarz und sein Partner Dr. Michael Green führten die Theorie von Einstein fort und schlugen vor, die String-Theorie als Kandidaten für eine vereinte Theorie der Gravitation und der anderen Grundkräfte neu zu interpretieren. Über ein Jahrzehnt lang wurde ihre innovative »Super String Theory« innerhalb der wissenschaftlichen Gemeinde als »unsinnig« abgetan. Jedes Jahr erarbeiteten sie neue Aspekte der Theorie und waren zuversichtlich, sie würden

endlich die anderen Physiker von ihren Erkenntnissen überzeugen. Das gelang aber erst, als im Sommer 1984 eine Entdeckung zeigte, dass bestimmte offensichtliche Widersprüche, sogenannte Anomalien, nicht zu vermeiden waren. Plötzlich rief das Thema verstärkt Interesse hervor und es ist mittlerweile einer der aktivsten Forschungsbereiche der theoretischen Physik. Heute ist Schwarz der Harold Brown Professor für theoretische Physik an der Caltech. (Seiten 114-119)

John St. Augustine
Moderator des Podcasts Life 2.0 von Aurora Media Production
John St. Augustine wurde vom bekannten Moderator Charles Osgood als »die neue Stimme Amerikas« und von der Bestsellerautorin Cheryl Richardson als »eine der einflussreichsten Stimmen im Radio« bezeichnet. Tausende von Zuhörern aus dem Mittleren Westen schalteten täglich ein, um seine Sicht auf wichtige Weltereignisse und seine Unterhaltungen mit den Leadern und Helden von heute zu hören. Im Juli 2006 beendete er seine Radioshow *Radio Results*, als sich ihm die Gelegenheit bot, Produzent für *Oprah & Friends* auf XM Satellite Radio zu werden. St. Augustine ist außerdem der Schöpfer der »Powerthoughts« – einminütige Clips, die an mehrere Sender verkauft wurden. Seit 1999 wurden mehr als 3000 dieser inspirierenden und anregenden Kommentare landesweite ausgestrahlt. Seit 2006 sind die »Kraftgedanken für ein außergewöhnliches Leben« ein Bestandteil von *Oprah & Friends*. (Seiten 133-134)

Tanaka Taka-aki
Gründer und Vorsitzender der SSI Corporation
Tanaka Taka-aki gründete 1979 die SSI Corporation, um mentale Übungsprogramme auf den Markt zu bringen und zu vertreiben, inklusive des Programms von Napoleon Hill – die bekannteste Erfolgsphilosophie der Welt. Als Vorsitzender von SSI ist er in Japan führend im Bereich der mentalen Übungsprogramme und Erfolgsphilosophie. Er hat das System SSPS-V2 entwickelt, ein wissenschaftliches Programm für mentale Übungen, das seine ursprüngliche Theorie nutzt, die auf den neuesten hirnphysiologischen Theorien und modernster elektronischer Hilfsmittel beruht. Seine mentalen Trainingstechniken für die Aktivierung von Hirnarealen, das sogenannte Hyper-Listening, hilft Menschen aller Altersklassen und in allen Berufsbereichen, ihre kognitiven Fertigkeiten zu entwickeln, indem sie sich auf Aufnahmen konzentrieren, die mit erhöhter Geschwindigkeit abgespielt werden. Diese innovative Methode wird von vielen Prominenten und in den Medien gelobt. (Seiten 203, 245)

Buckland, Mia und David wurden als fiktionale Charaktere hinzugefügt, um die Geschichte abzurunden und die realen Alltagsdramen darzustellen, während wir im Leben nach Erfolg streben.

Über die Autoren

Sharon L. Lechter

Sharon Lechter ist eine preisgekrönte Unternehmerin und Gründerin von Pay Your Family First, einer Organisation für finanzielle Bildung. 2008 wurde sie in den President's Advisory Council on Financial Literacy berufen und arbeitete in dieser Position sowohl unter Präsident Bush als auch unter Präsident Obama.

Lechter ist Co-Autorin des internationalen Bestsellers *Rich Dad Poor Dad* und von 14 Büchern der *Rich-Dad*-Reihe. Während ihrer zehn Jahre als Co-Gründerin und CEO der Rich Dad Company wuchs das Unternehmen zu einem internationalen Multimedia-Schwergewicht heran. *Rich Dad Poor Dad* war über sechseinhalb Jahre auf der *New-York-Times*-Bestsellerliste und ist heute in mehr als 50 Sprachen in hundert Ländern verfügbar. Mehr als 27 Millionen Bücher wurden bis heute verkauft. Lechter arbeitet heute mit der Napoleon Hill Foundation zusammen, um die Prinzipien und Lehren von Napoleon Hill auf der ganzen Welt zu verbreiten. Sharon hat vier Bestseller gemeinsam mit der Stiftung herausgebracht, inklusive *Three Feet From Gold*, *Der geheime Weg zu Freiheit und Erfolg: Wie man den Teufel in sich selbst besiegt*, *Napoleon Hills »Think and Grow Rich« mit Best-Practice-Beispielen von über 300 erfolgreichen Frauen* und *Success and Something Greater*.

Lechter ist Unternehmerin, Autorin, Philanthropin, im Fortbildungsbereich tätig, internationale Rednerin, lizensierte Wirtschaftsprüferin, Mutter und Großmutter. Als Pionierin bei der Entwicklung neuer Technologien, die sich auf innovative, herausfordernde und unterhaltsame Weise an Kinder wenden, um ihnen Bildung nahezubringen, hat sie ihr Leben der Aufgabe verschrieben, das Wissen anderer zu mehren – insbesondere im Bereich finanzielle Themen. Sie ist zudem engagierte Philanthropin, die in den Vorständen der Women Presidents' Organization und Childhelp saß, einer nationalen Organisation, die gegründet wurde, um Kindesmissbrauch zu verhindern und den Opfern Hilfe und Therapiemöglichkeiten zu bieten. Sharon wurde mit vielen Auszeichnungen geehrt, inklusive des Gold Medal Award in Literary Achievement and Entrepreneurial Excellence der Napoleon Hill Foundation. Sharon wurde auch als einziger Frau die Ehre zuteil, in die Personal Growth Hall of Fame aufgenommen zu werden. Sie hat gesagt: »Während der weltweiten Wirtschaftskrise kann jeder, der nach Erfolg strebt, wieder Hoffnung und Motivation finden, indem er die Prinzipien von Napoleon Hill befolgt.«

www.sharonlechter.com

Greg S. Reid

»Wenn man tut, was man liebt und liebt, was man tut, wird man sein ganzes Leben erfolgreich sein«, sagt Filmemacher und Motivationsredner Greg S. Reid. Er ist Bestsellerautor, Unternehmer und der CEO mehrerer erfolgreicher Firmen, der sein Leben der Aufgabe widmet, anderen dabei zu helfen, ihren Lebenszweck zu finden und zu realisieren. Als Mitarbeiter an über 35 Büchern ist er zudem der kreative Kopf und Produzent hinter den gepriesenen Filmen *Pass It On* und *Three Feet from Gold.*

Sein einzigartiger, energiegeladener Stil hat ihn zu einem gesuchten Keynote Speaker für Unternehmen, Universitäten und Wohltätigkeitsorganisationen gemacht. Mike Helton, Präsident der NASCAR sagt über ihn: »Reids Botschaft baut auf und inspiriert.« Greg Reids Engagement in lokalen Gemeinden hat ihm die Anerkennung des Weißen Hauses eingebracht. Der ehemalige Präsident Bill Clinton lobte ihn, weil er mittels lokalen Mentorship-Organisationen jungen Menschen bei ihrer Entwicklung hilft. In einem Brief an Reid schrieb Clinton: »Durch Ihre herausragenden Beiträge … haben Sie Ihre Zeit, Ihre Talente und Ihre Energie der Aufgabe gewidmet, Amerikas glorreiches Versprechen für all seine Menschen zu erfüllen.«

Don Green von der Napoleon Hill Foundation wählte Reid aus, um Hills Prinzipien weiter auszuarbeiten, zu finden in *Think and Grow Rich*, das auf Platz 20 der bestverkauften Bücher aller Zeiten steht. Darüber hinaus ist Reid Vorstandsmitglied von Executive Books, einem Unternehmen für Buchdruck, das auch als Großhändler fungiert. Executive Books hat mehr als 50 Millionen Bücher mit praktischen und inspirierenden Ratschlägen in alle Welt verkauft. Er ist ebenfalls im Vorstand verschiedener Mentorenprogramme, die jungen Leuten beibringen, ihre Talente einzusetzen, um ihr Leben zu verbessern.

www.gregsreid.com

Die Mission der Napoleon Hill Foundation besteht darin ...

- Das Konzept privaten Unternehmertums als Teil des amerikanischen Wirtschaftssystems voranzutreiben.
- Menschen eine Lehre an die Hand zu geben, um sich aus bescheidenen Anfängen zu Führungspositionen in ihrem Berufsfeld hocharbeiten zu können.
- Jungen Männern und Frauen dabei zu helfen, sich Ziele für ihr Leben und ihre Karriere zu setzen.
- Die Bedeutung von Ehrlichkeit, Moral und Integrität als Grundlage der amerikanischen Weltsicht zu betonen.
- Menschen dabei zu helfen, ihr volles Potenzial auszuschöpfen.
- Die persönlichen Grenzen von Angst, Zweifel und Prokrastination zu überwinden.
- Menschen zu helfen, sich aus der Armut, körperlichen Einschränkungen und anderen nachteiligen Positionen zu befreien, um höhere berufliche Positionen, mehr Wohlstand und den wahren Reichtum des Lebens zu erlangen.
- Menschen zu motivieren, sich selbst zu höheren Leistungen anzuspornen.

THE NAPOLEON HILL FOUNDATION

www.naphill.org

Eine Nonprofit-Bildungsinstitution, die sich der Aufgabe verschrieben hat, die Welt zu einem besseren Lebensort zu machen.

Bitte teilen Sie mit uns, wie Ihr Durchhaltevermögen Sie zum Erfolg geführt hat.

Auf www.naphill.org können Sie sich unserer Community anschließen. Wenn Sie anderen davon erzählen, wie Sie dank Ihres Durchhaltevermögens letztlich Erfolg hatten, werden diese Menschen begreifen, dass sie erfolgreich sein können, solange sie sich nicht beirren lassen und durchhalten. Wenn Sie sich noch einen Meter vom Gold befinden, erfahren Sie bei uns, wie andere Mitglieder derer Community ihre Kämpfe gemeistert haben; was ihnen half weiterzumachen und wie sie letztlich erfolgreich waren. Vielleicht ist dies genau die Motivation, die Sie brauchen.

Was immer der Verstand ersinnen und woran er glauben kann, das kann er auch erreichen!

Sharon L. Lechter, Greg S. Reid
und
The Napoleon Hill Foundation

www.naphill.org